Competência Material da Justiça do Trabalho Brasileira

À Luz da Emenda Constitucional n. 45/04

MAURO SCHIAVI

Juiz do Trabalho na 2ª Região. Mestre em Direito do Trabalho pela PUC/SP.
Professor Universitário (graduação e pós-graduação).
Professor dos Cursos Preparatórios Lacier em Campinas e Robortella em São Paulo.
Professor-Instrutor da Escola da Magistratura do TRT da 2ª Região.

COMPETÊNCIA MATERIAL DA JUSTIÇA DO TRABALHO BRASILEIRA

À LUZ DA EMENDA CONSTITUCIONAL N. 45/04

Dados Internacionais de Catalogação na Publicação (CIP)
(Câmara Brasileira do Livro, SP, Brasil)

Schiavi, Mauro
   Competência material da justiça do trabalho brasileira à luz da Emenda Constitucional n. 45/04 Mauro Schiavi. — São Paulo : LTr, 2007.

   Bibliografia.
   ISBN 978-85-361-1026-4

   1. Brasil – Constituição (1988) – Emenda 45/04
   2. Competência (Justiça do trabalho) — Brasil
   I. Título.

07-5391   CDU-347.98:331 (81)

Índice para catálogo sistemático:
   1. Brasil : Competência material : Justiça do
      trabalho : Direito   347.98:331 (81)

Produção Gráfica e Editoração Eletrônica: **PETER FRITZ STROTBEK**
Capa: **ELIANA C. COSTA**
Impressão: **CROMOSETE**

(Cód. 3484.7)

© Todos os direitos reservados

EDITORA LTDA.

Rua Apa, 165 - CEP 01201-904 - Fone (11) 3826-2788 - Fax (11) 3826-9180
São Paulo, SP - Brasil - www.ltr.com.br

Agosto, 2007

Dedicatória:

À Ida Santoro Schiavi "in memorian", *minha mãe, pelo amor e carinho infinitos demonstrados em vida. Por sempre ter mostrado os caminhos da honestidade, justiça e respeito. Seus ensinamentos e sua presença jamais se apagarão da minha memória e sempre estão a me guiar em todas as minhas ações.*

À Angélica da Silva Cabral, *minha namorada, pela doçura, amor e pelo incentivo constante que me faz buscar ser uma pessoa melhor a cada dia.*

À Larissa Cabral, *minha sobrinha, por nos fazer acreditar em um futuro melhor e na alegria de viver.*

Agradecimentos:

Ao Professor Doutor Pedro Paulo Teixeira Manus, *orientador deste trabalho, pela forma cordial como trata seus alunos e pela simplicidade com que consegue transmitir todo o seu conhecimento.*

Aos Professores Doutores Domingos Sávio Zainaghi *e* Fabíola Marques, *que nos honraram em compor a Banca Examinadora deste trabalho, por terem apontado as falhas que procurei corrigir, e pelas sugestões apresentadas quando de sua defesa perante a PUC/SP.*

Ao Professor Doutor Renato Rua de Almeida, *por acreditar no nosso projeto quando do ingresso no curso de pós-graduação e pelas lições de direito e de vida sempre presentes.*

Aos Professores Doutores Maria Celeste *e* Márcio Pugliese *pelo grande aprendizado proporcionado.*

Ao Professor Jorge Luiz Souto Maior *por ter me incentivado desde o começo e influenciado de forma significativa meu interesse pelo estudo do Direito do Trabalho.*

A todos os funcionários e professores da PUC de São Paulo pela excelência dos serviços e por contribuírem de forma significativa para a propagação do ensino jurídico.

Ao Lacier José de Rezende, *pela amizade, pelo entusiasmo e profissionalismo com que divulga a cultura jurídica, e pelo incentivo constante.*

Ao Leonel Maschietto, *pela amizade e pela ajuda e sugestões na revisão final do texto.*

Aos amigos do curso de mestrado Walter Ripper *e* Ivan Simões Garcia *pela ajuda e companheirismo durante a freqüência no curso de mestrado.*

A todos os funcionários do Conselho Editorial da LTr, pelo profissionalismo e incentivo, em especial à Mara *e sua equipe, e aos funcionários do departamento de vendas da LTr em especial a* Sidnei Freire, *pela amizade e confiança nos nossos trabalhos.*

SUMÁRIO

Apresentação 13

Introdução 15

Capítulo I
DA JURISDIÇÃO E COMPETÊNCIA

1. Do conflito trabalhista e formas de solução 17
2. Jurisdição e competência 19
3. Competência material da Justiça do Trabalho em outros países 22
   3.1. Argentina 22
   3.2. Itália 23
   3.3. Espanha 24
   3.4. Portugal 25
4. Competência material da Justiça do Trabalho brasileira à luz da Emenda Constitucional n. 45/04. 26

Capítulo II
CONTROVÉRSIAS ORIUNDAS E DECORRENTES DA RELAÇÃO DE TRABALHO

1. Do conceito de "relação de trabalho" 31
2. Competência da Justiça do Trabalho para apreciar as lides oriundas da relação de trabalho 35
3. Considerações finais sobre a interpretação do art. 114, I, da CF. Justiça do Trabalho: Justiça do trabalhador ou do empregado? 42
4. Relação de consumo 48
5. Servidor Público. Relação estatutária 52

6. Os contratos de empreitada e a *pequena empreitada* 54

7. Contratos de prestação de serviços 57

8. Outras controvérsias decorrentes da relação de trabalho (inciso IX, do art. 114 da CF) 59

Capítulo III
AÇÕES QUE ENVOLVEM O EXERCÍCIO DO DIREITO DE GREVE

1. Da greve e as ações que a envolvem 65

2. Da competência da Justiça do Trabalho para o julgamento da greve dos servidores públicos 67

3. Ações possessórias e interdito proibitório 69

4. Ações indenizatórias 71

5. Competência funcional 72

Capítulo IV
AÇÕES SOBRE REPRESENTAÇÃO SINDICAL

1. Conceito de Representação Sindical e ações cabíveis 73

   1.2. Lides inter-sindicais não coletivas 76

   1.3. Lides intra-sindicais 76

   1.4. Conflitos sobre contribuições sindicais 77

2. Competência funcional 78

Capítulo V
HABEAS CORPUS, *HABEAS DATA* E MANDADOS DE SEGURANÇA, QUANDO O ATO QUESTIONADO ENVOLVER MATÉRIA SUJEITA À JURISDIÇÃO TRABALHISTA

1. Introdução 79

2. *Habeas corpus* 79

3. Mandado de Segurança 83

4. *Habeas data* 86

5. Competência penal da Justiça do Trabalho 87

Capítulo VI
CONFLITOS DE COMPETÊNCIA ENTRE ÓRGÃOS QUE DETÊM JURISDIÇÃO TRABALHISTA

1. Introdução 95
2. Espécies de conflitos 96

Capítulo VII
AÇÕES DE INDENIZAÇÃO POR DANOS MORAIS E PATRIMONIAIS DECORRENTES DA RELAÇÃO DE TRABALHO

1. Definição de danos morais e patrimoniais na esfera trabalhista 99
2. Competência da Justiça do Trabalho para apreciação dos danos morais e patrimoniais 101
3. Danos na fase pré-contratual 101
4. Os danos na fase pós-contratual 103
5. Competência da Justiça do Trabalho para apreciação dos danos morais e patrimoniais decorrentes do acidente de trabalho 105

Capítulo VIII
AÇÕES RELATIVAS ÀS PENALIDADES ADMINISTRATIVAS IMPOSTAS AOS EMPREGADORES PELOS ÓRGÃOS DE FISCALIZAÇÃO DAS RELAÇÕES DE TRABALHO

1. Introdução e ações cabíveis 109
2. Execução fiscal das multas decorrentes da fiscalização do trabalho 112
3. Órgãos de fiscalização do exercício de profissões regulamentadas 113
4. Ações sobre o FGTS movidas em face da CEF 114

Capítulo IX
EXECUÇÃO DE OFÍCIO DAS CONTRIBUIÇÕES SOCIAIS DECORRENTES DAS SENTENÇAS QUE PROFERIR

1. Introdução 115
2. Competência para executar o INSS das sentenças meramente declaratórias de vínculo de emprego 116

Capítulo X
COMPETÊNCIA MATERIAL DA JUSTIÇA DO TRABALHO PARA CRIAR NORMAS

1. Breves enfoques sobre o Poder Normativo da Justiça do Trabalho brasileira .. 121
2. A questão do *comum acordo* para instaurar o dissídio coletivo de natureza econômica 124
3. A questão do *comum acordo* nos dissídios de greve 129
4. Limites da competência normativa da Justiça do Trabalho brasileira 131
5. O Poder Normativo se transformou em arbitragem judicial após a EC n. 45/04? .. 133

Capítulo XI
O PROCESSO DO TRABALHO DIANTE DAS ALTERAÇÕES DA COMPETÊNCIA MATERIAL DA JUSTIÇA DO TRABALHO PELA EC 45/04

1. Os princípios do Direito Processual do Trabalho e sua autonomia 135
2. Do procedimento para as ações que não envolvam parcelas trabalhistas *stcrito sensu* 140
3. A intervenção de terceiros no Processo do Trabalho após a EC n. 45/04 e o cancelamento da OJ 227, da SDI-I do C. TST 143
4. Prescrição aplicável para as ações que não envolvem uma parcela trabalhista *stricto sensu* e das ações em curso que vieram para o Judiciário Trabalhista .. 147
5. *Jus postulandi* e honorários advocatícios 149
6. Processos em curso oriundos das Justiças Estadual e Federal quando da vigência da EC n. 45/04 e as regras de Direito intertemporal 151
7. Conseqüências da supressão da expressão "conciliar" do *caput* do art. 114, da Constituição Federal 152

Conclusões 155

Referências Bibliográficas 159

APRESENTAÇÃO

O presente livro propõe uma análise crítica da Competência Material da Justiça do Trabalho Brasileira após a Emenda Constitucional n. 45/04.

Com algumas adaptações, a obra é fruto de dissertação de mestrado apresentada e defendida perante a Pontifícia Universidade Católica de São Paulo, cuja Banca examinadora fora composta pelos Professores Doutores *Pedro Paulo Teixeira Manus, Fabíola Marques e Domingos Sávio Zainaghi*.

Passados mais de dois anos da vigência da EC n. 45/04, o texto analisa o aumento de competência da Justiça do Trabalho, tanto no aspecto do conflito individual, como no coletivo do trabalho. Além da pesquisa doutrinária nacional e internacional, foram trazidas para o corpo do texto as manifestações mais recentes e significativas dos Tribunais a respeito da novel competência da Justiça do Trabalho.

São grandes os impactos processuais na Justiça do Trabalho após a EC n. 45/04, bem como mais significativa a sua missão social. Em razão disso, o texto analisa os principais reflexos processuais da dilatação da competência material neste ramo especializado do judiciário.

Após dissecar os incisos e parágrafos do artigo 114, conclui-se que a partir da EC n. 45/04, a Justiça do Trabalho passou a ser, efetivamente, a *Justiça do Trabalhador*.

INTRODUÇÃO

O Direito do Trabalho e a Justiça do Trabalho passam por uma fase de transição. As mudanças ocorridas na sociedade, em razão da globalização e do incremento da tecnologia, alteram os sistemas produtivos e o Direito do Trabalho sofre diretamente os impactos destas mudanças.

Atualmente, o regime de trabalho pela CLT, o chamado *trabalhador com carteira assinada*, já não é mais preponderante. Estima-se, hoje, que 60% dos trabalhadores estão vivendo na informalidade, por meio de contratos de trabalho precários, como falsas cooperativas, prestação de serviços, eventuais, e muitos por pura falta de oportunidades estão inseridos no circuito do mercado de consumo.

Neste cenário atual das relações do trabalho, veio à lume a Emenda Constitucional n. 45, de dezembro de 2004, que alterou significativamente a espinha dorsal da competência material da Justiça do Trabalho, que antes se ocupava das controvérsias entre empregados e empregadores, ou seja, seu foco era a relação de trabalho regida pelos arts. 2º e 3º, da CLT. Agora, por força da EC n. 45, a competência da Justiça do Trabalho adotou o critério objetivo, não mais em razão das pessoas que compõem os pólos da relação jurídica de trabalho, mas das controvérsias oriundas e decorrentes da relação de trabalho.

Inegavelmente, as mudanças nas relações de trabalho e no modo de produção capitalista contribuíram significativamente para a alteração da competência material da Justiça do Trabalho. Já não era mais possível deixar de fora da Justiça do Trabalho as relações de trabalho dos prestadores de serviços que vivem do próprio trabalho, mas não possuem um vínculo de emprego. Sob esta ótica, a Justiça do Trabalho, diante da sua natural vocação social, passa a enfrentar praticamente todas as controvérsias decorrentes do trabalho humano, visando, em última análise, a garantir a dignidade da pessoa humana do trabalhador e os valores sociais do trabalho.

Também vieram para a Justiça do Trabalho ações que embora estejam diretamente relacionadas com o Direito do Trabalho e a relação de trabalho, estavam inexplicavelmente fora da competência desta Justiça Especializada, como as ações de representação sindical e as decorrentes da fiscalização do trabalho.

De outro lado, houve um aspecto restritivo quanto à competência da Justiça do Trabalho para o dissídio coletivo de natureza econômica, por meio do qual a Justiça do Trabalho exerce o chamado *Poder Normativo*, pois o parágrafo 2º do art. 114 da

Constituição Federal condicionou o ajuizamento do dissídio coletivo à concordância das partes. Em razão disso, muitos já estão sustentando o fim do Poder Normativo. Outros se mostram pessimistas quanto à restrição do Poder Normativo, como um perigoso instrumento para o enfraquecimento do Direito do Trabalho e do Judiciário Trabalhista.

São também relevantes os impactos processuais, pois diante da nova competência, o processo do trabalho também terá que ter uma flexibilidade maior para se adaptar às novas ações, para garantia de efetividade do Direito como um todo.

O Direito do Trabalho, constantemente, tem que se adaptar às mudanças da sociedade, assim também a Justiça do Trabalho enfrenta um grande desafio, o de continuar cumprindo de forma digna e eficaz a sua relevante função social, garantindo a efetividade dos direitos trabalhistas.

A presente dissertação decorre de reflexões colhidas desde a promulgação da EC n. 45/04, e também de pesquisa das obras e artigos mais significativos escritos sobre o assunto.

Para a elaboração da dissertação, utilizou-se de técnicas gerais de pesquisa, predominando a bibliográfica, nacional e estrangeira, bem como a consulta da jurisprudência mais recente sobre o tema. Também foi relevante a militância diária no foro trabalhista da capital de São Paulo, onde são propostos os mais diversos conflitos trabalhistas para apreciação.

A fonte primária do texto é o art. 114, da Constituição Federal e, por isso, priorizou-se o método histórico de interpretação e também a chamada interpretação em conformidade com a Constituição, destacando a importância social do aumento de competência da Justiça do Trabalho, como finalidade última de garantir a proteção à dignidade daqueles que vivem do próprio trabalho.

Quanto ao aspecto formal da dissertação, foi utilizada a obra do professor *Rizzatto Nunes, Manual da Monografia Jurídica*. 5ª ed., São Paulo: Saraiva, 2007.

A dissertação inicia enfocando os meios de solução dos conflitos trabalhistas, tanto individuais como coletivos. Posteriormente, são enfrentadas as questões sobre jurisdição e competência, com ênfase na competência material da Justiça do Trabalho. Prosseguindo, são estudados todos os incisos do art. 114, da Constituição Federal com a redação dada pela EC n. 45/04, com destaque para as lides oriundas e decorrentes da *relação de trabalho*. Por fim, são estudados os principais reflexos da alteração da competência da Justiça do Trabalho no Direito Processual do Trabalho.

Sem a pretensão de esgotar o tema, que ainda é fruto de acirradas discussões na doutrina e jurisprudência, apresentamos nossas reflexões, com o objetivo de contribuir para melhor compreensão do instituto da competência material da Justiça do Trabalho e aperfeiçoamento deste ramo especializado do Judiciário.

Capítulo I

DA JURISDIÇÃO E COMPETÊNCIA

1. Do conflito trabalhista e formas de solução

Não há consenso na doutrina sobre o que seja conflito[1], mas este é inerente à condição humana, principalmente em razão da escassez de bens existentes na sociedade e das inúmeras necessidades do ser humano.

Na esfera processual, o conflito surge quando ocorre uma pretensão resistida, o que *Carnelutti*[2] denominou de *lide*[3]. Por seu turno, segundo este consagrado processualista, pretensão é a exigência de subordinação do interesse alheio ao interesse próprio.

Conflito de interesse, conforme ensina *Moacyr Amaral Santos*[4], "pressupõe, ao menos, duas pessoas com interesse pelo mesmo bem. Existe quando, à intensidade do interesse de uma pessoa por um determinado bem se opõe a intensidade do interesse de uma pessoa pelo mesmo bem, donde a atitude de um tendente à exclusão da outra quanto a este".

O Direito do Trabalho, como é marcado por grande eletricidade social, uma vez que está por demais arraigado na vida das pessoas e sofre de forma direta os impactos das mudanças sociais e da economia, é um local fértil para a eclosão dos mais variados conflitos de interesse.

Os conflitos trabalhistas podem eclodir tanto na esfera individual como na esfera coletiva. Na esfera individual, há o chamado conflito entre *patrão e empregado*, individualmente considerados, ou entre *prestador e tomador de serviços*, tendo por objeto o descumprimento de uma norma positivada, seja pela lei ou pelo contrato. Já o conflito coletivo trabalhista, também denominado de *conflito do grupo*[5] ou de *categorias*, tem

---
(1) Segundo *Antonio Houaiss*, o conflito é "profunda falta de entendimento entre duas ou mais partes, choque, enfrentamento (*Dicionário Houaiss da língua portuguesa*. Rio de Janeiro: Objetiva, 2001, p. 797).
(2) CARNELUTTI, Francesco. *Instituições do Processo Civil*. Volume I. Campinas: Servanda, 1999, p. 77.
(3) Como destaca *Patrícia Miranda Pizzol*: "(...) podemos concluir que lide é o conflito de interesses qualificado por uma pretensão resistida, submetido à apreciação do Judiciário. É importante, assim, diferenciar lide de conflito de interesses — o conflito se manifesta no plano sociológico, enquanto a lide no plano processual; logo, pode não haver uma correspondência entre conflito e lide, se o autor deduzir em juízo apenas uma parte do conflito de interesses *(Competência no Processo Civil*. São Paulo: RT, 2003, p. 27*)*.
(4) SANTOS, Moacyr Amaral. *Primeiras Linhas de Direito Processual Civil*. São Paulo: Saraiva, 1985, p. 4.
(5) Conforme *Wilson de Souza Campos Batalha*, "os grupos são entidades sociais que, no Direito atual, assumem categorização jurídica expressiva e são dotadas de realidade processual. Alguns são inorganizados, aflorações

por objeto não somente o descumprimento de normas positivadas já existentes (conflito jurídico ou de natureza declaratória), mas também a criação de novas normas de regulamentação da relação de trabalho (conflitos de natureza econômica). Como bem adverte *Pinho Pedreira*[6], "o bem mais comumente disputado nos conflitos de trabalho é o salário, que os trabalhadores pleiteiam seja elevado e os empregadores se recusam a aumentar, ou a fazê-lo no percentual reivindicado".

Segundo *Antonio Monteiro Fernandes*[7]: "Um dos temas mais importantes e complexos que se deparam no domínio do Direito Colectivo é o dos conflitos. Na verdade, 'o conflito, latente ou ostensivo é a essência das relações industriais'; a negociação colectiva é, não só uma técnica de produção de normas, mas também um método de superação de conflitos actuais ou potenciais; envolve um processo jurídico e uma dinâmica social".

A doutrina costuma classificar os conflitos coletivos em conflitos *jurídicos ou de direito*, que não têm por objeto a criação de novas condições de trabalho e os *conflitos de interesse ou econômicos*, que visam à criação de novas condições de trabalho. Conforme leciona *Octavio Bueno Magano*: "os conflitos econômicos têm por escopo a modificação de condições de trabalho, e, por conseguinte, a criação de novas normas, enquanto os jurídicos têm por finalidade a interpretação ou aplicação de normas jurídicas preexistentes".[8]

Segundo nos traz a doutrina, são meios de solução dos conflitos na esfera trabalhista: *autotutela* ou *autodefesa, autocomposição* e *heterocomposição*.

A autotutela ou autodefesa é o meio mais primitivo de resolução dos conflitos. Nesta modalidade, há uma ausência do Estado na solução do conflito, sendo uma espécie de vingança privada.

Hoje, nas legislações, ainda há resquícios da autotutela em alguns Códigos, como a legítima defesa da posse no Código Civil, ou o estado de necessidade e legítima defesa na esfera penal.

Na esfera do conflito coletivo de trabalho, temos como exemplo de autotutela a greve e o locaute, sendo este vedado no ordenamento jurídico brasileiro pelo art. 17 da Lei n. 7.783/89. Na esfera individual temos o direito de resistência do empregado às alterações contratuais lesivas (arts. 468 e 483, da CLT).

A *autocomposição* é modalidade de solução dos conflitos coletivos de trabalho pelas próprias partes interessadas sem a intervenção de um terceiro que irá ajudá-las

---

espontâneas da coletividade, como grupos de pressão e comissão de fábrica. Outros são organizados como entidades civis ou como entidades sindicais. As associações civis são livremente organizadas e se registram no Registro de Títulos e Documentos, nos termos da Lei de Registros Públicos (Lei n. 6015/73)" (Instrumentos Coletivos de Atuação Sindical. *Revista Legislação do Trabalho*. São Paulo: LTr, ano 60, v. 2, 1996, p. 184.

(6) A Greve sem a Justiça do Trabalho. Revista Legislação do Trabalho. São Paulo: LTr, ano 61, v. 02, 1997, p. 197.
(7) FERNANDES, Antonio Monteiro. *Direito do Trabalho*. 13ª ed., Coimbra: Almedina, 2006, p. 835.
(8) MAGANO, Octavio Bueno. *Manual de Direito do Trabalho. Direito Coletivo.* Volume IV. 4ª ed., São Paulo: LTr, 1994, p. 162.

ou até propor a solução do conflito. Como exemplos temos a negociação coletiva para os conflitos coletivos e o acordo ou a transação para os conflitos individuais.

Na esfera do Direito Coletivo do Trabalho temos como instrumentos típicos de autocomposição, os acordos e convenções coletivas, que são produtos de um instituto maior que é a negociação coletiva.

A *heterocomposição* se exterioriza pelo ingresso de um agente externo e desinteressado ao litígio que irá solucioná-lo e sua decisão será imposta às partes de forma coercitiva. Como exemplo, temos a decisão judicial (dissídios individuais e coletivos) e a arbitragem.

A mediação e a conciliação estão entre a autocomposição e a heterocomposição. Para alguns, são modalidades de autocomposição, pois o mediador apenas aproxima as partes para uma solução consensual e o conciliador faz propostas de solução do conflito que podem ou não ser aceitas pelas partes, mas tanto um quanto o outro não têm poderes para impor a solução do conflito às partes e nem estas são obrigadas a aceitar as sugestões deles. Para outros, são modalidades de heterocomposição, pois, ainda que não possam impor a solução do conflito, inegavelmente, o conciliador e o mediador contribuem para a solução do conflito.

No nosso sentir, tanto a mediação como a conciliação são modalidades de autocomposição, pois tanto o mediador como o conciliador não têm poderes para decidir o conflito e nem impor a decisão. Além disso, cumpre às partes a faculdade de aceitar ou não as propostas do mediador ou conciliador.

2. Jurisdição e Competência

O Poder do Estado é uno, por isso se diz que o Poder se subdivide em funções. Assim temos a função legislativa, a administrativa e a jurisdição.

Como destaca *Daniel Amorim Assumpção Neves*[9]:

"Atualmente, a jurisdição é estudada sob três diferentes ângulos de análise: poder, função e atividade. A jurisdição entendida como poder estatal, mais precisamente de decidir imperativamente (o que em regra ocorre no processo ou fase de conhecimento) e de impor suas decisões (o que ocorre em regra no processo ou fase de execução). Como função encara-se a jurisdição como o encargo de resolver os conflitos de interesses entre os indivíduos gerando a pacificação social. Por fim, entendida como atividade, a jurisdição representa os atos praticados pelo juiz no processo visando a atingir seus escopos".

Assinala *Mário Guimarães*[10], como função estatal a jurisdição foi exercida pelos antigos reis de direito absoluto, por si ou por intermédio de delegados. Entre certos

---

(9) NEVES, Daniel Amorim Assumpção. *Competência no Processo Civil*. São Paulo: Método Editora, 2005, p. 15-16.
(10) GUIMARÃES, Mário. *O juiz e a função jurisdicional*, Rio de Janeiro: Forense, 1958, p. 1.

povos primitivos, cabia à assembléia, tribo ou clã, conforme prática entre os germanos, ao que nos informam as narrações de *Tácito*, e entre os gregos dos tempos homéricos ao que diz a *Odisséia*.

Como adverte *Piero Calamandrei*[11]: "A competência é acima de tudo uma determinação dos poderes judiciais de cada um dos juízes. (...) Perguntar qual é a competência de um juiz equivale, por conseguinte, a perguntar quais são os tipos de causas sobre as quais tal juiz é chamado a prover".

Proibida a justiça com as próprias mãos, e restritas as hipóteses de autotutela, surge a jurisdição que é função estatal de resolver os conflitos de interesses.

São características da jurisdição: a) ser uma atividade provocada, pois ela não atua sem que uma parte traga uma pretensão a ser exigida em face de alguém; b) atividade pública: a jurisdição é estatal, ou seja, é exercida pelo Estado e é indelegável; c) inafastabilidade: uma vez trazida uma pretensão a juízo, o Estado tem que dar uma resposta à pretensão; d) atividade substitutiva: pois a jurisdição substitui a atividade das partes, que terão que se submeter à decisão; e) imutabilidade: a decisão judicial é imutável, formando a chamada coisa julgada material e por isso é definitiva.

Diante da multiplicidade de conflitos existentes na sociedade, para a jurisdição atuar, houve necessidade de se criarem critérios para que os conflitos fossem distribuídos de forma uniforme aos juízes a fim de que a jurisdição pudesse atuar com maior efetividade e também propiciar ao jurisdicionado um acesso mais célere e efetivo à jurisdição. Em razão disso, foi criado um critério de *distribuição da jurisdição* entre os diversos juízes, que é a competência[12].

Ensina *Carnelutti*[13]:

"O instituto da competência tem origem na distribuição do trabalho entre os diversos ofícios judiciais ou entre seus diversos componentes. Já que o efeito de tal distribuição se manifesta no sentido de que a massa das lides ou negócios se dividia em tantos grupos, cada um dos quais é designado a cada um dos ofícios, a potestade de cada um deles se limita praticamente às lides ou aos negócios compreendidos pelo mesmo grupo. Portanto, a competência significa a pertinência a um ofício, a um oficial ou a um encarregado de postestade a respeito de uma lide ou de um negócio determinado; naturalmente, tal pertinência é um requisito de validade do ato processual, em que a potestade encontra seu desenvolvimento".

Como destaca *Athos Gusmão Caneiro*[14]: "Todos os juízes exercem jurisdição, mas a exercem numa certa medida, dentro de certos limites. São, pois 'competentes'

---
(11) CALAMANDREI, Piero. *Instituições de Direito Processual Civil*. Volume II. 2ª ed., Campinas: Bookseller, 2002, p. 108.
(12) Semelhante conceito temos no Direito português, conforme a visão de *Augusto Pais de Amaral*: "A competência é a parcela de jurisdição que é atribuída a cada um dos órgãos jurisdicionais. Por outras palavras, a competência é fracção do poder jurisdicional que cabe a cada tribunal" (*Direito processual civil*. 3ª ed., Lisboa: Almedina, 2002, p. 104).
(13) CARNELUTTI, Francesco. *Instituições do Processo Civil*, Volume I. Campinas: Servanda, 1999, p. 256.
(14) CARNEIRO, Athos Gusmão. *Jurisdição e Competência*. São Paulo: Saraiva, 2005, p. 22.

somente para processar e julgar determinadas causas. A 'competência', assim, 'é a medida da jurisdição', ou ainda, é a jurisdição na medida em que pode e deve ser exercida pelo juiz".

Na feliz síntese de *Mário Guimarães*[15]: "A jurisdição é um todo. A competência uma fração. Pode um juiz ter jurisdição sem competência. Não poderá ter competência sem jurisdição".

Para melhor aparelhamento da atividade jurisdicional, a jurisdição foi repartida em partes, ou seja em matérias. Desse modo, cada ramo do Poder Judiciário julgará determinadas matérias, a fim de que a atividade jurisdicional de aplicação do Direito possa ser efetivada com eficiência e qualidade. Em razão disso, todo juiz possui jurisdição, mas nem todo juiz possui competência.

Chiovenda[16] enumerou três critérios para distribuição da competência, que influenciaram o ordenamento jurídico brasileiro. São eles:

1 – Critério objetivo

2 – Critério funcional

3 – Critério territorial

Segundo *Chiovenda*[17], "o critério objetivo ou do valor da causa (competência pelo valor) ou da natureza da causa (competência por matéria). O critério extraído da natureza da causa refere-se, em geral, ao conteúdo especial da relação jurídica em lide (...) o critério funcional extrai-se da natureza especial e das exigências especiais das funções que se chama o magistrado a exercer num processo (...) o critério territorial relaciona-se com a circunscrição territorial designada à atividade de cada órgão jurisdicional".

Há um certo consenso na doutrina processual brasileira de que os critérios da competência são:

a) competência em razão da natureza da relação jurídica (competência em razão da matéria ou objetiva[18]);

b) em razão da qualidade das partes envolvidas na relação jurídica controvertida (competência em razão da pessoa[19]);

---

(15) GUIMARÃES, Mário. *O juiz e a função jurisdicional*. Rio de Janeiro: Forense, 1958, p. 56.
(16) CHIOVENDA, Giuseppe. *Instituições de Direito Processual Civil*. Volume II. 3ª ed., Campinas: Bookseller, 2002, p. 184.
(17) *Ibidem*, pp. 184-185.
(18) Nesta espécie é determinante a natureza da relação jurídica controvertida para aferição da competência. Na Justiça do Trabalho, a competência material vem disciplinada no art. 114, da Constituição Federal e também no art. 652, da CLT.
(19) Como destaca *Cândido Rangel Dinamarco*: "certas qualidades das pessoas litigantes são levadas em conta pela Constituição e pela lei, muitas vezes na fixação das regras da chamada competência em razão da pessoa (*ratione personae*)" (*Instituições de Direito Processual Civil*. Volume I. São Paulo: Malheiros, 2001, p. 419). Como veremos no item "Competência Material da Justiça do Trabalho à luz da EC n. 45/04", a Constituição Federal manteve algumas hipóteses de competência em razão da pessoa na Justiça do Trabalho.

c) competência em razão do lugar (competência territorial[20]);

d) em razão do valor da causa[21];

e) em razão da hierarquia dos órgãos judiciários (funcional[22]).

Interessa-nos no presente estudo a competência material, também denominada de critério objetivo da competência ou competência em razão da natureza da relação jurídica controvertida, ou competência *ex ratione materiae*, que é aferida em juízo em razão da natureza da pretensão posta em juízo. Ensina *José Frederico Marques*[23]: "as regras de competência material têm essa qualificação porque se alicerçam no que é conteúdo do processo, ou seja, a lide ou a pretensão. Mesmo quando se fixa o juízo competente tendo em vista a natureza do processo, é a pretensão, em última análise que serve de base para a determinação da competência".

3. Competência material da Justiça do Trabalho em outros países

Há semelhanças entre a competência da Justiça do Trabalho brasileira e de outros países, principalmente da América do Sul, em que há necessidade de um ramo especializado do judiciário para dirimir as causas trabalhistas, como medida de efetividade da legislação social.

A competência material da Justiça do Trabalho de muitos países se limita às controvérsias envolvendo o trabalho subordinado, já outros apresentam competência mais ampla abrangendo também o trabalho autônomo e os contratos que envolvem uma prestação pessoal de serviços à semelhança do contrato de emprego.

3.1. Argentina

Na Argentina, como é tendência dos países da América do Sul, há uma jurisdição especializada em causas trabalhistas.

Ao contrário do Brasil em que há uma lei específica determinando a competência material da Justiça do Trabalho em todo o território brasileiro, na Argentina, a

---

(20) Conforme *Patrícia Miranda Pizzol*: "a expressão competência territorial se deve à necessidade de fixar um juiz entre a pluralidade de outros da mesma espécie ou com o mesmo grau de jurisdição, atribuindo-se a ele uma porção territorial, dentro da qual está sua sede" (*Op. cit.*, p. 155). No Processo do Trabalho, a competência territorial vem disciplinada no art. 651, da CLT, sendo a regra geral o local da prestação de serviços.

(21) A competência em razão do valor leva em consideração o montante pecuniário da pretensão, ou seja, o valor do pedido. É relativa à luz do Código de Processo Civil. No Processo do Trabalho, o valor dos pedidos serve para determinar o rito processual: se até dois salários mínimos, o rito será Sumário (Lei n. 5584/70), de 02 a 40 salários mínimos (Rito sumaríssimo – Lei n. 99.570/00) e rito ordinário (acima de 40 salários mínimos).

(22) Segundo destaca *Patrícia Miranda Pizzol*: a competência funcional se dá em razão da "natureza e exigências especiais das funções exercidas pelo juiz no processo". (*Op. cit.*, pp. 139-140). No Processo do Trabalho, a competência funcional vem disciplinada na CLT e também nos Regimentos Internos dos TRT'S e TST.

(23) MARQUES, José Frederico. *Instituições de Direito Processual Civil*. Volume I. Campinas: Bookseller, 2000, p.327.

competência da Justiça do Trabalho é fixada de acordo com a legislação de cada província. Não obstante, de modo geral, a competência da Justiça do Trabalho argentina abrange as relações oriundas do contrato de trabalho subordinado e também as controvérsias que circundam esse contrato, como as ações possessórias para retomada de imóvel em razão de um contrato de trabalho. Também há competência para as questões coletivas que envolvem acordos e convenções coletivas. Não há de forma expressa a competência da Justiça do Trabalho para apreciar conflitos que envolvem o trabalhador autônomo e outras espécies de trabalhadores que não estão vinculados a um contrato de emprego.

Lembram *Aline Cosin, Camila Foganoli Penteado, Maria Antônia da Silva* e *Regiane dos Santos Mariani*[24]:

"Algumas províncias como, por exemplo, Santa Fé (art. 2º), Córdoba (art. 1º), Corrientes (art. 3º), Jujuz (art. 1º) e, também, a cidade de Buenos Aires, prevêem de forma expressa a competência para apreciar e julgar causas não só relacionadas a um contrato de trabalho, mas também todo e qualquer conflito fundado numa relação de trabalho, assim, como ocorre na atual legislação brasileira, mais especificamente pelos incisos I, VI, e IX do art. 114 da Constituição Federal."

Como destaca *Mario E. Ackerman*[25]:

"Como bien suele destarcarse, la jurisdicción laboral há evolucionado y ampliado su competência material para arbarcar actualmente no solo lo especifica y exclusivamente ligado a un contrato de trabajo, sino también las cuestiones de derecho colectivo y las de derecho administrativo y penal, como lo son las infracciones a las normas reglamentarias del trabajo. En general, la competencia material de la justicia nacional del trabajo comprende las causas conteciosas en conflictos individuales de derecho, cualquiera fueren las partes, incluso La Nación, suas reparticiones autárquicas, La Municipalidad de la Ciudade de Buenos Aires, y cualquier ente público —, por demandas o reconvenciones fundadas en los contratos de trabajo, convenciones colectivas, laudos con eficácia de convenios colectivos, o disposiciones legales o reglamentarias del derecho del trabajo; y las causas entre trabajadores y empleadores relativas a um contrato de trabajo, aunque se fundem en disposiciones del derecho común aplicables a aquél (arts. 20)".

3.2. Itália

A Itália não possui um Código de Processo do Trabalho. A jurisdição trabalhista está prevista no Código de Processo Civil e também os conflitos trabalhistas estão sujeitos à Jurisdição Ordinária.

---

(24) COSIN, Aline; PENTEADO, Camila Fogagnoli; SILVA, Maria Antônia; MARIANI, Regiane dos Santos. *Perfil do Processo Trabalhista Argentino*. Revista Legislação do Trabalho. São Paulo: LTr, ano 70, v. 7, 2006, p. 847.

(25) ACKERMAN, Mario e. *Organización y Procedimiento de La Justicia del Trabajo en la Argentina*. In: *Processo do Trabalho na América Latina*. Wagner D. Gigilio (coord.). São Paulo: LTr, 1992, p. 191.

Assevera *Souto Maior*[26]: "no Direito italiano, por exemplo, os conflitos trabalhistas estão sujeitos a julgamento na jurisdição ordinária, mas o seu procedimento é diverso (*la diferenza tra cause ordinarie e cause di lavor si afferma sotto il profilo della diversitá de procedimento*, Guiseppe Tarzia, "*Manuale del Processo del Lavoro*, Milano: Fott. A. Giuffrè Editore, 1975, p. 31)".

Como destaca *Amauri Mascaro Nascimento*[27]: "Na Itália, o Código de Processo Civil (art. 409) atribui competência aos juízes não só para ações de *dependentes* — nome dado aos subordinados —, mas também, para as 'relações de agência', de representação comercial e outras relações de colaboração que se concretizam através de uma prestação de trabalho continuado e coordenado, previamente pessoal, ainda que não subordinado".

A competência material trabalhista italiana se aproxima muito da brasileira, pois além de mencionar contratos onde há o trabalho subordinado, há também previsão da competência para vínculos de natureza autônoma, mas que se desenvolvam em caráter pessoal, continuado e com certa dependência econômica do prestador ao tomador.

3.3. Espanha

Na Espanha, há um judiciário especializado em demandas trabalhistas, inclusive há uma legislação processual trabalhista autônoma prevista pela *Ley de Procedimento Laboral*, de dezembro de 2002.

O art. 2º da LPL (Lei de Procedimento Laboral), fixa a competência material dos Tribunais trabalhistas espanhóis para os conflitos envolvendo: as questões entre empresários e trabalhadores como conseqüência do contrato de trabalho; matéria de seguridade social envolvendo a proteção do desemprego, contratos de seguro e responsabilidade do empregador pelos acidentes de trabalho; questões sobre o fundo de garantia; em matéria sindical os conflitos referentes ao reconhecimento e personalidade sindical, regime jurídico, condutas anti-sindicais, responsabilidade dos sindicatos; impugnação de acordos e convenções coletivas, eleições sindicais; entre sociedades cooperativas e sociedades de trabalhadores e quaisquer outras questões atribuídas por normas legais.

A competência material da Justiça do Trabalho espanhola é bem ampla e semelhante à Justiça brasileira, abrangendo também as questões que envolvem a Previdência Social.

Quanto aos conflitos coletivos, a classificação, segundo a doutrina, é muito semelhante ao brasileiro. São eles de aplicação do Direito (ou jurídicos) e conflitos de

---

(26) MAIOR, Jorge Luiz Souto. *Op. cit.*, p. 21.
(27) NASCIMENTO, Amauri Mascaro. *Curso de Direito Processual do Trabalho*. 22ª ed., São Paulo: Saraiva, 2007, pp. 209-210.

regulação (ou de interesses). Nesse sentido é a posição de *Alfredo Montoya Melgar*[28]: "Atendiendo a la finalidad perseguida al plantearse el conflicto, se distinguen los conflictos sobre aplicación de Derecho y los conflitos de regulación, que assimismo son objeto de estúdio inmediato".

Não há na Espanha a competência para a Justiça do Trabalho apreciar dissídios coletivos de natureza econômica, não podendo o Poder Judiciário criar normas. O dissídio coletivo de natureza jurídica é apreciado pela Jurisdição Trabalhista.

Como lembra *Vitor Salino Moura Eça*[29], "as demandas coletivas que envolvam os servidores públicos, sua liberdade sindical e o direito de greve, todavia, seguem para a Justiça comum, e são regidas pelo Direito Administrativo".

3.4. Portugal

Em Portugal, há um recente Código de Processo do Trabalho aprovado pelo Decreto-lei n. 480/99 de 09 de novembro de 1999. Há também os Tribunais do Trabalho que têm competência em matéria cível e penal (contravencional).

A competência material cível da Justiça do Trabalho portuguesa está prevista no art. 85º da Lei n. 3/99 de 13 de janeiro de 1999 (*Lei de Organização e Funcionamento dos Tribunais Judiciais*[30]), que atribuiu competência aos Tribunais do Trabalho para as questões de anulação e interpretação de instrumentos normativos coletivos; questões emergentes de trabalho subordinado; questões sobre acidentes de trabalho e doenças profissionais; benefícios e assistência médica referentes a acidentes de trabalho; questões emergentes de contratos equiparados por lei ao contrato de trabalho; questões sobre legislação sindical; questões previdenciárias envolvendo direitos dos trabalhadores; questões cíveis relativas à greve; questões entre sujeitos de uma relação jurídica de trabalho ou entre um desses sujeitos e terceiros, quando emergentes de relações convexas com a relação de trabalho e demais questões que por lei lhes sejam atribuídas.

Quanto à competência penal, o art. 86º atribuiu aos Tribunais do Trabalho a competência contravencional. Aduz o referido artigo *in verbis*[31]:

"Compete aos tribunais do trabalho conhecer e julgar, em matéria contravencional: a) As transgressões de normas legais e convencionais reguladoras das relações de trabalho; b) As transgressões de normas legais ou regulamentares sobre encerramento de estabelecimentos comerciais ou industriais ainda que sem pessoal ao seu serviço; c) As transgressões de preceitos legais relativos a acidente de trabalho e doenças profissionais; d) As infracções de natureza contravencional

---

(28) MONTOYA MELGAR. Alfredo. *Derecho del Trabajo*, 22ª ed., Madri: Editora Tecnos, 2001, p. 699.
(29) EÇA, Vitor Salino de Moura. Jurisdição e Competência Trabalhistas no Direito Estrangeiro. *Suplemento Trabalhista*. São Paulo: LTr, v. 07/06, 2006, p. 235.
(30) *Código do Processo do Trabalho*. 3ª ed., Coimbra: Almedina, 2006, p. 146.
(31) *Ibidem*, p. 148.

relativas à greve; e) As demais infracções de natureza contravencional cujo conhecimento lhes seja atribuído por lei".

A competência material da Justiça do Trabalho portuguesa é bem ampla, abrangendo praticamente todas as questões que circundam o contrato de trabalho, em que há o trabalho subordinado, e também questões sobre contratos de trabalho equiparados ao regime do trabalho subordinado.

A Legislação portuguesa não prevê competência normativa à Justiça do Trabalho. Os conflitos coletivos são apreciados por meio da arbitragem: facultativa ou voluntária. Com efeito, dispõe o art. 567, 1, do Código do Trabalho de Portugal[32]:

> "Nos conflitos que resultem da celebração ou revisão de uma convenção colectiva de trabalho pode ser tornada obrigatória a realização de arbitragem, quando, depois de negociações prolongadas e infrutíferas, tendo-se frustrado a conciliação e a mediação, as partes não acordem, no prazo de dois meses a contar do termo daqueles procedimentos, em submeter o conflito à arbitragem voluntária".

Conforme o referido dispositivo, a legislação portuguesa impõe o limite de dois meses para a solução do conflito pelas próprias partes. Não havendo resolução, há a imposição de arbitragem obrigatória.

4. Competência material da Justiça do Trabalho brasileira à luz da Emenda Constitucional n. 45/04

Após longa tramitação no Congresso Nacional, foi aprovada a Emenda de Reforma do Judiciário (EC n. 45/04 de 08 de dezembro de 2004). Dentre as várias alterações na estrutura do Poder Judiciário, houve um aumento considerável na competência material da Justiça do Trabalho. O art. 114, da CF, após significativas alterações, apresenta a seguinte redação:

> "Art. 114 – Compete à Justiça do Trabalho processar e julgar:
>
> I – as ações oriundas da relação de trabalho, abrangidos os entes de direito público externo e da administração pública direta e indireta da União, dos Estados, do Distrito Federal e dos Municípios;
>
> II – as ações que envolvam exercício do direito de greve;
>
> III – as ações sobre representação sindical, entre sindicatos, entre sindicatos e trabalhadores, e entre sindicatos e empregadores;
>
> IV – os mandados de segurança, habeas corpus e habeas data, quando o ato questionado envolver matéria sujeita à sua jurisdição;
>
> V – os conflitos de competência entre órgãos com jurisdição trabalhista, ressalvado o disposto no art. 102, I, "o";

---

(32) *Código do Trabalho*. Instituto de Direito do Trabalho da Faculdade de Direito de Lisboa. 2ª ed., Lisboa: Principia, 2004, p. 268.

VI – as ações de indenização por dano moral ou patrimonial, decorrentes da relação de trabalho;

VII – as ações relativas às penalidades administrativas impostas aos empregadores pelos órgãos de fiscalização das relações de trabalho;

VIII – a execução, de ofício, das contribuições sociais previstas no art. 195, I, "a", e II, e seus acréscimos legais, decorrentes das sentenças que proferir;

IX – outras controvérsias decorrentes da relação de trabalho, na forma da lei.

§ 1º – Frustrada a negociação coletiva, as partes poderão eleger árbitros.

§ 2º – Recusando-se qualquer das partes à negociação coletiva ou à arbitragem, é facultado às mesmas, de comum acordo, ajuizar dissídio coletivo de natureza econômica, podendo a Justiça do Trabalho decidir o conflito, respeitadas as disposições mínimas legais de proteção ao trabalho, bem como as convencionadas anteriormente.

§ 3º – Em caso de greve em atividade essencial, com possibilidade de lesão do interesse público, o Ministério Público do Trabalho poderá ajuizar dissídio coletivo, competindo à Justiça do Trabalho decidir o conflito".

Conforme se denota da redação do referido artigo, a Emenda Constitucional n. 45/04 trouxe significativas mudanças na competência material da Justiça do Trabalho brasileira. Tradicionalmente, esta Justiça Especializada julgava os conflitos oriundos *da relação entre empregados e empregadores* e, excepcionalmente, as controvérsias decorrentes da relação de trabalho[33]. O critério da competência da Justiça do Trabalho que era eminentemente pessoal, ou seja, em razão das pessoas de *trabalhadores e empregadores*, passou a ser em razão de uma relação jurídica, que é a de trabalho.

A competência em razão da pessoa é fixada em virtude da qualidade que ostenta a parte numa determinada relação jurídica de direito material. Alguns autores negam a existência da competência em razão da pessoa na Justiça do Trabalho, pois mesmo quando a lei se refere a determinada pessoa, há subjacente uma relação jurídica básica que une esta pessoa à outra ou a determinado bem. Desse modo, mesmo a lei mencionado a competência em razão do *status* jurídico que ostenta a pessoa, a competência se dá em razão da matéria e não da pessoa[34].

No nosso sentir, a competência em razão da pessoa é uma subdivisão da competência em razão da matéria, pois quando o legislador constitucional a ela se refere pretende enfatizar o *status* que determinada pessoa ostenta diante de uma relação jurídica de direito material.

---

(33) O art. 114, da Constituição Federal de 1988 tinha a seguinte redação: "Compete à Justiça do Trabalho conciliar e julgar os dissídios individuais e coletivos entre trabalhadores e empregadores, abrangidos os entes de direito público externo e da administração pública direta e indireta dos Municípios, do Distrito Federal, dos Estados e da União e, na forma da lei, outras controvérsias decorrentes da relação de trabalho, bem como os litígios que tenham origem no cumprimento de suas próprias sentenças, inclusive coletivas".

(34) Como destaca *Carlos Alberto Begalles*: "quanto à competência em razão das pessoas, também não existe essa espécie de competência na Justiça do Trabalho, pois todos aqueles que laboram na chamada 'relação de trabalho', conforme art. 114, I, da CF, terão suas demandas julgadas pela Justiça do Trabalho, seja o particular, seja o Estado, sejam as pessoas jurídicas de Direito Público, etc." (*Lições de Direito Processual do Trabalho. Processo de Conhecimento e Recursos*. São Paulo: LTr, 2005, p. 47).

Apesar da EC n. 45/04 priorizar o critério material da competência, a competência em razão da pessoa ainda foi mantida em alguns incisos do art. 114, quais sejam: entes de direito público externo, União, Estados, Distrito Federal e Municípios (inciso I); sindicatos (inciso III); órgãos de fiscalização das relações de trabalho (inciso VII) e Ministério Público do Trabalho (parágrafo 3º). Não obstante, no nosso sentir, mesmo nas hipóteses em que a Constituição Federal continua mencionando competência em razão das pessoas, primeiramente, o conflito deve *ser oriundo ou decorrente* de uma relação jurídica básica que é a relação de trabalho. Desse modo, o critério da competência em razão das pessoas passou a ser secundário[35].

Com a EC n. 45/04 houve uma alteração no eixo central da competência da Justiça do Trabalho, pois o que antes era exceção, ou seja, apreciar as controvérsias que envolvem a relação de trabalho, agora passou a ser a regra geral. A Justiça do Trabalho brasileira, seguindo o que já ocorre em alguns países, passou a ser o ramo do judiciário encarregado de apreciar praticamente todas as controvérsias que envolvem e circundam o trabalho humano, o que é salutar, pois favorece a efetividade e aplicabilidade da legislação social e facilita o acesso daqueles que vivem do próprio trabalho ao Judiciário Trabalhista.

Algumas matérias que foram explicitadas no art. 114, da CF, praticamente, já estavam pacificadas na Jurisprudência, tanto do STF, STJ e TST, como a competência para apreciar *habeas data, habeas corpus,* mandados de seguranças, danos morais e patrimoniais decorrentes da relação de trabalho.

Outras matérias foram repetidas como a competência material executória das contribuições previdenciárias oriundas das sentenças trabalhistas, bem como a competência para dirimir os conflitos de competência.

De outro lado, algumas matérias que circundam a relação de trabalho, mas estão umbilicalmente ligadas à relação de trabalho e ao contrato de emprego, vieram para a competência da Justiça do Trabalho, como as ações que envolvem matéria sindical, e as decorrentes da fiscalização do trabalho.

Quanto à competência para criar normas, houve, inegavelmente, um aspecto restritivo na competência material da Justiça do Trabalho, pois a Emenda condicionou o ajuizamento do dissídio coletivo à existência de comum acordo das partes.

Sob o ponto de vista institucional, a nova competência fortalece a Justiça do Trabalho como instituição e ressalta sua importância social, inclusive como uma das mais importantes instituições de distribuição de renda do País.

Apesar do grande aumento da competência da Justiça do Trabalho dado pela EC n. 45/04, e de ser anseio de boa parte dos juristas, não vieram para a Justiça do Trabalho as ações previdenciárias, em que se buscam benefícios previdenciários em face do

---

(35) Como bem adverte *José Augusto Rodrigues Pinto*: "Entenda-se logo que a *competência pessoal,* em princípio, se associa à material, em face da evidente interação das relações jurídicas de direito material com os sujeitos que a constituem" (*Processo Trabalhista de Conhecimento.* 7ª Edição: São Paulo: LTr, 2005, p. 157).

INSS. Também não vieram as ações criminais movidas pelo Estado em razão dos crimes contra a organização do trabalho. De outro lado, o C. STF, suspendeu a parte final do inciso I do art. 114, com relação à competência da Justiça do Trabalho para apreciar as relações de trabalho que seguem o regime estatutário.

Alguns autores já sistematizaram princípios da nova competência da Justiça do Trabalho. Acompanhamos, no aspecto, a classificação de *Amauri Mascaro Nascimento*[36], para quem são princípios da competência material trabalhista, os seguintes: a) princípio da competência específica; b) princípio da competência decorrente e c) princípio da competência executória. O primeiro princípio se traduz na atribuição à Justiça do Trabalho da competência atinente às ações oriundas da relação de trabalho, bem como as matérias que circundam o contrato de trabalho previstas nos primeiros sete incisos do art. 114, da CF. O segundo reporta-se à competência da Justiça do Trabalho para julgar, na forma da lei, outras controvérsias decorrentes da relação de trabalho (inciso IX do art. 114) e o terceiro refere-se à competência da Justiça do Trabalho para executar as contribuições sociais oriundas das conciliações e sentenças que proferir (inciso VIII, do art. 114)[37].

Nos próximos capítulos estudaremos os nove incisos do art. 114 e seus parágrafos, com ênfase nas alterações mais significativas ocorridas na competência material da Justiça do Trabalho e seus reflexos no Direito Processual do Trabalho.

---

(36) NASCIMENTO, Amauri Mascaro. *Curso de Direito Processual do Trabalho.* 22ª ed., São Paulo: Saraiva, 2007, pp. 205-206.

(37) No mesmo sentido é a visão de *Carlos Henrique Bezerra Leite*: "A leitura atenta do art. 114, da CF, com a nova redação dada pela EC n. 45/04, revela-nos a existência de três regras constitucionais básicas de competência material da Justiça do Trabalho, que podem ser assim sistematizadas: *competência material original, competência material derivada e competência material executória*" (*Curso de Direito Processual do Trabalho.* 5ª ed., São Paulo: LTr, 2007, p. 181).

Capítulo II

CONTROVÉRSIAS ORIUNDAS E DECORRENTES DA RELAÇÃO DE TRABALHO

1. Do conceito de "relação de trabalho"

Octavio Bueno Magano[1] ao se reportar à relação jurídica ensina:

"O Direito não pertence ao mundo da natureza mas ao mundo da cultura. O seu substrato constitui, portanto, a atividade humana voltada para a realização de fins ou valores. Não, porém, numa perspectiva individual e sim tendo em vista o relacionamento entre os homens. Daí a célebre passagem de Dante: 'Jus est realis ac personlis hominis ad mominem proportio (...) A nota mais típica do Direito é, pois, a bilateralidade atributiva, de que nos fala *Miguel Reale*. O Direito só se afirma quando exteriorizado num relacionamento social, desdobrável em exigências e deveres. Nem todas as relações sociais trazem a marca do Direito mas apenas aquelas que implicam exigências e deveres recíprocos, regulados conformemente a uma determinada hipótese normativa. Assim é com o Direito, em geral, e assim também com o Direito do Trabalho".

Segundo *Paulo Emílio Ribeiro de Vilhena*[2], é elementar em Teoria Geral do Direito que não emerge uma relação jurídica se na sua montagem não se configuram dois pólos subjetivos: o credor (pólo ativo) e o devedor (pólo passivo), cujas posições se entrecruzam (credor-devedor *versus* devedor-credor), porque se trocam prestações (contraprestações). É importante fique-se atento a isso, em qualquer situação jurídica que se queria examinar ou enfrentar.

A doutrina designa a expressão "contratos de atividade", para os contratos que tenham por objeto a atividade do homem. Para *Jean Vicent*[3], essa expressão designa todos os contratos nos quais a atividade pessoal de uma das partes constitui o objeto da convenção ou uma das obrigações que ele comporta. Destaca *Ribeiro de Vilhena*[4],

---

(1) MAGANO, Octavio Bueno. *Manual de Direito do Trabalho: direito individual do trabalho*. Volume II, 2ª ed., São Paulo: LTr, 1988, p. 19.
(2) RIBEIRO DE VILHENA, Paulo Emílio. *Relação de Emprego, Estrutura Legal e Supostos*. 2ª ed., São Paulo: LTr, 1999, pp. 400-401.
(3) "La Dissolution du Contrat de Travail", *apud* GOMES, Orlando e GOTTSCHALK, Élson. *Curso de Direito do Trabalho*. 16ª ed., Rio de Janeiro: Forense, 2000, p. 117.
(4) RIBEIRO DE VILHENA, Paulo Emílio. *Op. cit.*, p. 400.

"os contratos de atividade preenchem-se com trabalho por conta alheia (representação, prestação livre de serviços, empreitada, etc)".

Em outra obra, o professor *Ribeiro de Vilhena*[5] salienta que para o trabalho ser objeto de uma relação jurídica, torna-se indispensável que ele seja por conta alheia. Segundo o referido mestre mineiro:

"Define-se o trabalho por conta alheia como aquele que se presta a outrem, a quem, em princípio, cabem os resultados e os riscos. A divisão trabalho-por-conta-própria e trabalho-por-conta-alheia esgota as categorias de situações jurídicas. No trabalho por conta-própria não se estabelece uma relação jurídica fundada no trabalho em si, mas uma situação de poder sobre a coisa, o objeto trabalhado, o resultado do trabalho, como relação de direito real-factual. No trabalho-por-conta-alheia os nexos jurídicos nascem no próprio trabalho, ainda que se tenham em vista os resultados ou a atividade em si. No primeiro caso, a relação jurídica é ulterior ao trabalho e decorre de um ato de disposição ou outro qualquer de natureza modificadora do ens ou da situação da coisa concernente à pessoa que a produziu ou de que resultou acabada (ato jurídico unilateral, como abandono; negócio jurídico unilateral, como a doação, ou bilateral como o arrendamento, a troca ou a venda). Entendemos mais límpida e precisa a distinção elaborada por Alonso García, pois o elemento risco não é susceptível de isolamento perfeito, como característico de uma ou outra forma de trabalho, já que há prestações de trabalho-por-conta-alheia, em que o prestador participa dos riscos e dos resultados. Mas a recíproca não é verdadeira: não há trabalho-por-conta-própria, em que o prestador divida riscos ou resultados. Admiti-lo será caminhar para formas societárias de trabalho".

Conforme lecionam *Orlando Gomes* e *Élson Gottschalk*[6], o interesse de distinguir o contrato de trabalho dos demais contratos de atividade é tanto maior, atualmente, quanto se sabe que o Direito do Trabalho somente protege os empregados, isto é, os sujeitos de um contrato de trabalho, os que trabalham por obrigação decorrente de empreitada, sociedade, mandato, parceria ou comissão mercantil, não desfrutam de prerrogativas outorgadas por essa legislação. Isso não significa, como pondera *Mario de La Cueva*, que o trabalho em todas as suas formas, não deva ser objeto de proteção, mas, apenas, que se está obrigado a distinguir e a outorgar, conseqüentemente, a proteção que cada qual exija.

Diante da doutrina acima, concluímos que o termo *relação de trabalho* pressupõe trabalho prestado por conta alheia, em que o trabalhador (pessoa física) coloca sua força de trabalho em prol de outra pessoa (física ou jurídica), podendo o trabalhador correr ou não os riscos da atividade. Desse modo, estão excluídas as modalidades de relação de trabalho em que o trabalho for prestado por pessoa jurídica[7], porquanto

---

(5) RIBEIRO DE VILHENA, Paulo Emílio. *Contrato de Trabalho com o Estado.* São Paulo: LTr, 2002, p. 26.
(6) GOMES, Orlando; GOTTSCHALK, Élson. *Curso de Direito do Trabalho.* 16ª ed., Rio de Janeiro: Forense, 2000, p. 117.
(7) Se houver prestação de trabalho por intermédio de pessoa jurídica apenas para mascarar a relação de emprego ou relação de trabalho pessoal, também se faz presente a competência da Justiça do Trabalho.

nessas modalidades, embora haja relação de trabalho, o trabalho humano não é o objeto dessas relações jurídicas e sim um contrato de natureza cível ou comercial.

No mesmo diapasão se manifesta *Estevão Mallet*[8]:

"Relação de trabalho é conceito mais amplo do que relação de emprego. Cuida-se, ademais, de conceito que já estava sedimentado em doutrina[9]. Abrange todas as relações jurídicas em que há prestação de trabalho por pessoa natural a outra pessoa, natural ou jurídica, tanto no âmbito de contrato de trabalho (art. 442, da CLT) como, ainda, no de contrato de prestação de serviços (arts. 593 e seguintes do Código Civil), e mesmo no de outros contratos, como os de transporte, mandato, empreitada, etc"[10].

Mostra-se discutível se o requisito pessoalidade é exigível para que tenhamos uma relação de trabalho *lato sensu*. A pessoalidade é requisito indispensável da relação de emprego, já que prestação pessoal de serviços se dá em caráter personalíssimo *intuitu personae*.

Manuel Alonso Olea, citado por *Amauri Mascaro Nascimento*[11], destaca que a prestação do trabalho é estritamente personalíssima, sendo em duplo sentido. Primeiramente, porque pelo seu trabalho compromete o trabalhador sua própria pessoa, enquanto destina parte das energias físicas e mentais que dele emanam e que são constitutivas de sua personalidade à execução do contrato, isto é, ao cumprimento da obrigação que assumiu contratualmente. Em segundo lugar, sendo cada pessoa um indivíduo distinto do demais, cada trabalhador difere de outro qualquer, diferindo também as prestações de cada um deles, enquanto expressão de cada personalidade em singular. Em vista disso, o contrato de trabalho não conserva sua identidade se ocorrer qualquer alteração na pessoa do trabalhador. A substituição deste implica um novo e diferente contrato com o substituto.

Entendemos que o requisito da pessoalidade também deve ser preponderante para que ocorra a relação de trabalho, embora possa haver uma substituição ocasional,

---

(8) MALLET, Estevão. *Direito, Trabalho e Processo em Transformação*. São Paulo: LTr, 2005, pp. 169-170.

(9) Para *Délio Maranhão*, "na sociedade, distinguem-se, nitidamente, dois grandes ramos de atividades ligadas à prestação de trabalho: trabalho subordinado e trabalho autônomo. A expressão 'contrato de trabalho' designa um gênero muito amplo, que compreende todo contrato pelo qual uma pessoa se obriga a uma prestação de trabalho em favor de outra" (*Instituições de Direito do Trabalho*. 22ª ed., São Paulo: LTr, 2005, p. 232).

(10) Nesse sentido, ensina *Mauricio Godinho Delgado*, "A Ciência do Direito enxerga clara distinção entre relação de trabalho e relação de emprego. A primeira expressão tem caráter genérico: refere-se a todas as relações jurídicas caracterizadas por terem sua prestação essencial centrada em uma obrigação de fazer consubstanciada em labor humano. Refere-se, pois, a toda modalidade de contratação de trabalho humano modernamente admissível. A expressão relação de trabalho englobaria, desse modo, a relação de emprego, a relação de trabalho autônomo, a relação de trabalho eventual, de trabalho avulso e outras modalidades de pactuação de prestação de labor (como trabalho de estágio, etc.). Traduz, portanto, o gênero a que se acomodam todas as formas de pactuação de prestação de trabalho existentes no mundo jurídico atual"(*Curso de Direito do Trabalho*. 4ª ed., São Paulo: LTr, 2005, p. 138). Nessa mesma linha de argumentação *Alice Monteiro de Barros*: "Existem relações de trabalho *lato sensu* que não se confundem com a relação de emprego, considerada relação de trabalho *stricto sensu*. São elas o trabalho autônomo, o eventual, o avulso, entre outros" (*Curso de Direito do Trabalho*. São Paulo: LTr, 2005, p. 200).

(11) NASCIMENTO, Amauri Mascaro. *Curso de Direito do Trabalho*, 19ª ed., São Paulo: Saraiva, 2004, p. 579.

com a concordância do tomador⁽¹²⁾, sob pena de configurar, como acontece na relação de emprego, uma nova relação de trabalho entre o substituto do trabalhador e o tomador dos serviços. De outro lado, também o trabalho prestado por vários trabalhadores ao mesmo tempo pode configurar a prestação de serviços por intermédio de uma sociedade de fato ou de uma empresa, o que descaracteriza a relação de trabalho[13].

No que tange à onerosidade[14] na prestação pessoal de serviços, a doutrina é tranqüila no sentido de não ser a onerosidade requisito essencial para a configuração de uma relação de trabalho. Desse modo, o trabalho objeto da relação de trabalho pode ser oneroso ou gratuito[15]. Há uma regulamentação específica de trabalho gratuito na Lei n. 9.608/98[16] que trata do trabalho voluntário.

Sob outro enfoque, para que haja uma relação de trabalho, o trabalho pode ser prestado de forma subordinada ou autônoma. Se for de forma subordinada, podemos estar diante de um contrato de emprego, já que a subordinação é um dos elementos do contrato de emprego (art. 3º, da CLT), se o trabalho for prestado de forma autônoma, estaremos diante de um contrato de trabalho ou de prestação de serviços.

Sobre a diferenciação entre trabalhador autônomo e subordinado, ensina com propriedade *Mauricio Godinho Delgado*[17]:

"A diferenciação central entre as figuras situa-se, porém, repita-se, na subordinação. Fundamentalmente, trabalho autônomo é aquele que se realiza sem

---

(12) "Ocasionalmente, a prestação pessoal de serviços pode ser deferida a outrem, que não o empregado. Desde que haja pactuação expressa, o empregado, com o consentimento do empregador, pode se fazer substituir na prestação pessoal do serviço contratado. No entanto, quando a substituição se torna regra, passando o pretenso empregado a ser substituído de forma permanente, não há que se falar mais em nexo empregatício. Falta a pessoalidade do exercício. Desnatura-se o liame. O contrato perde a sua característica típica, que é a subordinação" (TRT/SP Ac. 1698/62, Rel. Juiz Hélio de Miranda Guimarães), *apud* NASCIMENTO, Amauri Mascaro. *Curso de Direito do Trabalho*. 19ª ed., São Paulo: Saraiva, 2004, pp. 578-579.

(13) Nesse sentido, destacamos a seguinte ementa: *"Incompetência material da Justiça do Trabalho – Natureza Jurídica do vínculo havido entre as partes – Representação comercial entre pessoas jurídicas – Constatado que houve contrato de representação comercial entre duas pessoas jurídicas, flagrante é a incompetência desta Justiça Especializada para processar e julgar a matéria, tendo em vista que não se enquadra no conceito de 'relação de trabalho', inserto na redação do art. 114, I, da CF/88, outorgado pela EC n. 45/2004, o que requer no mínimo que a prestação de serviços seja realizada por pessoa física. Por outro lado, restando demonstrado pelo conjunto probatório dos autos que em período posterior, o Recorrente prestou serviços de representação comercial como pessoa natural à Reclamada, sem a subordinação necessária à configuração da relação de emprego, imperiosa a manutenção da r. decisão de origem que afastou o pretendido lima empregatício, deferindo-lhes apenas os pleitos iniciais inerentes à representação mercantil devidos no referido período. Recurso Ordinário ao qual se nega provimento* – TRT 23ª Reg. RO 00115.2005.009.23.00-9 – (Sessão 11/06) Rel. Juiz Bruno Weiler. DJE/TRT 23ª Re. N. 108/06, 18.10.06, p. 4

(14) Ensina *Amauri Mascaro Nascimento* que onerosidade "é um encargo bilateral próprio da relação de emprego. Significa para o empregado, o dever de exercer uma atividade por conta alheia cedendo antecipadamente ao beneficiário os direitos que eventualmente teria sobre os resultados da produção em troca de uma remuneração" (*Op. cit.*, p. 579).

(15) Segundo a moderna doutrina trabalhista não é necessário que o empregado receba efetivamente os salários para que haja configurado o requisito da onerosidade, basta apenas que ele faça jus ao salário.

(16) Diz o art. 1º da Lei n. 9608/98: "Considera-se serviço voluntário, para os fins desta Lei, a atividade não remunerada, prestada por pessoa física a entidade pública de qualquer natureza, ou a instituição privada de fins não lucrativos, que tenha objetivos cívicos, culturais, educacionais, científicos, recreativos ou de assistência social, inclusive mutualidade".

(17) DELGADO, Mauricio Godinho. *Curso de Direito do Trabalho*. 4ª ed., São Paulo: LTr, 2005, p. 334.

subordinação do trabalhador ao tomador dos serviços. Autonomia é conceito antitético ao de subordinação. Enquanto esta traduz a circunstância juridicamente assentada de que o trabalhador acolhe a direção empresarial no tocante ao modo de concretização cotidiana de seus serviços, a autonomia traduz a noção de que o próprio prestador é que estabelece e concretiza, cotidianamente, a forma de realização dos serviços que pactuou prestar. Na subordinação, a direção central do modo cotidiano de prestação de serviços transfere-se ao tomador; na autonomia, a direção central do modo cotidiano de prestação de serviços preservar-se com o prestador de trabalho"[18].

Por fim, o trabalho, para configurar uma relação de trabalho, pode ser eventual, ou não eventual. Se for não eventual, poderemos estar diante de um contrato de emprego[19], se for eventual, estaremos diante de um contrato de trabalho.

A doutrina diverge quanto ao requisito da não eventualidade para a caracterização da relação de emprego. Para alguns, não eventual significa contínuo. Para outros, o trabalho não eventual é o relacionado com os fins da atividade econômica do empregador. Outros ainda sustentam que o trabalhador eventual não socorre uma necessidade permanente do empregador. Acreditamos que o requisito da não eventualidade se faz presente quando o trabalhador se fixa a um determinado tomador de serviços de forma habitual, ou seja, por um lapso de tempo razoável[20].

À guisa de conclusão, entendemos que o termo relação de trabalho significa:

"O trabalho prestado por conta alheia, em que o trabalhador (pessoa física) coloca, em caráter preponderantemente pessoal, de forma eventual ou não eventual, gratuita ou onerosa, de forma autônoma ou subordinada, sua força de trabalho em prol de outra pessoa (física ou jurídica, de direito público ou de direito privado), podendo o trabalhador correr ou não os riscos da atividade que desempenhará".

2. Competência da Justiça do Trabalho para apreciar as lides oriundas da relação de trabalho

Atualmente, tanto a doutrina como a jurisprudência se esforçam para definir o alcance do termo "relação de trabalho" para fins da competência material da Justiça do Trabalho, o que de certa forma é até salutar, pois divergências de interpretação são

---

(18) Para *Jean-Claude Javillier*, "no regime capitalista o empregador assume todo o risco econômico. O empregado nenhum. A subordinação é, portanto, o reflexo dessa relação de produção" (*Manuel de Droit du Travail*, Paris, L.G.D.J, 1978, pág. 50, *apud* SÜSSEKIND, Arnaldo. *Curso de Direito do Trabalho*. Rio de Janeiro: Renovar, 2002, p. 227).

(19) Utilizamos a expressão *pode configurar um contrato de emprego*, porque há modalidades de prestação de serviços contínuas que não configuram relação de emprego. A não eventualidade tem que ser conjugada com os outros requisitos da relação de emprego, quais sejam: pessoalidade, subordinação e onerosidade (arts. 2º e 3º, da CLT) para que configure um contrato de emprego.

(20) Nesse sentido, sustenta *Otávio Pinto e Silva*: "a terceira das enunciadas características do contrato de trabalho é a sua continuidade: ao contrário do que sucede nos contratos instantâneos, em que a execução coincide com a

próprias do Direito, e em especial do Direito e o Processo do Trabalho que são ramos do Direito em constante evolução, marcados por forte eletricidade social.

Antes da EC n. 45/04, que dilatou a competência da Justiça do Trabalho, a definição do alcance da expressão relação de trabalho não tinha grande interesse para fins de competência porque a Justiça do Trabalho, exceto o contrato de pequena empreitada, praticamente, só se ocupava das controvérsias atinentes à relação de emprego. Grande parte da doutrina limitava-se a dizer que relação de trabalho é gênero, do qual relação de emprego é espécie. A própria doutrina, muitas vezes, utilizava as expressões relação de trabalho e relação de emprego para designar o trabalho prestado sob o prisma dos arts. 2º e 3º, ambos da CLT[21]. A CLT utiliza indistintamente as expressões relação de emprego e contrato de trabalho[22] (*vide* os arts. 442, 443, 447 e 448). Também a Constituição Federal no art. 7º *caput* e inciso XXIX, utiliza as expressões *trabalhadores* e *relação de trabalho*, como sinônimas de empregado e relação de emprego, respectivamente.

Dirimido o significado da expressão "relação de trabalho" no tópico anterior, resta saber se a competência material da Justiça do Trabalho após a Emenda 45 abrange todas as modalidades de relações de trabalho ou somente algumas delas.

Atualmente, podemos dizer que há três posições preponderantes na doutrina sobre o alcance da expressão *relação de trabalho*. Resumidamente, são elas:

a) nada mudou com a EC/45. O termo "relação de trabalho" significa o mesmo que relação de emprego e a competência da Justiça do Trabalho se restringe ao contrato de emprego;

b) exige que a relação de trabalho tenha semelhanças com o contrato de emprego, ou seja, que o prestador esteja sob dependência econômica do tomador dos serviços, haja pessoalidade, onerosidade e continuidade na prestação. De outro lado, as relações regidas por leis especiais, como a relação de trabalho que é qualificada como relação de consumo, estão fora do alcance da competência da Justiça do Trabalho;

c) admite qualquer espécie de prestação do trabalho humano, seja qual for a modalidade do vínculo jurídico que liga o prestador ao tomador, desde que haja prestação pessoal de serviços de uma pessoa natural em favor de pessoa natural ou jurídica.

---

própria celebração (como a compra e venda), o decurso do tempo constitui condição para que o contato de trabalho produza os efeitos desejados pelas partes, satisfazendo as necessidades que as induziram a contratar. Por isso, classifica-se entre os contratos de duração (ou de trato sucessivo)". (*Subordinação, Autonomia e Parassubordinação nas Relações de Trabalho*. São Paulo: LTr, 2004, p. 21).

(21) Vide a propósito a definição de *Mário de La Cueva* para o termo relação de trabalho. O renomado doutrinador mexicano explica a relação de trabalho como situação jurídica objetiva, estabelecida entre um trabalhador e um empregador, para a prestação de um serviço subordinado, qualquer que seja o ato ou a causa de sua origem (CUEVA, Mario de La, *El Nuevo Derecho Mexicano del Trabajo*, México: Porrua, 1972, p. 185, *apud* MAGANO, Octavio Bueno. *Manual de Direito do Trabalho*, Volume II. 2ª ed., São Paulo: LTr, 1988, p. 20.

(22) *José Martins Catharino* sempre criticou a expressão contrato de trabalho a que alude a CLT. Para o referido jurista, o termo correto é "contrato de emprego".

A primeira corrente tem como suporte a interpretação sistemática da expressão *relação de trabalho*, tanto na Constituição Federal, como na Consolidação das Leis do Trabalho, pois ambos os diplomas legais utilizam indistintamente as expressões *relação de trabalho* e *relação de emprego* como sinônimas.

Nesse sentido, a visão de *Sérgio Bermudes*[23]:

"A Emenda Constitucional usa a expressão relação de trabalho para indicar relação de emprego. Embora se saiba que aquela, como relação contratual de atividade, remunerada ou gratuita, constitua gênero de que esta última é espécie, não raramente se emprega a primeira para designar a segunda, como acontece, por exemplo, no art. 447 da Consolidação das Leis do Trabalho, onde se fala em relação de trabalho, ou nos arts. 442, 443 e 448, nos quais se alude a contrato de trabalho. A emenda de que agora se cuida manteve-se fiel à terminologia usada na primitiva redação do art. 114 da Constituição, onde também se falava em relação de trabalho. Não interprete, pois, o inciso I, do art. 114, norma que entrega à Justiça do Trabalho o julgamento de todas as pretensões decorrentes de um contrato de atividade, sem a característica fundamentação da relação de emprego, que é a prestação de serviços continuados, num regime de subordinação. Esta especiosa interpretação levaria para os juízes e tribunais trabalhistas os litígios decorrentes da prestação de serviços dos profissionais liberais, dos empreiteiros, dos autônomos em geral. Incompatível com a própria natureza da Justiça do Trabalho. Ramo especializado do Poder Judiciário, a sua competência é matéria de interpretação restritiva e haverá de ser delimitada pelos fins a que se destina tal segmento da função jurisdicional"[24].

Como exemplo da segunda corrente, temos a posição de *Cássio de Mesquita Barros Júnior*[25]:

"Parece, contudo, que o sentido da redação pouco precisa do preceito constitucional objetivou incorporar à competência da Justiça do Trabalho o julgamento das ações oriundas da relação de trabalho atípica para abranger o trabalhador eventual, o avulso, temporário, trabalhador autônomo, distinguindo-se em relação a este último entre o trabalhador autônomo que mantém o poder de direção da própria atividade e o trabalhador autônomo que não a mantém. A distinção entre as empreitadas está feita no art. 652, III, da CLT, que se refere aos dissídios resultantes de contratos de empreitada, em que o empreiteiro seja operário ou

---

(23) BERMUDES, Sérgio. *A reforma do Judiciário pela Emenda Constitucional n. 45*. Rio de Janeiro: Forense, 2005, pp. 81-82.
(24) No mesmo sentido se posicionou *Salvador Franco de Lima Laurino*: "O alargamento da competência não foi tão longe a ponto de abranger qualquer espécie de prestação de serviços, posto que interpretação sistemática mostra que a expressão 'relação de trabalho' abrigada no inciso I, do art. 114 tem apenas significado de relação de emprego (A Competência da Justiça do Trabalho: O significado da Expressão "Relação de Trabalho" no art. 114 da Constituição e as Relações de Consumo. *Revista Legislação do Trabalho*. São Paulo: LTr, ano 69, v. 5, 2005, p. 551.
(25) BARROS JR., Cássio de Mesquita. *A reforma judiciária da Emenda Constitucional n. 45*, Revista Legislação do Trabalho. São Paulo: LTr, ano 69, v. 3, 2005, pp. 282-283.

artífice (...) "É evidente, porém que não se pode levar tão longe a intenção do legislador. O preceito precisa ser interpretado em conjunto das demais leis, de forma sistemática, para se encontrar limites objetivos da competência. A interpretação não há de invadir relações submetidas a outros Códigos ou disciplinas jurídicas. Assim, não pode abranger as relações de consumo reguladas no Código de Defesa do Consumidor".

Defendendo a terceira corrente, assevera *Manoel Antonio Teixeira Filho*[26]:

"Agora, entretanto, o texto constitucional, em sede de competência da Justiça do Trabalho, alude aos conflitos de interesses emanantes da relação de trabalho. Faz-se oportuno lembrar que a relação de trabalho é gênero do qual a relação de emprego constitui espécie. Em termos concretos, isto significa que esse ramo do Poder Judiciário poderá apreciar e solucionar não apenas lides envolvendo trabalhadores e empregadores, senão que lides nas quais, de um lado, figure como parte um trabalhador, *lato sensu*, independentemente da natureza jurídica do contrato a que esteja vinculado, e, de outro, o tomador dos seus serviços, mesmo que não seja o empregador. Sob essa nova perspectiva, poderão figurar doravante, em um do pólos da relação jurídica processual, na esfera da Justiça do Trabalho, trabalhadores autônomos em geral, como: contadores, contabilistas, consultores, engenheiros, arquitetos, eletricistas, jardineiros, pintores, pedreiros, carpinteiros, mestres-de-obras, decoradores, costureiras, manicures, *personal trainer*, corretores, representantes comerciais, apenas para nomear alguns".

No nosso sentir, para se saber o alcance exato da expressão relação de trabalho para fins de competência da Justiça do Trabalho, de início, mister se faz uma incursão nas Constituições anteriores, e aplicar o método de interpretação histórica da Constituição Federal.

As Constituições de 1934, 1946, 1967 e 1988[27] não mencionam a competência material da Justiça do Trabalho para as controvérsias *oriundas da relação de trabalho*. A atual redação do art. 114, da CF, dada pela EC n. 45/04, é a seguinte: *"Compete à Justiça do Trabalho processar e julgar: (...) I – as ações oriundas da relação de trabalho,*

---

(26) TEIXEIRA FILHO, Manoel Antonio. *A Justiça do Trabalho e a Emenda Constitucional n. 45/2004. Revista Legislação do Trabalho*. São Paulo: LTr, ano 69, v. 01, 2005, p. 14.

(27) A Constituição de 1934 criou a Justiça do Trabalho "para dirimir questões entre empregadores e empregados, regidos pela legislação social" (*Apud*, GIGLIO, Wagner D. *Nova Competência da Justiça do Trabalho: Aplicação do Processo Civil ou Trabalhista?, Revista LTr* 69-03/291). O art. 123, da Constituição Federal de 1946, tinha a seguinte redação: "Compete à Justiça do Trabalho conciliar e julgar os dissídios individuais e coletivos entre empregados e empregadores, e as demais controvérsias oriundas de relações do trabalho regidas por legislação especial". Na Constituição de 1967, com a EC n. 01/96 dizia o art. 142: "Compete à Justiça do Trabalho conciliar e julgar os dissídios individuais e coletivos entre empregados e empregadores e, mediante, lei, outras controvérsias oriundas da relação de trabalho". O art. 114, da Constituição Federal de 1988, antes da EC n. 45/04, tinha a seguinte redação: "Compete à Justiça do Trabalho conciliar e julgar os dissídios individuais e coletivos entre trabalhadores e empregadores, abrangidos os entes de direito público externo e da administração pública direta e indireta dos Municípios, do Distrito Federal, dos Estados e da União e, na forma da lei, outras controvérsias decorrentes da relação de trabalho, bem como os litígios que tenham origem no cumprimento de suas próprias sentenças, inclusive coletivas".

abrangidos os entes de direito público externo e da administração pública direta e indireta da União, dos Estados, do Distrito Federal e dos Municípios".

Da análise das Constituições de 1934, 1946, 1967 e 1988, constata-se que a atual redação do art. 114, I, da CF, não faz alusão às *controvérsias entre empregados e empregadores* e sim às "ações oriundas da relação de trabalho", independentemente das pessoas envolvidas no litígio. Ora, não podemos olvidar que a lei não contém palavras inúteis[28]. Se a Constituição alude à *relação de trabalho* é porque quis dilatar a competência da Justiça do Trabalho. Em que pese as opiniões em sentido contrário, nos parece que não há como se sustentar, diante da interpretação histórica da Constituição Federal, que o termo relação de trabalho é o mesmo que relação de emprego. Mesmo antes da EC n. 45/04, a Justiça do Trabalho, mediante lei, poderia apreciar controvérsias diversas da relação de emprego, como o caso dos avulsos e da pequena empreitada (art. 652, III e V, ambos da CLT). O intérprete, segundo a moderna Teoria Geral do Direito, tem que realizar a interpretação da norma constitucional em conformidade com a Constituição Federal.

Nesse sentido, ensina *Marcelo Lima Guerra*[29]:

"Em toda a sua atuação jurisdicional, a atividade hermenêutica do juiz submete-se ao princípio da interpretação conforme a Constituição, no seu duplo sentido de impor que a lei infraconstitucional seja sempre interpretada, em primeiro lugar, tendo em vista a sua compatibilização com a Constituição, e, em segundo lugar, de maneira a adequar os resultados práticos ou concretos da decisão o máximo possível ao que determinam os direitos fundamentais em jogo".

Para *J. J. Gomes Canotilho*:

"O princípio da interpretação das leis em conformidade com a Constituição é fundamentalmente um princípio de controlo (tem como função assegurar a constitucionalidade da interpretação) e ganha relevância autónoma quando a utilização dos vários elementos interpretativos não permite a obtenção de um sentido inequívoco dentre os vários significados da norma. Daí a sua formulação básica: no caso de normas polissêmicas ou plurissignificativas deve dar-se preferência à interpretação que lhe dê um sentido em conformidade com a Constituição. Esta formulação comporta várias dimensões: 1) o princípio da prevalência da Constituição impõe que, dentre as várias possibilidades de interpretação, só deve escolher-se uma interpretação não contrária ao texto e programa da norma ou normas constitucionais; 2) o princípio da conservação de normas afirma que uma norma não deve ser declarada inconstitucional quando, observados os fins da norma, ela pode ser interpretada em conformidade com a Constituição; 3) o princípio da exclusão da interpretação conforme a Constituição mas 'contra legem' impõe

---

(28) *Carlos Maximiliano* ao se referir à interpretação gramatical ensina que presume-se que a lei não contenha palavras supérfluas; devem todas ser entendidas como escritas adrede para influir no sentido da frase respectiva (*Hermenêutica e Aplicação do Direito*. Rio de Janeiro: Forense, 2003, p. 91).

(29) GUERRA, Marcelo Lima. *Execução Indireta*. São Paulo: RT, 1998, p. 52-53.

que o aplicador de uma norma não pode contrariar a letra e o sentido dessa norma através de uma interpretação conforme a Constituição, mesmo que através desta interpretação consiga uma concordância entre a norma infraconstitucional e as normas constitucionais. Quando estiverem em causa duas ou mais interpretações — todas em conformidade com a Constituição — deverá procurar-se a interpretação considerada como a melhor orientada para a Constituição"[30].

Interpretando-se o art. 114, I, da Constituição Federal em conformidade com a Constituição ou com os "olhos da Constituição", chega-se à conclusão de que o alcance do termo relação de trabalho é mais amplo que relação de emprego. Além disso, toda a legislação infraconstitucional, como a CLT e demais leis especiais que regulam a relação de trabalho devem ser lidas em compasso com a Constituição e o conseqüente aumento de competência.

No nosso sentir, a dilatação da competência da Justiça do Trabalho se deve a vários fatores. Os principais são as transformações do Direito do Trabalho em razão dos fatores do desenvolvimento tecnológico, da globalização e também da sua natural vocação social para apreciar controvérsias que circundam o contrato de trabalho. Atualmente, o desemprego e a informalidade no Brasil atingiram números alarmantes. Estima-se que hoje 60% dos trabalhadores economicamente ativos vivem na informalidade ou em empregos precários. Também segundo as estatísticas o desemprego atingiu 21,7%[31]. Diante dos números acima, constata-se que apenas 40% dos trabalhadores economicamente ativos trabalham sob o regime da CLT. Os demais, prestam serviços sob as mais diversas modalidades de relação de trabalho, tais como o trabalho autônomo, eventual, locação de serviços, cooperados, informais, etc[32].

Desse modo, diante das transformações das relações de trabalho, oriundas da globalização e do incremento da tecnologia, nos parece que o aumento da competência da Justiça do Trabalho é um fator de sua natural vocação social, já que as relações de trabalho regidas pela CLT já não são mais preponderantes, estando os demais trabalhadores que trabalham sem vínculo de emprego, impedidos de postular seus direitos na Justiça do Trabalho, que é Justiça encarregada de preservar os valores sociais do trabalho e a dignidade da pessoa humana do trabalhador[33].

---

(30) CANOTILHO, J.J. Gomes. *Direito Constitucional e Teoria da Constituição*. 7ª ed., Coimbra: Almedina, 2003, p. 1226-1227.

(31) Segundo *José Pastore*, dos 75 milhões de brasileiros que trabalham, 45 milhões estão na informalidade, vale dizer, em torno de 60% (PASTORE, José. "Onde estão os trabalhadores informais? *In: O Estado de S. Paulo*, Economia, 3.6.2003, p. B2).

(32) É bem verdade que de todos esses informais, a grande maioria trabalha sob um autêntico contrato de emprego que é mascarado sob outras denominações como "cooperados", "autônomos", etc.

(33) Conforme sustenta com propriedade *Hugo Cavalcanti Melo Filho*, "parece-me evidente que, nesses quase setenta anos, a ampliação da competência da Justiça do Trabalho vinha se construindo num processo lento e gradual, até sofrer um corte radical, um salto para frente, perpetrado pela Emenda n. 45/2004. E este corte se fez, basicamente, com a alteração dos parâmetros para a fixação da competência genérica, passando-se do critério subjetivo para o objetivo. Segundo a nova redação do art. 114 da Constituição, a competência não será mais para conciliar e julgar as ações decorrentes da relação entre trabalhador e empregador. Será para 'processar e julgar as ações oriundas da relação de trabalho' (inciso I) e demais hipóteses elencadas nos incisos II a IX (Nova Competência

Conforme sustenta com propriedade *Carlos Maximiliano*[34]:

"O legislador é um filho do seu tempo; fala a linguagem do seu século, e assim deve ser encarado e compreendido. Verifica ainda o magistrado quais as transformações que sofreu o preceito, e ao sentido que ao mesmo se atribuía nas legislações de que proveio, direta ou indiretamente. No segundo caso, em não sendo duvidosa a filiação, torna-se inestimável o valor do subsídio histórico. Exige, entretanto, a consulta de obras de escritores contemporâneos e o cuidado de verificar bem quais os caracteres comuns e quais as diferenças específicas. Relativamente às últimas, deve a exegese apoiar-se em outra base que não os referidos trabalhos de jurisconsultos alienígenas; inquire da origem e motivo da divergência, e por este meio deduz o sentido e alcance da mesma".

Vale lembrar ainda que a competência da Justiça do Trabalho é fixada na Constituição Federal de forma taxativa, não podendo o intérprete distinguir onde a lei não distingue[35].

Por derradeiro, cumpre destacar que a regra da nova competência da Justiça do Trabalho, fixada no art. 114, I, da CF deve ser interpretada em compasso com o princípio da máxima efetividade das normas constitucionais.

Sobre o referido princípio, ensina *J. J. Gomes Canotilho*[36]:

"Esse princípio, também designado por princípio da eficiência ou princípio da interpretação efectiva, pode ser formulado da seguinte maneira: a uma norma constitucional deve ser atribuído o sentido que maior eficácia lhe dê. È um princípio operativo em relação a todas e quaisquer normas constitucionais, e embora a sua origem esteja ligada à tese da actualidade das normas programáticas (Thoma), é hoje sobretudo invocado no âmbito dos direitos fundamentais (no caso de dúvidas deve preferir-se a interpretação que reconheça maior eficácia aos direitos fundamentais)".

Em razão disso, interpretando-se a expressão *relação de trabalho* em cotejo com os princípios constitucionais da máxima eficiência das normas e do acesso do trabalhador à Justiça do Trabalho, e ainda utilizando-se a regra hermenêutica da interpretação em conformidade com a Constituição, no nosso sentir, o alcance do inciso I do art. 114, da CF abrange todas as modalidades de prestação de trabalho humano, desempenhado de forma pessoal em prol de um tomador.

---

da Justiça do Trabalho: Contra a Interpretação Reacionária da Emenda n. 45/04, *In:* COUTINHO, Grijalbo Fernandes e FAVA, Marcos Neves. Justiça do Trabalho (coord). *Justiça do Trabalho: Competência Ampliada.* São Paulo: LTr, 2005, p. 175).

(34) MAXIMILIANO, Carlos. *Hermenêutica e Aplicação do Direito.* Rio de Janeiro: Forense, 2003, p. 113.

(35) Ensina *Carlos Maximiliano:* "Quando o texto menciona o gênero, presumem-se incluídas as espécies respectivas; se faz referência ao masculino, abrange o feminino; quando regula o todo, compreendem-se também as partes. Aplica-se a regra geral aos casos especiais, se a lei não determina evidentemente o contrário. *Ubi lex non distinguit nec no distinguere debemus:* 'Onde a lei não distingue, não pode o intérprete distinguir'" (*Op. cit.*, p. 201).

(36) CANOTILHO. J. J. Gomes. *Op. cit.*, p. 1.224.

Não há como se excluir da competência material da Justiça do Trabalho as relações de trabalho regidas por lei especial, como as dos servidores estatutários e as regidas pela lei do consumidor, já que a Constituição não excepciona a competência para as relações de trabalho regidas por lei especial. De outro lado, não podemos olvidar que muitas relações de emprego são regidas por leis especiais como os domésticos, o rural, os engenheiros, o jogador de futebol, etc., e nunca foi questionado que a Justiça do Trabalho não seria competente para dirimir as controvérsias referentes às aludidas relações de emprego.

Diante do acima exposto, entendemos que a interpretação da expressão "relação de trabalho" para fins da competência material da Justiça do Trabalho, abrange:

As lides decorrentes de qualquer espécie de prestação de trabalho humano, preponderantemente pessoal, seja qualquer a modalidade do vínculo jurídico, prestado por pessoa natural em favor de pessoa natural ou jurídica. Abrange tanto as ações propostas pelos trabalhadores, como as ações propostas pelos tomadores dos seus serviços.

3. Considerações finais sobre a interpretação do art. 114, I, da CF. Justiça do Trabalho: justiça do trabalhador ou do empregado?

Muitos se mostram pessimistas com a interpretação ampla da expressão "relação de trabalho" para abranger toda e qualquer relação jurídica que tem por objeto a prestação de serviço por pessoa física em prol de um tomador, seja ele pessoa física ou jurídica, pois descaracterizaria a especialização da Justiça do Trabalho, inclusive há a perda do foco deste ramo especializado do judiciário, que é a efetivação do Direito Material do Trabalho e não propiciar o acesso de todo trabalhador à Justiça do Trabalho. Além disso, argumentam que a ampliação da competência da Justiça do Trabalho inibirá a expansão do Direito do Trabalho que se materializa no contrato de emprego.

Em recente e exaustivo trabalho a respeito, *Jorge Luiz Souto Maior*[37] defende a interpretação restritiva da expressão relação de trabalho, com argumentos jurídicos e filosóficos. Dentre seus contundentes argumentos, destacamos, os seguintes:

"(...) Como se sabe, ou se deveria saber, o ramo do Direito que sempre fora voltado, no âmbito das relações individuais, de forma restrita à relação de emprego, não se denomina direito do emprego e sim Direito do Trabalho, assim como o contrato que põe na origem da formação do vínculo obrigacional da relação de emprego não se denomina contrato de emprego e sim contrato de trabalho. Não há por que, portanto, tomar no sentido literal a expressão 'relação de trabalho' trazida no inciso I, do art. 114, pois que isto contrariaria toda a lógica metódica do Direito do Trabalho (...) Não se deve, ademais desprezar a enorme dificuldade

---

(37) MAIOR, Jorge Luiz Souto. *Relação de Emprego & Direito do Trabalho*. São Paulo: LTr, 2007, pp. 105-113.

em se delimitar, com precisão, o que seria, ou não, relação de trabalho para fins de evitar uma competência amplíssima da Justiça do Trabalho (...) Diversos autores já se dedicaram a este esforço e não se chegou a nenhum consenso (...) O fato é que não há nenhuma relevância para a Justiça do Trabalho em julgar um conflito (ainda que envolva prestação de serviços) na perspectiva da aplicação do Direito Civil, mesmo sob o argumento de que isto se faria para facilitar o acesso à justiça uma vez que esta apreciação só se chegaria após ultrapassada a questão pertinente ao pedido da declaração da relação de emprego. Ora, se o pedido da declaração da relação de emprego, nos moldes dessa teoria, continua sendo o pressuposto da competência da Justiça do Trabalho, dizer que a Justiça do Trabalho, diante da verificação, no caso concreto, de que não existe, pode julgar o conflito sob a luz do Direito Civil, pela simples razão de evitar que o autor tenha que mover nova ação na Justiça comum (ou seja, já que o processo está na Justiça do Trabalho então o juiz pode julgá-lo), representa desdizer a própria teoria, além do que foge da questão intrincada e necessária da delimitação precisa da competência material da Justiça do Trabalho (...)Só teria sentido a ampliação da competência se fosse acompanhada da necessária (obrigatória) aplicação do Direito do Trabalho na dada relação jurídica, mas isto, como se viu, do ponto de vista da dogmática jurídica, é uma ilusão (...) Se muito, mas muito mesmo, ainda há por ser feito no aspecto da ampliação da proteção jurídica da relação de emprego, não há motivo algum para desviar o foco da atenção da Justiça do Trabalho para as relações de trabalho autônomo, mesmo que isto pudesse significar algum avanço na proteção jurídica para esta categoria de trabalhadores. De todo modo, como se viu, esta evolução é uma ilusão e representa, no fundo, a redução da proteção jurídica conferida aos empregados, o que contraria, por conseguinte, a verdadeira atribuição da Justiça do Trabalho. Dos pontos de vista lógico-formal, dogmático, metodológico e, sobretudo, racional, considerando o dado pertinente à razão de ser Direito do Trabalho e do papel da Justiça do Trabalho, inevitável, portanto, a conclusão de que a expressão 'relação de trabalho', trazida no inciso I, do art. 114, da CF, deve ser tomada no sentido estrito de 'relação de emprego'".

Em que pese os contundentes e respeitáveis argumentos acima mencionados pelo ilustre professor da Universidade de São Paulo, com eles não concordamos.

Com efeito, o juiz do trabalho há muito não é mais o juiz da CLT, pois, atualmente, as relações de emprego se entrelaçam com outros ramos do Direito, basta observar as complexas relações de natureza cível e comercial entre os tomadores de serviços e empregadores, bem como as complexas modalidades de prestação de serviços para mascarar uma autêntica relação de emprego; grupos de empresas, consórcio de empregadores, terceirizações, prestação pessoal de serviço por intermédio de pessoa jurídica, trabalho por intermédio de cooperativas, contratos de locação de serviços, etc.

Desse modo, o juiz do trabalho se tornou um juiz cível especializado, mas acima de tudo, um juiz constitucional, encarregado de dar efetividade aos direitos sociais, garantir a dignidade da pessoa humana e os valores sociais do trabalho (art. 1º, III e

IV, da CF). Além disso, a Justiça do Trabalho sempre conviveu com a aplicação subsidiária do Direito Civil (art. 8º, da CLT) ao Direito do Trabalho e também do Direito Processual Civil (art. 769, da CLT) ao Direito Processual do Trabalho.

Sob outro enfoque, as relações de natureza civil não são mais complexas que as relações de emprego. Conforme menciona *Wilson de Souza Campos Batalha*[38], "mais longe vai *Mario de La Cueva* (*Derecho Mexicando del Trabajo*, II, 1949, p. 758), ao sustentar que as controvérsias individuais em nada se distinguem dos pleitos civis".

No mesmo sentido, ensina *Amauri Mascaro Nascimento*[39]:

"A contraposição inicial entre os dois setores do Direito já foi adequadamente afastada desde 1960, com Mário de La Cueva, em 'Derecho Mexicano del Trabajo', magistral obra na qual sustentou a unitariedade fundamental da ordem jurídica de um Estado e o absurdo que é pensar em uma contradição permanente entre os princípios do Direito comum e os do Direito do Trabalho, embora existam finalidades diversas e filosóficas diferentes em um e outro ordenamento, o que não é razão suficiente para considerar o Direito Civil e o Direito do Trabalho como radicalmente distintos".

Diante da ampliação da competência da Justiça do Trabalho, há a possibilidade do trabalhador, com base num contrato de prestação de serviços, postular o reconhecimento do vínculo de emprego e as verbas trabalhistas dele decorrentes e, na impossibilidade do reconhecimento do vínculo de emprego, formular pedido sucessivo de pagamento das parcelas oriundas do contrato de prestação de serviços[40], o que facilita, em muito o acesso do trabalhador à Justiça[41].

A dilatação da competência da Justiça do Trabalho para abranger todas as relações de trabalho prestado por pessoas físicas facilita o acesso à Justiça do trabalhador, impõe maior respeito a todas as modalidades de trabalho prestado por pessoa natural, fortalece a Justiça do Trabalho enquanto instituição encarregada de dirimir todas as controvérsias decorrentes do trabalho humano[42], dignifica o trabalho humano e dá maior cidadania ao trabalhador.

---

(38) BATALHA, Wilson de Souza Campos. *Tratado de Direito Judiciário do Trabalho*. 2ª ed., São Paulo: LTr, 1985, p. 139.
(39) NASCIMENTO, Amauri Mascaro. *Alterações do Código Civil e seus reflexos nas Relações de Trabalho*. Revista do Tribunal Regional do Trabalho da 15ª Região. São Paulo: LTr, v. 21, 2003, p. 45.
(40) Quando a questão versar sobre matéria diversa do contrato de emprego, a Justiça do Trabalho aplicará o Direito Comum que a disciplinar e não a CLT.
(41) Nesse sentido a opinião de *Wagner D. Giglio*: "Seja como for, convém lembrar, à guisa de preliminar, que a atribuição constitucional de nova competência não significa revogação da CLT, que continua a vigorar para regular a solução de conflitos entre empregados e empregadores. Parece razoável, assim sendo, que havendo dúvida, o autor formule, na petição inicial, pedido de aplicação dos direitos previstos na CLT, provada a relação de emprego, e sucessivamente, caso não provada, o de aplicação dos direitos de trabalhador não subordinado"(Nova Competência da Justiça do Trabalho: Aplicação do Processo Civil ou Trabalhista. *Revista Legislação do Trabalho*. São Paulo: LTr, ano 69, v. 03, 2005, p. 292).
(42) Conforme destaca *João Oreste Dalazen*: "Desse modo, valoriza-se e moderniza-se a Justiça do Trabalho, bem assim retira-se o máximo de proveito social de sua formidável estrutura. Afora isso, supera-se a arraigada e superada concepção de constituir a Justiça do Trabalho meramente uma Justiça do emprego" (A reforma do Judiciário e os novos marcos da competência material da Justiça do Trabalho no Brasil. *Revista do Tribunal Superior do Trabalho*. Porto Alegre: Síntese, v. 71, 2005, p. 47).

Nesse sentido, destacamos as seguintes ementas:

"Conflito. Profissional Liberal – Pessoa física – Tomador de serviços – Relação de Trabalho – Justiça do Trabalho – Competência – Justiça do Trabalho – Inarredável a competência desta Justiça Especializada para dirimir conflito entre profissional liberal prestador de serviços e tomador, nos exatos termos do novo art. 114, inciso I da CF, posto que a expressão 'ações oriundas da relação de trabalho' tem caráter genérico e, por corolário, reúne todas as formas de prestação de serviços conhecidas"[43].

"COMPETÊNCIA – Representação Comercial – Ec. n. 45/2004 – Restando provado que o trabalho de representação comercial foi executado pessoalmente pelo recorrente, a competência para julgar os litígios decorrentes dessa relação será a Justiça do Trabalho, por força do inciso I, do art. 114, da CF, conforme nova redação dada pela Emenda Constitucional n. 45"[44].

Em sua encíclica sobre o trabalho humano, *João Paulo II*, assim se expressa:

"O trabalho humano é uma das características que distingue o homem das demais criaturas, cuja atividade, relacionada com a manutenção da vida, não pode chamar-se de trabalho; só o homem é capaz de trabalhar, só ele o pode levar a cabo, enchendo com o trabalho sua existência sobre a terra. Desse modo, o trabalho traz em si um sinal particular do homem e da humanidade, o sinal da pessoa ativa no meio de uma comunidade de pessoas; esse sinal determina sua característica interior e constitui, num certo sentido, sua própria natureza". Mais adiante acrescenta: "o fundamento para determinar o valor do trabalho humano não é, em primeiro lugar, o tipo de trabalho que se realiza, mas o direito de quem o executa é uma pessoa"[45].

Como bem adverte *Alfredo J. Ruprecht*[46]:

"Esse respeito à dignidade humana do trabalhador tem diversas vertentes. Em primeiro lugar, deve ser respeitado como homem com todos os seus direitos que lhe outorga essa categoria. Além disso, sua remuneração lhe deve permitir, a ele e a sua família, pelo menos, uma vida honrada, de acordo — justamente — com esta categoria de ser humano. Deve também fazer que seu trabalho se desenvolva em condições de segurança, higiene e condições adequadas de trabalho. Finalmente, deve ter a certeza de que, desde que cumpra corretamente sua tarefa, terá respeitado seu emprego ou será adequadamente indenizado. Esse princípio é a base da humanização do trabalho, que envolve a proteção do homem trabalhador

---

(43) TRT 15ª Reg. (Campinas SP) RO 0798-2005-123-15-00-2 – (Ac. 54526/06-PATR, 10ª C.) – Relª Juíza Elency Pereira Neves. DJSP 24.11.06, p. 60.
(44) TRT 18ª Reg. RO-00344-2006-001-18-00-0 – Relª Juíza Ialba-Luíza Guimarães Melo. DJGO 1.8.06, p. 77
(45) *Laborem exercens*, encíclica sobre o trabalho humano, Roma, 1981, *apud* RUPRECHET, Alfredo J. *Os princípios do Direito do Trabalho*. São Paulo: LTr, 1995, p. 104.
(46) RUPRECHT, Alfredo J. *Os princípios do Direito do Trabalho*. São Paulo: LTr, 1995, 105.

tanto no seio da empresa como fora dela, compreendendo a família. Toda mudança que se introduza no trabalho, por qualquer razão que seja, e principalmente se em benefício do capital, deve, antes de tudo, tomar em consideração o trabalhador em sua dignidade".

Acreditamos que para assegurar a dignidade da pessoa humana do trabalhador é necessário a fixação de um *piso vital mínimo de direitos ao trabalhador*, não só ao trabalhador regido pela CLT (aquele que trabalha sob a moldura dos arts. 2º e 3º, da CLT), mas a todos aqueles que trabalham de forma pessoal e colocam sua força de trabalho em prol de outrem, o que configura a relação de trabalho *lato sensu*[47]. Como salienta *Paolo Barile*[48], "a garantia de proteção ao trabalho não engloba somente o trabalhador subordinado, mas também aquele autônomo e o empregador, enquanto empreendedor do crescimento do país"[49].

Nossa Constituição Federal prevê no art. 1º, incisos III e IV, a dignidade da pessoa humana e os valores sociais do trabalho como fundamentos do Estado Democrático de Direito, e no art. 3º, III, IV, menciona como objetivos da República Federativa do Brasil a erradicação da pobreza e da marginalização, com a redução das desigualdades sociais e regionais, bem como promover o bem de todos, sem preconceitos de origem, etnia, sexo, cor, idade e quaisquer outras formas de discriminação. Interpretando-se sistematicamente os direitos fundamentais previstos nos arts. 1º e 3º, da Constituição Federal, sob a ótica da pessoa humana do trabalhador, de acordo com o princípio da máxima efetividade dos direitos fundamentais (*Canotilho*), conclui-se que a

---

(47) Acreditamos que o trabalhador que presta serviços em situação diversa da prevista pelos arts. 2º e 3º, da CLT também deve ter assegurado um piso vital mínimo de direitos, como os previstos nos arts. 5º, 6º e 225, da CF, exemplificativamente: direito à intimidade, à imagem, à privacidade, à saúde, ao lazer, à proteção à maternidade, à Previdência Social, função social da propriedade, direito de associação, direito ao meio ambiente salubre de trabalho. Também alguns direitos previstos no art. 7º, da CF podem ser aplicados a outros trabalhadores que seguem regime diverso da CLT, como uma remuneração mínima que garanta dignidade, limitação da jornada, períodos de descanso, proteção contra acidentes do trabalho, aviso prévio, dentre outros.

(48) BARILE, Paolo. *Diritti dell'"uomo e libertà fondamentali*. Bolonha: Il Molino, 1984, p. 105, *apud* MORAES, Alexandre. *Direito Constitucional*, 15ª ed., São Paulo: Atlas, 2004, p. 52.

(49) Nesse mesmo diapasão, argumenta com propriedade *Gabriela Neves Delgado*: "No entender desta obra, quando o art. 7º, *caput*, da Constituição Federal de 1988, elenca direitos constitucionais trabalhistas ele o faz para todo e qualquer trabalhador e não apenas para os empregados urbanos e rurais. *É claro que a concessão dos direitos constitucionais trabalhistas será assegurada a cada trabalhador conforme a possibilidade da própria estrutura de trabalho estabelecida, o que não significa a defesa de discriminações, mas pelo contrário, o respeito às diferenças estruturais que se estabelecem no mundo do trabalho*" (*O Direito Fundamental ao Trabalho Digno*. São Paulo: LTr, 2006, p. 215). No mesmo sentido é a opinião abalizada de *Amauri Mascaro Nascimento*, "esses direitos, na esfera das relações de trabalho têm como fundamento a necessidade de garantia de um mínimo ético, que deve ser preservado nos ordenamentos jurídicos, nas relações de trabalho como forma de organização jurídico-moral da sociedade quanto à vida, saúde, integridade física, personalidade e outros bens jurídicos valiosos para a defesa da liberdade e integração dos trabalhadores na sociedade, perante a qual têm o dever-direito ao trabalho. Não são restritos ao empregado, mas, por serem fundamentais, devem estender-se a todo aquele que prestar um trabalho subordinado ou por conta alheia, o que abre o horizonte da sua aplicabilidade para formas atípicas de contratação do trabalho como temporário, avulso, eventual, intermitente e todo aquele que vier a ser enquadrado na rede de proteção da legislação trabalhista. VALVERDE, Guttiérrez e Murcia, em *Derecho del Trabajo* (2000), mostram que os direitos fundamentais, reconhecidos para a pessoa em sua condição como tal e não especificamente em sua condição de participante no processo produtivo, podem ser também exercidos pelos trabalhadores no âmbito das relações de trabalho"(*Curso de Direito do Trabalho*. 19ª ed., São Paulo: Saraiva, 2004, p. 434).

preservação dos valores sociais do trabalho é uma das formas de se garantir a dignidade da pessoa humana, bem como propiciar ao ser humano uma sociedade mais justa, com igualdades de oportunidades, para o seu pleno desenvolvimento físico e intelectual.

Como bem adverte *Edilton Meireles*[50]:

"Ressalta-se, ainda, que em face da constitucionalização do princípio da valorização do trabalho humano, impõe-se uma nova tomada de posição diante do Direito do Trabalho (não só do emprego) infraconstitucional. E 'valorizar o trabalho humano, conforme o preceito constitucional, significa defender condições humanas de trabalho, além de preconizar por justa remuneração e defender o trabalhador contra abusos que o capital possa desarrazoadamente proporcionar'. Outrossim, se especializa a Justiça em razão do ente de direito público — Justiça Federal e Varas da Fazenda Pública —, muito mais razões para a especialização em face do labor humano, tendo em vista o princípio maior do respeito à dignidade humana. Dispensar tratamento especial às relações de trabalho, oferecendo os serviços de uma Justiça Especializada, é, ao lado de valorizar o trabalho humano, implementar medida de proteção aos direitos fundamentais para a concretização da dignidade da pessoa".

De outro lado, sabemos que a Justiça do Trabalho, principalmente os TRTs, das 1ª, 2ª, 3ª e 15ª regiões já estavam trabalhando no limite, mesmo antes da EC n. 45/04. Na 2ª Região, na Capital de São Paulo, os juízes chegam a realizar 22 audiências unas por dia, sem falar no serviço de gabinete e decisão dos processos fora da audiência. Por isso, o legislador infraconstitucional tem que aparelhar devidamente a Justiça do Trabalho para que ela cumpra a elevada carga de trabalho que lhe foi dada pelo Legislador Constituinte e continue cumprindo sua elevada função constitucional.

A efetividade na nova competência dependerá em muito do tratamento que lhe será dado pelos juízes do trabalho. Por isso, entendemos que os juízes não devem bloquear o andamento dos processos cujo objeto é um pedido decorrente de uma relação de trabalho. Há necessidade de se experimentar novos horizontes e constatar, de forma pragmática, o acerto ou não do legislador constitucional ao dilatar a competência da Justiça do Trabalho. A jurisprudência tem que ser sedimentada de baixo para cima e não de cima para baixo, com a edição de uma Súmula de forma apressada para dirimir o alcance da expressão *relação de trabalho*.

Atualmente, ainda parece longe estar pacificado pela doutrina e jurisprudência o alcance da expressão "relação de trabalho", para fins da nova competência da Justiça do Trabalho. No entanto, as previsões pessimistas[51] no sentido de que haveria um

---

(50) MEIRELES, Edilton. *Competência e Procedimento na Justiça do Trabalho: primeiras Linhas da Reforma do Judiciário*. São Paulo: LTr, 2005, p. 10.

(51) As mesmas previsões pessimistas foram feitas diante da EC n. 20/98 que atribui competência à Justiça do Trabalho para executar as contribuições de INSS das sentenças que profere. Hoje, a Justiça do Trabalho vem dando conta com efetividade de tal atribuição, inclusive com grande repercussão social dessa competência e um volume gigantesco de arrecadação para a União a título de contribuições sociais.

congestionamento vultoso da Justiça do Trabalho, não se concretizaram[52]. Nos parece que a Justiça do Trabalho vem dirimindo, sem maiores dificuldades as lides decorrentes da relação de trabalho *lato sensu*, sem perder a sua Especialização e facilitando o acesso do trabalhador à Justiça. A Justiça do Trabalho, apesar de todas as vicissitudes que enfrenta, continua cumprindo, com qualidade, sua elevada função social.

Acreditamos que, mesmo diante dos problemas que pode enfrentar o trabalhador para saber qual a Justiça competente para apreciar sua demanda, o conceito de *relação de trabalho* deve ser amadurecido pela jurisprudência, principalmente do primeiro grau de jurisdição que sente o conflito mais de perto, sendo, a nosso ver, prematura a edição de uma Súmula a respeito pelo Tribunal Superior do Trabalho ou até mesmo uma lei específica que preveja, de forma taxativa, quais as relações de trabalho que serão objeto da competência material da Justiça do Trabalho.

4. Relação de consumo

Diz o art. 2º, da Lei n. 8.078/90: "Consumidor é toda pessoa física ou jurídica que adquire ou utiliza produto ou serviço como destinatário final".

O art. 3º, da referida lei, assim preconiza:

"Fornecedor é toda pessoa física ou jurídica, pública ou privada, nacional ou estrangeira, bem como os entes despersonalizados, que desenvolvem atividades de produção, montagem, criação, construção, transformação, importação, exportação, distribuição ou comercialização de produtos ou prestação de serviços. Parágrafo 1º – Produto é qualquer bem, móvel ou imóvel, material ou imaterial. Parágrafo 2º – Serviço é qualquer atividade fornecida no mercado de consumo, mediante remuneração, inclusive as de natureza bancária, financeira, de crédito e securitária, salvo as decorrentes das relações de caráter trabalhista"[53].

Rizzatto Nunes[54] assim define serviço:

"Serviço é, tipicamente, atividade. Esta ação humana que tem em vista uma finalidade. Ora, toda ação se esgota tão logo praticada. A ação se exerce em si mesma". Prossegue o citado autor[55]: "O CDC definiu serviço no parágrafo 2º, do art. 3º e buscou apresentá-lo de forma a mais completa possível. Porém, na

---

(52) Tendo acompanhado de perto a quantidade de feitos que envolvem pedidos que não guardam nexo causal com a relação de trabalho, na Capital de São Paulo, nos anos de 2005 e 2006 (período em que exercemos judicatura na Capital e em uma das dez Varas que receberam toda a distribuição da Capital no período de janeiro a março de 2006, constatamos que o número de processos que se reportam à relação diversa da relação de emprego é muito pequeno, pois, na maioria, o contrato de emprego é mascarado por um contrato qualquer, e os pedidos se dirigem ao reconhecimento de vínculo de emprego e às verbas trabalhistas dele decorrentes.

(53) A doutrina tem entendido que somente estão fora do alcance do Direito do Consumidor as prestações pessoais de serviço onde há o vínculo trabalhista (arts. 2º e 3º, da CLT).

(54) RIZZATTO NUNES, Luiz Antonio *Curso de Direito do Consumidor*. São Paulo: Saraiva, 2004, p. 96.

(55) *Ibidem*, p. 95.

mesma linha de princípios por nós já apresentada, é importante lembrar que a enumeração é exemplificativa, realçada pelo uso do pronome 'qualquer'. Dessa maneira, como bem a lei o diz, serviço é qualquer atividade fornecida ou, melhor dizendo, prestada no mercado de consumo".

Segundo *Geraldo Brito Filomeno*[56], não poderão ser igualmente objeto das chamadas "relações de consumo" os interesses de caráter trabalhista, exceção feita às empreitadas de mão-de-obra ou empreitadas mistas (mão-de-obra mais materiais), exceção tal presente nos diplomas legais de todos os países que dispõem de leis ou Códigos de Defesa do Consumidor como, por exemplo: Portugal, Espanha, México, Venezuela e outros.

De outro lado, com bem adverte *Rizzato Nunes*[57]: "O CDC define serviço como aquela atividade fornecida mediante 'remuneração'. Antes de mais nada, consigne-se que praticamente nada é gratuito no mercado de consumo. Tudo tem, na pior das hipóteses, um custo, e este acaba, direta ou indiretamente, sendo repassado ao consumidor. Assim, se, por exemplo, um restaurante não cobra pelo cafezinho, por certo seu custo já está embutido no preço cobrado pelos demais produtos".

Diante da doutrina acima esposada, entendemos que há relação de consumo de interesse para a competência da Justiça do Trabalho: quando há prestação pessoal de serviços por uma pessoa natural que coloca seus serviços no mercado de consumo e os executa de forma preponderantemente pessoal, sem vínculo empregatício, mediante remuneração, em prol de um consumidor, pessoa física ou jurídica, que é destinatária final destes serviços[58].

Atualmente, muito se tem questionado se a competência da Justiça do Trabalho abrange as relações de consumo em que o prestador dos serviços é pessoa física e o tomador (consumidor) é pessoa física ou jurídica.

Muitos autores têm sustentado que a relação de consumo é regida por lei especial e tem princípios diversos da relação de trabalho, porquanto o Direito do Consumidor protege o tomador dos serviços, enquanto o Direito do Trabalho protege a figura do prestador, que é o trabalhador.

Defendendo a exclusão das relações de consumo em que há um prestador pessoa natural, cita-se, por todos, o posicionamento da *Otávio Amaral Calvet*[59]:

"Se é pacífico que a doutrina trabalhista vê na relação de consumo questões similares à relação de emprego (em sentido estrito), pela hipossuficiência de uma

---

(56) FILOMENO, Geraldo Brito et al. *Código de Defesa do Consumidor comentado pelos autores do Anteprojeto*. 7ª ed., Rio de Janeiro: Forense Universitária, 2001, pp. 51-52.
(57) RIZZATTO NUNES, Luiz Antonio. *Comentários ao Código de Defesa do Consumidor*. São Paulo: Saraiva, 2000, p. 100.
(58) A doutrina define o conceito de destinatário final quanto à pessoa física quando esta adquire um serviço para satisfazer uma necessidade pessoal e, quanto à pessoa jurídica, quando esta adquire um serviço para uso próprio, sem a finalidade de produção de outros produtos ou serviços.
(59) CALVET, Otávio Amaral. Nova Competência da Justiça do Trabalho: Relação de Trabalho x Relação de Consumo. *Revista Legislação do Trabalho*. São Paulo: LTr, ano 69, v. 01, 2005, pp. 56-57.

das partes e pela concessão de benefícios a ela em busca de uma igualdade substantiva, há de se ressaltar que, na relação de consumo, o protegido é o consumidor e, em hipótese alguma, o prestador dos serviços, este aparecendo como o detentor do poder econômico que oferece publicamente seus préstimos, auferindo ganhos junto aos consumidores. Transportando para as relações de trabalho em sentido lato, seria no mínimo estranho imaginar-se o deferimento de uma tutela especial ao consumidor que, no caso, apareceria também como tomador dos serviços, reconhecendo-se-lhe, simultaneamente, duas posições que se afiguram incompatíveis ontologicamente: a de fragilizado consumidor com a de contratante beneficiado pela energia de trabalho (tomador de serviços). Assim, resta fixada a segunda premissa para caracterização das relações de trabalho da competência da Justiça do Trabalho: o tomador dos serviços não pode ser o usuário final, mas mero utilizador da energia de trabalho para consecução da sua finalidade social (ainda que seja o tomador pessoa natural ou ente despersonalizado)"[60].

Outros defendem uma divisão de competência nas relações de consumo em que há prestação pessoal de serviços, qual seja: o prestador dos serviços, mesmo que haja uma relação de consumo, pode acionar a Justiça do Trabalho em face do tomador de seus serviços, vez que há nítida relação de trabalho entre eles, mas o tomador dos serviços, na relação de consumo, somente pode acionar o prestador na Justiça Comum, vez que entre eles há uma autêntica relação de consumo pura e não relação de trabalho.

Nesse sentido, sustenta *João Oreste Dalazen*[61]:

"Entendo que a lide propriamente da relação de consumo entre o consumidor, nesta condição, e o respectivo prestador do serviço, visando à aplicação do Código de Defesa do Consumidor, escapam à competência da Justiça do Trabalho, pois aí não aflora disputa emanada de relação de trabalho. É lide cujo objeto é a defesa de direitos do cidadão na condição de consumidor de um serviço e, não, como prestador de um serviço. Afora isso, em geral, a relação de consumo traduz uma obrigação contratual de resultado, em que o que menos importa é o trabalho em si. Entretanto, sob o enfoque do prestador do serviço (fornecedor), é forçoso convir que firma ele uma relação jurídica de trabalho com o consumidor/destinatário do serviço: um se obriga a desenvolver determinada atividade ou serviço em proveito do outro mediante o pagamento de determinada retribuição, ou

---

(60) No mesmo sentido se posicionou *Carlos Henrique Bezerra Leite*: "É preciso advertir, porém, que não são da competência da Justiça do Trabalho as ações oriundas da relação de consumo. Vale dizer, quando o trabalhador autônomo se apresentar como fornecedor de serviços e, como tal, pretender receber honorários de seu cliente, a competência para a demanda é da Justiça Comum, e não da Justiça do Trabalho, pois a matéria diz respeito à relação de consumo, e não à de trabalho. Do mesmo modo, se o tomador do serviço se apresentar como consumidor e pretender devolução do valor pago pelo serviço prestado, a competência também será da Justiça Comum. Isso porque relação de trabalho e relação de consumo são inconfundíveis"(*Curso de Direito Processual do Trabalho*. 3ª ed., São Paulo: LTr, 2005, p. 161).

(61) DALAZEN, João Oreste. A reforma do Judiciário nos novos marcos da Competência material da Justiça do Trabalho no Brasil. *Revista do Tribunal Superior do Trabalho*. Porto Alegre: Síntese, n. 71, 2005, p. 48.

preço. Se, pois, a relação contratual de consumo pode ter por objeto da prestação de serviços e, assim, caracterizar também, inequivocadamente, uma relação de trabalho em sentido amplo, afigura-se-me inafastável o reconhecimento da competência material da Justiça do Trabalho para a lide que daí emergir, se e enquanto não se tratar de lide envolvendo a aplicação do Código de Defesa do Consumidor. Vale dizer: se não se cuida de litígio que surge propriamente da relação de consumo, mas da relação de trabalho que nela se contém, regulada pelo Direito Civil, não atino para a razão de descartar-se a competência da Justiça do Trabalho. É o que se dá, por exemplo, na demanda de pessoa física prestadora de serviços em favor de outrem pelos honorários ou preço dos serviços contratados".

Para nós a razão está com a vertente interpretativa no sentido de que tanto as ações propostas pelo prestador de serviços no mercado de consumo, quanto as ações em face deles propostas pelos consumidores tomadores, são da competência da Justiça do Trabalho. Em que pese os argumentos mencionados acima, não teria razão a Justiça do Trabalho apreciar um pedido em que o prestador postula o valor dos serviços não pagos e não poder apreciar uma reconvenção do destinatário dos serviços, alegando que não realizou o pagamento porque os serviços não foram executados de acordo com o contrato. Esse entendimento gera insegurança jurídica e a possibilidade de decisões conflitantes. Por exemplo, a Justiça do Trabalho entende que a relação é de consumo e a Justiça Comum não, ou ainda, há a possibilidade de se suscitarem inúmeros conflitos positivos e negativos de competência.

Não obstante as respeitáveis opiniões em contrário, entendemos, salvo melhor juízo, que a relação de trabalho que também der origem a uma relação de consumo é da competência material da Justiça do Trabalho, tanto as ações propostas pelo prestador pessoa natural, como pelo destinatário final dos serviços, pelos seguintes argumentos:

a) A Constituição Federal não exclui a competência da Justiça do Trabalho para as lides que envolvam relações de consumo;

b) A relação de trabalho é gênero, do qual a relação de consumo que envolva a prestação de trabalho humano é espécie;

c) O juiz do trabalho ao decidir uma relação de consumo que envolva prestação pessoal de trabalho, aplicará o CDC (Lei n. 8.078/90) e o Código Civil para dirimi-la e não o Direito do Trabalho;

d) Na Justiça do Trabalho não vigora o princípio protetor, próprio do Direito do Trabalho. Portanto, não há choque de princípios entre o Direito do Consumidor (que tutela a parte vulnerável da relação jurídica de consumo que é o consumidor) e o Direito do Trabalho (que tutela a parte hipossuficiente da relação jurídica de trabalho, que é o trabalhador);

e) Na relação de consumo, cujo trabalho é prestado por pessoa física, em muito se assemelha ao trabalho autônomo, porquanto a responsabilidade do profissional liberal é subjetiva. Portanto, resta mitigado o princípio da vulnerabilidade do consumidor (art. 14, parágrafo 4º. do CDC[62]);

f) A CLT, no art. 652, III atribui competência à Justiça do Trabalho para dirimir controvérsias atinentes à pequena empreitada, que é nitidamente um contrato de consumo, já que o pequeno empreiteiro oferece seus serviços no mercado de consumo em geral;

g) A Justiça do Trabalho saberá equalizar o Direito do Consumidor, que protege o destinatário dos serviços, e o prestador pessoa física, enquanto cidadão[63]. Como bem adverte *Márcio Túlio Vianna*[64]:

"É verdade que o foco da Justiça do Trabalho, como dizíamos, deve ser o trabalho explorado pelo sistema capitalista. Mas também o trabalhador no circuito do consumo, especialmente hoje, é vítima do novo modo de produzir, que vai lhe subtraindo até a opção de ganhar a vida como operário. Desse modo, como sétima conclusão, parece-nos que também as relações de consumo devem entrar na órbita da Justiça do Trabalho".

5. Servidor Público. Relação Estatutária

Sob a égide da redação antiga do art. 114, da CF/88 o STF Pleno fixou entendimento no sentido de que a competência da Justiça do Trabalho não abrangia os servidores estatutários. Afirmou o Ministro *Octavio Galloti* em seu voto, que prevaleceu por maioria:

"É certo que o disposto no art. 114 da nova Constituição traduz ampliação da competência da Justiça do Trabalho, em comparação com o teor do art. 142. (...) Não com referência aos servidores de vínculo estatutário regular ou administrativo especial, porque o art. 114, ora comentado, apenas diz respeito aos dissídios pertinentes a trabalhadores, isto é, ao pessoal regido pela Consolidação das Leis do Trabalho (...)"[65].

---

(62) Art. 14, parágrafo 4º, da Lei n. 8.078/90: "A responsabilidade pessoal dos profissionais liberais será apurada mediante a verificação de culpa".

(63) Nesse sentido leciona com propriedade *Antônio Álvares da Silva*: "Agora, diante da nova redação do art. 114, I, da CF — ações oriundas da relação de trabalho —, a relação de consumo de prestação de serviços foi indiscutivelmente atraída para a competência trabalhista, pois se trata de relação de trabalho que, a exemplo das demais se enquadra na nova competência trabalhista. As vantagens dessa integração são evidentes. A 'vulnerabilidade' do consumidor na relação de consumo não é diferente da 'inferioridade' do empregado na relação de emprego. Ambos necessitam de tutela, para compensar-lhes o estado de desproteção social. Com o fortalecimento jurídico que lhes dá o CDC e a CLT, readquirem, ainda que em parte, a desigualdade perdida em razão da diferença econômica que os separa da outra parte do contrato" (*Pequeno Tratado da Nova Competência Trabalhista*. São Paulo: LTr, 2005, pp. 396-397).

(64) VIANA, Márcio Túlio. Relações de Trabalho e Competência: Esboço de alguns critérios. *Revista Legislação do Trabalho*. São Paulo: LTr, ano 69, v. 06, 2005, p. 683.

(65) STF – Pleno – CJ n. 6829-8/SP, j. 15.3.89, DJ 14.4.89, *In: Revista LTr* 56-12/1413-1420.

Com a nova redação do art. 114, I, da CF[66], dada pela EC n. 45/04, restou inconteste a competência da Justiça do Trabalho para apreciar as lides entre trabalhadores com vínculo estatutário e o Estado.

Entretanto, a aplicação do inciso I, do art. 114, da CF, no que concerne aos servidores estatutários, está suspensa por força da *ADIn n. 3.395*, cuja liminar foi dada pelo Ministro *Nélson Jobim*, suspendendo *ad referendum*[67] toda e qualquer interpretação dada ao inciso I, do art. 114 da CF, na reação dada pela EC n. 45/2004 que inclua na competência da Justiça do Trabalho as ações entre os servidores públicos regidos pelo regime estatutário e o Estado[68], esvaziando a competência da Justiça do Trabalho.

Posteriormente, o Supremo Tribunal Federal manteve a mesma posição, conforme se constata pela seguinte ementa:

INCONSTITUCIONALIDADE. AÇÃO DIRETA. COMPETÊNCIA. Justiça do Trabalho. Incompetência reconhecida. Causas entre o Poder Público e seus servidores estatutários. Ações que não se reputam oriundas de relação de trabalho. Conceito estrito desta relação. Feitos da competência da Justiça Comum. Interpretação do art. 114, inc. I, da CF, introduzido pela EC n. 45/2004. Precedentes. Liminar deferida para excluir outra interpretação. O disposto no art. 114, I, da Constituição da República, não abrange as causas instauradas entre o Poder Público e servidor que lhe seja vinculado por relação jurídico-estatutária[69].

Mesmo antes da EC. n. 45/04, nunca conseguimos entender porque a Justiça do Trabalho não tinha competência para apreciar as demandas que envolvam servidores estatutários. Ora, os servidores estatutários trabalham de forma pessoal, não eventual, subordinada e com onerosidade, ou seja, ainda que o vínculo entre servidor e Estado seja regido pelo regime administrativo, trata-se de uma autêntica relação de emprego, presentes todos os requisitos dos arts. 2º e 3º, ambos da CLT. Além disso, praticamente os direitos dos servidores estatutários são os mesmos direitos trabalhistas (vide art. 39, § 3º, da CLT). Praticamente, o servidor público só não tem direito ao FGTS, mas, em troca, tem a estabilidade prevista no art. 41, da CF. De outro lado, a Justiça do Trabalho sempre esteve melhor municiada para apreciar as lides que envolvam trabalho subordinado, o que, muitas vezes, não é a rotina das Justiças Estaduais e Federal[70].

---

(66) Art. 114, da CF: " Compete à Justiça do Trabalho processar e julgar: I-as ações oriundas da relação de trabalho, abrangidos os entes de direito público externo e da administração pública direta e indireta da União, dos Estados, do Distrito Federal e dos Municípios".
(67) Posteriormente, a liminar foi ratificada pelo Pleno do STF.
(68) Vide Brasil. Supremo Tribunal Federal. ADIn n. 3395-1/DF, DJ 4.2.2005. Disponível em <http://www.stf.gov.br> acesso em 30.1.2005.
(69) MC Ação Direta de Inconst. 3.395-6 DF – STF – Cezar Peluso – Ministro Relator. DJU de 10/11/2006 – (DT – Janeiro/2007 – vol. 150, p. 114).
(70) Para *Antonio Álvares da Silva*: "O erro é enorme e o STF manteve jurisprudência anterior, firmada com base na redação anterior do art. 114, não atentando para a nova redação dada pela EC n. 45/04 e a profunda alteração que trouxe ao citado artigo". Prossegue o mestre mineiro, "Mais uma vez, se há de repetir. O que a Constituição fez não foi equiparar a relação de serviço público com a trabalhista, nem se pode confundir os campos diversos em

Sob outro enfoque, mesmo antes da EC n. 45/04 não havia vedação para a Justiça do Trabalho apreciar relações de índole estatutária. Havia apenas uma filigrana interpretativa no sentido de que a relação estatutária é de ordem administrativa e não relação de emprego. Não há sentido na Justiça do Trabalho apreciar as lides em que o Estado contrata pelo regime da CLT, mediante concurso e não ter competência quando o Estado contrata, mediante concurso por regime estatutário.

6. Os contratos de empreitada e a pequena empreitada

Conhecia o Direito Romano a *locatio conductio operis,* inconfundível com a *locatio conductio operarum.* Esta última representava a locação de serviços, ao passo que a *locatio conductio operis* constituía contrato tendo em vista certo resultado. Discutia-se acerca da natureza jurídica do contrato quando o trabalhador, ou o artífice, fornecia também os materiais; na hipótese, *Cassio* entendia haver venda de materiais e locação dos serviços, mas *Gaio* sustenta ocorrer apenas venda, ao passo que se caracterizaria a *locatio conductio operis* se alguém entregasse materiais a fim de ser executada certa obra[71].

O Código Civil de 2002 disciplina o contrato de empreitada nos arts. 610 a 626. Diz o art. 610 do CC:

"O empreiteiro de uma obra pode contribuir para ela só com o seu trabalho ou com ele e os materiais".

Ensina *Maria Helena Diniz*[72], que "a empreitada ou locação de obra é o contrato pelo qual um dos contratantes (empreiteiro) se obriga, sem subordinação, a realizar, pessoalmente, ou por meio de terceiro, certa obra (p. ex., construção de uma casa, represa ou ponte; composição de uma música) para o outro (dono da obra), com material próprio ou por este fornecido, mediante remuneração determinada ou proporcional ao trabalho executado".

Para fins civis, o empreiteiro pode ser pessoa física ou jurídica e se obriga, mediante contrato, sem subordinação e mediante o pagamento de remuneração, a construir uma obra. A empreitada pode ser de trabalho (lavor) ou mista em que o empreiteiro se compromete a fornecer o serviço e o material.

---

que se situam: a primeira, no Direito Público, e a segunda, no Direito Privado. O que se pretendeu, a exemplo das demais hipóteses de ampliação, foi trazer para o processo do trabalho questões que, pelo seu significado social, precisam de julgamentos rápidos, imediatos e objetivos. Ao decidir causas de servidor público, a Justiça do Trabalho não vai revogar a Lei n. 8.112/90 para aplicar-lhes a CLT. O servidor público vai continuar sendo regido pela lei própria, mas terá as vantagens do processo. Não há de confundir o processo, que tem natureza instrumental, com as leis materiais, que regulam os bens da vida e as relações humanas"(*Pequeno Tratado da Nova Competência da Justiça do Trabalho.* São Paulo: LTr, 2005, pp. 131-132).

(71) BATALHA, Wilson Souza de Campos. *Tratado de Direito Judiciário do Trabalho.* 2ª ed., 1985, São Paulo: LTr, pp. 223-224.

(72) DINIZ, Maria Helena. *Código Civil Anotado.* 11ª ed., São Paulo: Saraiva, 2005, p. 523.

A questão dos contratos de empreitada e a competência da Justiça do Trabalho sempre foi polêmica, pois a CLT e o Direito do Trabalho sempre se ocuparam do trabalho subordinado, por conta alheia, regido pelos arts. 2º e 3º, da CLT e não o trabalho autônomo em que o empreiteiro corre os riscos de sua atividade.

A doutrina trabalhista apontou como nota de diferenciação do contrato de empreitada ao contrato de trabalho *stricto sensu* ou contrato de emprego na expressão de *José Martins Catharino* a subordinação jurídica, pois o empreiteiro é um profissional autônomo, que corre os riscos da sua atividade econômica, enquanto o empregado, mesmo recebendo por obra, não corre os riscos de sua atividade e transfere ao empregador a direção do seu trabalho. Como bem destaca *Mauricio Godinho Delgado*[73], "sendo pacto autônomo, civil, a empreitada preserva com o próprio profissional prestador de serviços a direção do cotidiano da prestação laborativa, no cumprimento de obra pactuada. Não se transfere a direção para o tomador de serviços. Não há, pois, subordinação nessa prestação de trabalho".

O contrato de empreitada é uma espécie do gênero contratos de atividade. Atualmente, diante da redação do inciso I, do art. 114, da CF, a Justiça do Trabalho detém competência para os contratos de empreitada, quando o empreiteiro for pessoa física e realizar sua atividade com pessoalidade.

A CLT disciplina a competência da Justiça do Trabalho para os contratos de empreitada. Com efeito, diz o art. 652: "Compete às Varas do Trabalho: a) conciliar e julgar: (...) III – os dissídios resultantes de contratos de empreitadas em que o empreiteiro seja operário ou artífice".

A doutrina e jurisprudência denominam o contrato de empreitada referido no inciso III do art. 652 da CLT com o nome de *pequena empreitada*. Muitos autores fixaram entendimento no sentido de que o conceito de pequena empreitada para fins do art. 652, *a*, III, da CLT significa o serviço prestado por um empreiteiro de forma autônoma junto com alguns ajudantes ou empregados, sendo a obra de pequeno vulto econômico. Outros, asseveram que o empreiteiro tem que trabalhar com pessoalidade, sem a ajuda de outros trabalhadores, independentemente do valor final da obra.

No nosso sentir, o conceito de pequena empreitada previsto no art. 652 da CLT se refere ao trabalhador pessoa física. Esta modalidade contratual não se reporta ao vulto econômico da empreitada, pois o referido inciso III não vincula a empreitada ao valor do serviço, tampouco à sua duração, e sim, ao fato do empreiteiro ser operário ou artífice. Ora, operário ou artífice é aquele trabalhador autônomo, podendo ser especializado ou não em um determinado serviço, que vive do seu próprio trabalho e que tem suas próprias ferramentas ou instrumentos de trabalho, prestando serviços com pessoalidade. Mostra-se perigosa a interpretação no sentido de que o empreiteiro pode estar acompanhado de outros trabalhadores e até constituir pessoa jurídica, sob

---

(73) DELGADO, Mauricio Godinho. *Curso de Direito do Trabalho*. 4ª ed., São Paulo: LTr, 2005, pp. 336-337.

conseqüência de se aplicar por analogia o conceito de pequena empreitada para outras espécies de prestação de serviços por pessoa jurídica ou até para microempresas. Além disso, a pequena empreitada é espécie do gênero relação de trabalho e, portanto, somente é admissível a pequena empreitada se o empreiteiro prestar serviços de forma pessoal. Não importa, a nosso ver, se o contrato de empreitada tem elevado vulto financeiro[74], ou se perdurará meses ou anos[75], o importante é que o empreiteiro trabalhe com pessoalidade[76], de forma autônoma, sem a ajuda de outros trabalhadores[77] e se comprometa a realizar uma obra acabada. Desse modo, no nosso sentir, o art. 652, III da CLT, à luz do art. 114, I, da CF, deve ser interpretado restritivamente, em conformidade com a Constituição Federal.

Sendo assim, lendo o art. 652, *a*, III, da CLT com os olhos voltados para a Constituição Federal (art. 114, I), a nosso ver a pequena empreitada tem a seguinte definição:

Um contrato de atividade em que o empreiteiro, operário ou artífice, pessoa física, sem a ajuda de outros trabalhadores, se compromete a realizar uma obra (material ou imaterial), de forma pessoal, sem subordinação, mediante o pagamento do preço ajustado no contrato (escrito ou verbal).

A competência da Justiça do Trabalho se justifica para o pequeno empreiteiro a fim de facilitar-lhe o acesso à Justiça do Trabalho e a garantir-lhe a dignidade e os valores sociais do trabalho. O empreiteiro, salvo se o contrato de empreitada mascara uma verdadeira relação de emprego, não cobrará na Justiça créditos trabalhistas previstos na CLT e legislação extravagante e sim as parcelas e obrigações ajustadas no contrato de empreitada. Outrossim, também pode o pequeno empreiteiro postular na Justiça do Trabalho a nulidade do contrato de empreitada e o decorrente reconhecimento do vínculo de emprego, com o pagamento dos consectários trabalhistas, e, sucessivamente, caso não reconhecido o liame de emprego, as parcelas oriundas do contrato de empreitada.

---

(74) Nesse sentido exemplifica *Ísis de Almeida*: "Uma obra artesanal, por exemplo, encomendada expressamente mediante um contrato de empreitada (verbal ou escrito), e que tem de ser realizada por um artífice, pode ter preço bem elevado, e isto não modificará o entendimento que torna aplicável o inciso III, da letra *a* do art. 652, da CLT (*Manual de Direito Processual do Trabalho*, 1º Volume. 9ª ed., São Paulo: LTr, 1998, p. 219).

(75) No nosso sentir, vincular o contrato de pequena empreitada à capacidade econômica do trabalhador, ou da obra viola o princípio constitucional da isonomia e não discriminação (arts. 5º, *caput*, e 7º, XXX, ambos da CF).

(76) No mesmo sentido destaca-se a seguinte ementa: "A prestação jurisdicional trabalhista só se legitima, em face do art. 652, *a*, III, da CLT, quando se trata de operário ou artífice que trabalhe pessoalmente, embora sob forma de empreitada. Mas se o reclamante possui firma organizada, com quadro de empregados inscritos na Previdência Social, explorando atividades de construção civil, com a colaboração dos mesmos, a quem contrata e remunera, há que ser julgado carecedor de ação trabalhista" (Ac. De 26.9.72. RR. 1.108/72. Relator Ministro C. A. Barata Silva, Revista do TST, 1972, p. 211).

(77) Nesse mesmo sentido destacamos a posição de *Eduardo Gabriel Saad*: "empreiteiro, nesse dispositivo consolidado, é o artesão, o profissional que trabalha sozinho. Se o empreiteiro chefia uma equipe de empregados, está impedido de utilizar a referida norma para dirimir controvérsia com o tomador dos seus serviços (*Direito Processual do Trabalho*. 3ª Edição, São Paulo: LTr, 2002, p. 282).

7. Contratos de prestação de serviços

Ensina *Caio Mário da Silva Pereira*[78]:

"Deixando de lado o contrato de trabalho, individual ou coletivo, enquanto regulado pela legislação própria e objeto do Direito do Trabalho, bem como o regime jurídico do servidor público, como assunto do Direito Administrativo, agora tratamos do contrato civil de prestação de serviços, que podemos conceituar como aquele em que uma das partes se obriga para com a outra a fornecer-lhe a prestação de uma atividade mediante remuneração. Seus caracteres jurídicos são: a) bilateralidade, porque gera obrigações para ambos os contratantes, a remuneração para o empregador, a prestação de atividade para o empregado; b) onerosidade, porque dá origem a benefícios ou vantagens para um e outro contratante; c) consensualidade, uma vez que se considera perfeito mediante o simples acordo de vontades, independentemente de qualquer materialidade externa"[79].

A partir do advento da Legislação Trabalhista, o contrato de prestação de serviços passou a ocupar um espaço menor nos contratos de atividade, pois o contrato de emprego havia absorvido um número significativo de contratos que envolvem a atividade humana. Desse modo, toda prestação pessoal de serviços que não preencha todos os requisitos da relação de emprego, previstos nos arts. 2º e 3º, da CLT, quais sejam: pessoalidade, não eventualidade, subordinação e onerosidade, ou reguladas por Leis Especiais, será regulada pelo Código Civil (arts. 593 a 609)[80].

O art. 593, do CC/2002 sinaliza uma interpretação conjunta do contrato de emprego e o de prestação de serviços. Com efeito, aduz o referido dispositivo legal:

"A prestação de serviço que não estiver sujeita às leis trabalhistas ou lei especial, reger-se-á pelas disposições deste Capítulo".

Como bem adverte *Amauri Mascaro Nascimento*[81]:

"Foi introduzido na lei o que já se fazia na prática para distinguir, em cada caso, o trabalho autônomo — contrato de prestação de serviços — e o trabalho do empregado — relação de emprego —, como a ordem preferencial agora fixada por lei porque primeiro examinar-se-á se há relação de emprego e só diante da ausência dos seus elementos constitutivos é que será verificado se existe um

---

(78) PEREIRA, Caio Mário da Silva. *Instituições de Direito Civil*. Volume III, 10ª ed., Rio de Janeiro: Forense, 1999, p. 240.
(79) *Orlando Gomes* conceitua o contrato de prestação de serviços, como sendo "o contrato mediante o qual uma pessoa se obriga a prestar um serviço a outra eventualmente, em troca de determinada remuneração, executando com independência técnica e sem subordinação hierárquica. A parte que presta o serviço estipulado não o executa sob direção de quem se obriga a remunerá-lo e utiliza métodos e processo que julga convenientes, traçando, ela própria, a orientação técnica a seguir, e assim exercendo sua atividade profissional com liberdade. Na realização do trabalho, não está subordinada a critérios estabelecidos pela outra parte. Enfim, é juiz do modo por que o serviço deve ser prestado" (*Contratos*. 17ª Edição. Rio de Janeiro: Forense, 1997, pp. 292-293).
(80) Diz o art. 594 do Código Civil: "Toda espécie de serviço ou trabalho lícito, material ou imaterial, pode ser contratada mediante retribuição".
(81) NASCIMENTO, Amauri Mascaro. *Op. cit.*, p. 46.

contrato de prestação de serviços autônomos. Aquele exclui este. Portanto, será a perspectiva trabalhista o primeiro enfoque da questão, de modo excludente das demais, mesmo que entre as partes tenha sido celebrado um contrato escrito de prestação de serviços".

Diante da ampliação da competência da Justiça do Trabalho, há a possibilidade do trabalhador, com base num contrato de prestação de serviços, postular o reconhecimento do vínculo de emprego e as verbas trabalhistas dele decorrentes e, na impossibilidade do reconhecimento do vínculo de emprego, formular pedido sucessivo de pagamento das parcelas oriundas do contrato de prestação de serviços[82], o que facilita, em muito, o acesso do trabalhador à Justiça.

Nesse sentido o opinião de *Wagner D. Giglio*:

"Seja como for, convém lembrar, à guisa de preliminar, que a atribuição constitucional de nova competência não significa revogação da CLT, que continua a vigorar para regular a solução de conflitos entre empregados e empregadores. Parece razoável, assim sendo, que havendo dúvida, o autor formule, na petição inicial, pedido de aplicação dos direitos previstos na CLT, provada a relação de emprego, e sucessivamente, caso não provada, o de aplicação dos direitos de trabalhador não subordinado"[83].

No nosso sentir, qualquer espécie de prestação de serviços, que envolva um prestador pessoa física, que realize seu trabalho em caráter pessoal em prol de uma pessoa física ou jurídica, a competência será da Justiça do Trabalho, ainda que se tratem de serviços de natureza advocatícia ou médica.

Nesse sentido, destacamos as seguintes ementas:

AÇÃO DE COBRANÇA DE HONORÁRIOS ADVOCATÍCIOS. COMPETÊNCIA DA JUSTIÇA DO TRABALHO. Compete à Justiça do Trabalho processar e julgar ação de cobrança de honorários advocatícios, pois o conceito de relação de trabalho, insculpida no inc. I do art. 114 da Constituição Federal, inclui os serviços prestados por pessoas físicas, pessoalmente, inclusive os profissionais liberais, desde que a atividade seja exercida com o dispêndio pessoal das energias do prestador para produção de bens incorpóreos ou imateriais. 2. CONTRATO DE HONORÁRIOS ADVOCATÍCIOS. FIXAÇÃO DO VALOR. EQÜIDADE. Para aplicação, por eqüidade, do contrato celebrado entre o advogado e seu cliente, impõe-se entendimento de que a celebração do acordo diretamente entre as partes corresponde à desistência da ação. 3. CONTRATO DE HONORÁRIOS ADVOCATÍCIOS. PREVISÃO DE MULTA. ACORDO FIRMADO DIRETAMENTE PELA PARTE. ILEGALIDADE. Ilícita a cláusula contratual, estabelecida

---

(82) Quando a questão versar sobre matéria diversa do contrato de emprego, a Justiça do Trabalho aplicará o Direito Comum que a disciplinar e não a CLT.
(83) GIGLIO, Wagner D. Nova Competência da Justiça do Trabalho: Aplicação do Processo Civil ou Trabalhista. *Revista Legislação do Trabalho*. São Paulo: LTr, ano 69, v. 03, 2005, p. 292.

em contrato de honorários advocatícios, que prevê a imposição de multa na hipótese de transigir o contratante diretamente com a parte em litígio. PROC 00661.2005.132.17.00.8 RO – AC 05422/2006 – 17ª REGIÃO – ES – Juiz Gerson Fernando da Sylveira Novais – Relator. DJ/ES de 19.7.2006 – (DT – Dezembro/ 2006 – vol. 149, p. 70).

ADVOGADO. CONSULTORIA JURÍDICA. INCIDÊNCIA DE LEI ESPECÍFICA (ESTATUTO DA OAB). INAPLICABILIDADE DO CÓDIGO DE DEFESA DO CONSUMIDOR. RELAÇÃO DE TRABALHO. COMPETÊNCIA DA JUSTIÇA DO TRABALHO. O enquadramento da atividade de consultoria jurídica como relação de consumo é um grave equívoco, resultante da desconsideração das raízes do Direito do Trabalho e da própria evolução deste ao longo dos anos, a qual culminou, inclusive, com a ascensão da valorização do trabalho à condição de fundamento da República Federativa do Brasil (Constituição Federal, art. 1º, inciso IV). Entender a atividade dos profissionais liberais como essencialmente incita a uma relação de consumo é um infeliz retrocesso aos primórdios do capitalismo, por atribuir ao trabalho desses profissionais a condição de mercadoria, idéia repelida veementemente já pelo Tratado de Versalhes, em sua parte XIII (Du Travail), que constituiu a Organização Internacional do Trabalho sob a premissa essencial de não ser o trabalho humano uma mercadoria (art. 427). É de trabalho, então, a relação mantida entre um profissional liberal e seu cliente, sujeitando-se a lide em torno dela estabelecida à competência da Justiça do Trabalho. Essa a hipótese dos autos, em que o autor, enquanto advogado, sujeita-se aos ditames da Lei n. 8.906/94, a qual, regulando sua atividade, impede seja tida como de consumo a relação por ele mantida com terceiro que se vale de seus serviços, como se vê, por exemplo, dos arts. 31, §1º e 34, incisos III e IV, que vedam a captação de causas e o uso de agenciador, evidenciando natureza incompatível com a atividade de consumo. Recurso provido para, em reformando a sentença, declarar a competência da Justiça do Trabalho para processar e julgar a presente demanda, determinando a baixa dos autos à Vara de origem para que seja proferida decisão enfrentando o mérito da pretensão autoral, decidindo-se como de direito. PROC 01261-2005-063-01-00-7 (RO) – 3ª T ª 1ª Região – RJ – Juiz Mello Porto – Relator. DJ/RJ de 17.7.2006 – (DT – Janeiro/2007 – vol. 150, p. 82).

8. Outras controvérsias decorrentes da relação de trabalho (inciso IX do art. 114, da CF)

Na Constituição de 1988, dizia o art. 114:

"Compete à Justiça do Trabalho conciliar e julgar os dissídios individuais e coletivos entre trabalhadores e empregadores, abrangidos os entes de direito público externo e da administração pública direta e indireta dos Municípios, do Distrito Federal, dos Estados e da União, *e, na forma da lei, outras controvérsias oriundas da relação de trabalho,* bem como litígios que tenham origem no cumprimento de suas próprias sentenças, inclusive coletivas" (os grifos são nossos).

Com suporte no referido dispositivo a doutrina e a jurisprudência sustentavam a competência da Justiça do Trabalho para apreciar controvérsias em que não havia a configuração da relação de emprego (por exemplo, o art. 643 que atribui competência à Justiça do Trabalho para as controvérsias entre trabalhadores avulsos e tomadores de serviços, o art. 652, III, da CLT que trata da pequena empreitada), uma vez que o núcleo central da competência da Justiça do Trabalho era destinado às controvérsias entre trabalhadores e empregadores, e somente mediante lei, a Justiça do Trabalho poderia apreciar controvérsias sobre relações de trabalho.

Com a redação dada pela EC n. 45/04, diz o inciso IX do art. 114, da Constituição Federal competir à Justiça do Trabalho processar e julgar *outras controvérsias decorrentes da relação de trabalho.*

Alguns doutrinadores têm sustentado a desnecessidade do inciso IX do art. 114, pois o inciso I do art. 114 ao prever que a Justiça do Trabalho tem competência para as controvérsias oriundas da relação de trabalho já basta em si mesmo.

Nesse sentido é a posição de *José Alberto Couto Maciel* e *Maria Clara Sampaio Leite*[84]:

"Cremos que, originalmente, o legislador estabeleceu, no inciso I do novo art. 114 da Constituição Federal, a competência da Justiça do Trabalho limitada à relação de emprego. Em decorrência das inúmeras discussões havidas posteriormente no Congresso Nacional, ampliou-se a competência nos demais incisos e, no inciso IX, viabilizou-se o julgamento de outras relações de trabalho, mediante lei. Submetido o texto à votação do plenário, decidiu-se alterar a redação do inciso I para relação de trabalho, olvidando os legisladores de suprimir o inciso IX, que nada mais é do que redundância. Ora, se relação de trabalho, de forma ampla, incluiu-se na competência da Justiça do Trabalho, desnecessária é a edição de lei que expresse outras relações sujeitas à competência desta Justiça Especializada".

No mesmo sentido é a posição de *Manoel Antonio Teixeira Filho*[85]:

"A EC n. 45/2004, entretanto atribuiu competência à Justiça do Trabalho para julgar 'ações oriundas das relações de trabalho', ou seja, conflitos de interesses ocorrentes não apenas entre trabalhadores e empregadores (pessoas físicas) de serviços em geral, importa dizer, independentemente da natureza do contrato a que se vinculam. Logo, depara-se-nos desnecessário, porque tautológico, o inciso IX do art. 114, já o compreende o *caput* da mesma norma constitucional".

Outros autores sustentam que o inciso IX do art. 114 da Constituição Federal se harmoniza com o inciso I do mesmo dispositivo legal.

---

(84) MACIEL, José Alberto Couto e LEITE, Maria Clara Sampaio. *Reforma do Processo Trabalhista Individual e Coletivo.* Brasília: Consulex, 2006, p. 39.
(85) TEIXEIRA FILHO, Manoel Antonio. *Breves Comentários à Reforma do Poder Judiciário.* São Paulo: LTr, 2005, p. 123.

Como destaca *Estevão Mallet*[86]:

"A previsão de hipótese aberta de competência da Justiça do Trabalho, para julgamento de 'outras controvérsias decorrentes da relação de trabalho' conforme o disposto em lei, nos termos do inciso IX, do art. 114 fica em grande medida esvaziada pela amplitude da regra do inciso I do mesmo dispositivo. Há, contudo, como dar sentido à norma, entendendo-se que, por meio de lei, cabe atribuir à Justiça do Trabalho outras competências ainda não contidas em nenhum dos incisos do novo art. 114. Um exemplo corresponde ao julgamento da legalidade dos atos administrativos relacionados com tomadores de serviço que não sejam, no caso, empregadores, hipótese que, como dito anteriormente, não está compreendida no inciso VII e não pode ser estabelecida por meio de interpretação ampliativa ou corretiva".

Para *Amauri Mascaro Nascimento*[87]:

"Mas, como entender, ao mesmo tempo, competência para a relação de trabalho *(caput)* e na forma da lei, outras controvérsias decorrentes da relação de trabalho? (Inciso IX). Entendemos que houve primeiro uma inversão. O que só podia ser julgado em caráter excepcional mediante lei autorizante, passou a não mais depender de uma lei atributiva de competência. Segundo, uma ampliação, porque enquanto antes só podiam ser julgadas, como regra geral, questões entre trabalhadores e empregadores, agora podem ser decididas todas as questões de relação de trabalho, mesmo aquelas cujo pólo passivo não venha a ser empregador. E por outras controvérsias decorrentes da relação de trabalho, na forma da lei, o que nos parece viável entender é que, diante da ampliação do quadro da competência para toda relação de trabalho e tendo em vista a amplitude desse quadro, poderá o legislador, a seu critério, ampliar, ainda mais, a competência do Judiciário Trabalhista, por exemplo, no futuro, para previdência complementar ou oficial".

Não obstante, a redação primitiva do art. 114, I se referir a controvérsias oriundas da relação de emprego, o inciso IX do referido dispositivo tem que ser interpretado no sentido da máxima eficiência da Constituição Federal e que possibilite aplicabilidade. Como destaca a melhor doutrina, a lei uma vez editada ganha vida própria, desvinculando-se do seu criador. Nas lições de *Maximiliano*, a lei não contém palavras inúteis. Além disso, diante dos princípios da unidade da Constituição e razoabilidade e proporcionalidade, o intérprete deve buscar o resultado mais efetivo da norma constitucional.

No nosso sentir, a razão está com os que pensam que as ações *oriundas* da relação de trabalho envolvem diretamente os prestadores e tomadores de serviços e as ações *decorrentes*, envolvem controvérsias paralelas, em que não estão diretamente

---
(86) MALLET, Estevão. *Op. cit.*, p. 184.
(87) NASCIMENTO, Amauri Mascaro. *Nova Competência da Justiça do Trabalho.* In: *A nova competência da Justiça do Trabalho.* COUTINHO, Grijalbo Fernandes e FAVA, Marcos Neves Fava (coords.). São Paulo: LTr, 2005, p. 36.

envolvidos tomador e prestador, mas terceiros. Até mesmo a lei ordinária poderá dilatar a competência da Justiça do Trabalho para outras controvérsias que guardam nexo causal com o contrato de trabalho. Não há contradição ou desnecessidade da existência do inciso IX, pois o legislador, prevendo um maior crescimento da Justiça do Trabalho e maior desenvolvimento das relações laborais, deixou a cargo da lei ordinária futura, dilatar a competência da Justiça do Trabalho, desde que dentro do parâmetros disciplinados pelos incisos I a VIII, do art. 114, da CF.

Assim, por exemplo, a nosso ver, a lei ordinária pode atribuir novas competências à Justiça do Trabalho como por exemplo:

a) aplicar multas administrativas, de ofício, nas decisões que proferir aos empregadores que descumprem normas de proteção do trabalho;

b) executar de ofício o imposto de renda das decisões que proferir;

c) as controvérsias sobre cadastramento de empregado no PIS;

d) competência para as ações referentes a multas administrativas dos órgãos fiscalizadores do exercícios de profissões regulamentadas como CREA, OAB, CRM, etc;

e) controvérsias que envolvem terceiros que não os envolvidos diretamente na relação de trabalho (tomador e prestador) como, por exemplo, a ação de reparação de danos movida por uma vítima decorrente de um ato culposo de um empregado em horário de trabalho.

Há no Congresso Nacional Projeto de Lei visando a regulamentar o inciso IX do art. 114, da Constituição Federal, que está sendo objeto de muitas discussões, não havendo ainda consenso, inclusive por parte das Associações de Magistrados Trabalhistas. Com efeito, dispõe o projeto de Lei n. 6.542, de 2005[88]:

> "Regulamenta o inciso IX do art. 114 da Constituição Federal, para dispor sobre competências da Justiça do Trabalho e dá outras providências.
>
> O Congresso Nacional decreta:
>
> Art. 1º – O art. 652 do Decreto-lei n. 5.452, de 1º de maio de 1943, que aprova a Consolidação das Leis do Trabalho, passa a vigorar acrescido da seguinte alínea f:
>
> Art. 652 (...)
>
> f) compete ainda o juiz do trabalho processar e julgar os litígios decorrentes de relações de trabalho que, não configurando vínculo empregatício, envolvam, dentre outras, as ações:
>
> I – de cobrança de crédito resultante de comissões de representante comercial ou de contrato de agenciamento e distribuição, quando o representante, agente ou distribuidor for pessoa física;

---

(88) *Revista Legislação do Trabalho.* São Paulo: LTr, ano 70, n. 7, 2006, p. 812.

II – de cobrança de quota-parte de parceria agrícola, pesqueira, pecuária, extrativa vegetal e mineral, em que o parceiro outorgado desenvolva seu trabalho direta e pessoalmente, admitida a ajuda da família;

III – decorrentes de execução e de extinção de contratos agrários, entre proprietário rural e o parceiro outorgado, quando este desenvolva seu trabalho direta e pessoalmente, ainda que com ajuda dos membros da família;

IV – de cobrança de honorários decorrentes de exercício de mandato oneroso, exceto os que se qualifiquem como relação de consumo, nos termos da Lei n. 8.078 de 1990;

V – de cobrança de créditos de corretagem, inclusive de seguro, em face da corretora, em se tratando de corretor autônomo;

VI – de cobrança de honorários de leiloeiros, em face da casa de leilões;

VII – entre trabalhadores portuários e operadores portuários ou Órgão Gestor de Mão-de-Obra – OGMO;

VIII – entre empreiteiro e subempreiteiro, ou qualquer destes e dono da obra, nos contratos de pequena empreitada, sempre que os primeiros concorrerem pessoalmente ou com seu trabalho para a execução dos serviços, ainda que mediante o concurso de terceiros;

IX – entre cooperativa de trabalho e seus associados;

X – conflitos envolvendo as demais espécies de trabalhadores autônomos, tais como encanador, eletricista, digitador, jardineiro, dentre outros;

XI – decorrentes dè assédio moral.

Art. 2º Ficam revogados os incisos III e V da alínea a do art. 652 do Decreto-lei n. 5.452, de 1º de maio de 1943".

No nosso sentir, o projeto de Lei acima não regulamenta o art. 114, IX, pois como já mencionamos, o referido inciso IX pressupõe a ocorrência da relação de trabalho. O projeto limita o conceito de relação de trabalho no inciso IV, o que está em descompasso com o art. 114, I, que não faz tal limitação.

De outro lado, para os que defendem a *segurança jurídica* na delimitação da competência, com um rol taxativo de contratos que compõe o gênero relação de trabalho, o inciso X, deixa espaço para muitos outros prestadores autônomos postularem na Justiça do Trabalho, como médicos, advogados, etc., desde que não haja configuração da relação de consumo (vide inciso IV)[89].

No nosso sentir o Projeto de Lei n. 6.542 de 2005 desagrada tanto os que defendem uma interpretação mais ampla da expressão relação de trabalho, como os que defendem uma interpretação mais restrita.

---

(89) Aliás, há robusto entendimento jurisprudencial, inclusive no STF que entre médico e paciente e advogado e cliente, não há relação de consumo, pois tanto o médico como o advogado, seguem uma lei própria, com rígido código de condutas éticas e restrições de publicidade.

Capítulo III

AÇÕES QUE ENVOLVEM O EXERCÍCIO DO DIREITO DE GREVE

1. Da greve e as ações que a envolvem

A greve guarda raízes com o próprio surgimento do Direito do Trabalho, pois foi por meio da coalizão da classe trabalhadora que começaram as surgir as primeiras normas de proteção ao trabalho humano.

A greve já foi considerada um delito. Lembra *Renato Rua de Almeida*[1], que o Código Penal francês penalizou, em 1810, toda forma de organização associativa ou ação coletiva dos trabalhadores.

Foi somente em 1825, na Inglaterra, e em 1864, na França, que as coalizações de trabalhadores por melhores condições de trabalho deixaram de ser consideradas como crime, embora a greve propriamente dita ainda continuasse como um delito[2].

No Brasil, a greve foi considerada um delito tipificado no Código Penal (1940) e também proibida pela Constituição Federal de 1937, art. 139:

"Para dirimir os conflitos oriundos das relações entre empregadores e empregados, reguladas na legislação social, é instituída a justiça do trabalho, que será regulada em lei e à qual não se aplicam as disposições desta Constituição relativas à competência, ao recrutamento e às prerrogativas da Justiça comum. A greve e o 'lockout' são declarados recursos anti-sociais, nocivos ao trabalho e ao capital e incompatíveis com os superiores interesses da produção nacional".

A Constituição Federal de 1946, no art. 158, reconheceu o direito de greve, a ser regulado por lei. Atualmente, o art. 9º, da Constituição Federal de 1988, assegura o direito de greve, como sendo um direito social da classe trabalhadora.

Embora seja um direito social, e também um direito fundamental da classe trabalhadora, não se trata de um direito ilimitado, porquanto o parágrafo 2º, do art. 9º, da CF, assevera que os abusos sujeitam os responsáveis às penas da lei.

---
(1) ALMEIDA, Renato Rua de. *Visão Histórica da Liberdade Sindical. Revista Legislação do Trabalho.* São Paulo: LTr, ano 70, v. 03, 2006, p. 363.
(2) MELLO, Raimundo Simão de. *A Greve no Direito Brasileiro.* São Paulo: LTr, 2006, p. 21.

Como bem assevera *Raimundo Simão de Mello*[3], "(...) independente de ser um direito, é a greve um fato social, uma liberdade pública consistente na suspensão do trabalho, que subordinado ou não, com o fim de se obter algum benefício de ordem econômica, social ou humana. É em suma o direito de não trabalhar".

A greve não é propriamente um meio de solução dos conflitos coletivos de trabalho[4], mas uma forma de pressionar o empregador a negociar, ou até mesmo levar o conflito à Justiça do Trabalho (Lei n. 7.783/85 e parágrafo 3º, do art. 114, da CF).

Inegavelmente, o exercício do direito de greve tem reflexos em toda a sociedade, e muitas vezes é nefasto ao empregador, mas é um importante instrumento de pressão da classe trabalhadora. Lembra *Pedro Paulo Teixeira Manus*[5], "diz-se que o sucesso será em tese, quanto maior o poder de pressão dos trabalhadores, pois a despeito deste poder de certa categoria, é possível que em determinado momento a greve deflagrada não surta o efeito pretendido, por inúmeros fatores". Continua o referido autor[6]: "O sucesso da greve, assim como da guerra, depende muito mais da mobilização e da força do movimento do que da procedência ou relevância das reivindicações".

A Justiça do Trabalho, tradicionalmente, apreciava os conflitos de greve envolvendo direitos das classes trabalhadora e patronal, no chamado *dissídio coletivo de greve*[7], seja apreciando a abusividade do movimento e garantia de funcionamento das atividades essenciais, seja apreciando as cláusulas econômicas. Não apreciava a Justiça Especializada as controvérsias periféricas que envolvem a greve, como as ações possessórias e as ações indenizatórias em razão do movimento grevista, envolvendo as próprias partes que participam do movimento, bem como direitos de terceiros.

Atualmente diz o art. 114, II, da CF, com a redação dada pela EC n. 45/04, competir à Justiça do Trabalho processar e julgar as ações *que envolvam exercício do direito de greve*.

Envolver o exercício do direito de greve significa algo bem mais amplo do que as controvérsias oriundas e decorrentes da relação de trabalho, uma vez que a greve é mais que um direito trabalhista, é um direito social. Como destaca *Reginaldo Melhado*[8], "envolver é cercar, rodear, é vestir ou cobrir enrolando (...) Envolver, aqui, significa relacionar-se direta ou indiretamente com o exercício do direito de greve. Podem ser

---

(3) *Op. cit.*, p. 44.
(4) Nesse sentido adverte *Pedro Paulo Teixeira Manus*: "Trata-se de forma de solução do conflito coletivo de trabalho no sentido genérico da expressão, pois o exercício em si do direito de greve não significa a própria solução do conflito coletivo. Com efeito, podem os trabalhadores lançar mão da greve, que pode inclusive ser vitoriosa e nem por isso apresentar a solução para o conflito" (*Negociação Coletiva e Contrato Individual de Trabalho*. São Paulo: Atlas, 2001, p. 37).
(5) MANUS, Pedro Paulo Teixeira. *Negociação Coletiva e Contrato Individual de Trabalho*. São Paulo: Atlas, 2001, p. 38.
(6) *Op. cit.*, p. 43.
(7) Segundo a melhor doutrina, o dissídio de greve tem natureza híbrida. É de conteúdo declaratório ou jurídico quando a Justiça do Trabalho aprecia a razoabilidade e licitude do movimento. É de natureza econômica, quando uma vez declarada a licitude do movimento paredista, a Justiça do Trabalho passa a apreciar as cláusulas econômicas.
(8) MELHADO, Reginaldo. *Metamorfoses do Capital e do Trabalho*. São Paulo: LTr, 2006, pp. 249-250.

partes os empregados, os empregadores, o Ministério Público, o Poder Público, os trabalhadores não-empregados, o vizinho afetado pela greve. Já não pode mais haver dúvida sobre o juízo competente nessa matéria".

Como bem destaca *Wagner D. Giglio*[9]:

"A redação abrangente do inciso II do art. 114, todavia, estendeu a competência da Justiça do Trabalho para julgar lides 'que envolvam exercício do direito de greve', independentemente das pessoas que participam do movimento, indo muito além da concessão de ações sobre essa matéria às pessoas físicas, que aparentemente eram destinatários da nova regra. Agora, além das ações individuais possessórias, movidas pelo empregador (manutenção e reintegração de posse, além do interdito proibitório), que eram da competência da Justiça Comum, e das ações coletivas propostas pelos sindicatos representantes das categorias em litígios, a competência se espraia para abarcar pedidos de ressarcimento de danos, materiais e morais, decorrentes da paralização; de interdição de atos de conduta anti-sindical, como os de dispensa ou discriminação dos grevistas, contratação de substitutos, proibição de acesso às dependências da empresa, etc., e até para admitir processos de terceiros, estranhos às categorias em conflitos, cuja atividade tenha sido afetada pela greve, para obter ressarcimento dos prejuízos sofridos".

No nosso sentir, diante da EC n. 45/04, a Justiça do Trabalho detém competência material para todas as ações que sejam relacionadas, quer direta, quer indiretamente ao exercício do direito de greve. Portanto, tanto as ações prévias (inibitórias) para assegurar o exercício do direito de greve para a classe trabalhadora, como as ações possessórias para defesa do patrimônio do empregador, como as ações para reparação de danos, tanto aos trabalhadores, como aos empregadores e até danos causados aos terceiros são da competência da Justiça do Trabalho.

2. Da competência da Justiça do Trabalho para o julgamento da greve dos servidores públicos

Há muitas discussões, tanto na doutrina como na jurisprudência, sobre a regulamentação da greve dos servidores públicos. Para alguns, como tem sido o entendimento predominante do STF, o direito não está regulamentado, pois depende da edição de lei específica. Para outros, aos quais nos filiamos, o Direito de Greve, por ser fundamental (art. 9º, da Constituição Federal), tem aplicabilidade imediata, inclusive para o servidor público[10]. Por isso, a lei específica a ser editada somente pode disciplinar e traçar requisitos para o exercício do direito, mas ele já tem aplicabilidade. Enquanto

---

(9) GIGLIO, Wagner. *Op. cit.*, p. 49.
(10) O art. 5º, § 1º, da CF determina que os direitos e garantias fundamentais têm aplicação imediata, independentemente de norma regulamentar. O referido dispositivo consagra as chamadas ações afirmativas para a defesa de direitos fundamentais, evitando que as normas atinentes a direitos fundamentais fiquem em sede programática.

não houver a edição da lei específica, aplica-se, por analogia, a lei de greve (Lei n. 7.783/89). Portanto, no nosso sentir o art. 37, VII, da Constituição encerra norma de eficácia contida e não de eficácia limitada.

Nesse sentido, destacamos a posição de *Raimundo Simão de Melo*[11]:

"(...) a segunda corrente, à qual me filio, sustenta que os preceitos constitucionais sobre a greve do servidor público civil são de eficácia contida, com incidência imediata, devendo este exercer tal direito, enquanto não aprovada a lei específica, aplicando, por analogia a Lei de Greve n. 7.783/89. Essa lei, não obstante trate da greve na atividade privada, contém regulamentação específica sobre as greves em atividades essenciais, o que guarda certa compatibilidade com os serviços públicos de natureza essencial. Essa aplicação analógica tem respaldo na Lei de Introdução ao Código Civil brasileiro (art. 6º), e no art. 126 do CPC e, em especial, no art. 8º que autoriza o Juiz do Trabalho a julgar por analogia, por equidade e outros princípios e normas gerais de direito, principalmente de direito do trabalho e, ainda, de acordo com os usos e costumes e o direito comparado".

Em se entendendo que o Direito de Greve do Servidor público é auto-aplicável e se aplica por analogia a Lei n. 7.783/89, questiona-se: tem a Justiça do Trabalho competência para apreciar greve dos servidores públicos estatutários?

Como mencionamos anteriormente, o E. STF suspendeu a vigência do inciso I do art. 114 da CF com relação à competência da Justiça do Trabalho para apreciar as relações de trabalho de natureza estatutária, envolvendo a União, os Estados, o Distrito Federal e os Municípios.

Considerando-se que a Justiça do Trabalho, por força de decisão do Supremo Tribunal Federal, não tem competência para apreciar as controvérsias envolvendo servidor público estatutário e Estado, a Justiça do Trabalho não seria competente para apreciar a greve destes trabalhadores, uma vez que se o judiciário trabalhista não pode apreciar as controvérsias oriundas da relação de trabalho do servidor estatutário, também não pode apreciar as greves, pois a greve também é uma controvérsia oriunda da relação de trabalho[12].

Sob outro enfoque é possível justificar a competência da Justiça do Trabalho, pois o art. 114, II da Constituição Federal atribui competência à Justiça do Trabalho para as ações que envolvam o exercício do direito de greve, e o Direito de Greve é um direito social previsto no art. 9º, da Constituição Federal. O referido inciso II do art. 114 não faz qualquer distinção entre greve de servidores celetistas ou estatutários.

No nosso sentir, em que pese o respeito que merece a decisão do STF, conjugando-se o inciso I com o inciso II do art. 114 resta incontestável a competência da Justiça do Trabalho para apreciar todos os dissídios de greve, sejam entre servidores celetistas e

---

(11) MELO, Raimundo Simão de. *A Greve no Direito Brasileiro: ações Judiciais Cabíveis – EC 45/04. atuação do Ministério Público*, São Paulo: LTr, 2006, p. 53.

Estado ou entre servidores estatutários e Estado. Além disso, o Direito de Greve por ser um direito fundamental e social previsto no art. 9º, da CF é auto-aplicável para o servidor público, sendo certo que o art. 114, II, da CF fixou de forma expressa e literal a competência da Justiça do Trabalho para as ações que envolvam o exercício do Direito de Greve, independentemente do regime jurídico que rege a relação de trabalho.

No entanto, diante da decisão do STF de excluir da Justiça do Trabalho a competência para as ações que decorrem da relação de trabalho envolvendo o servidor público estatuário, ficamos vencidos, mas não convencidos, pois se a Justiça do Trabalho não tem competência para apreciar as relações de trabalho envolvendo relações estatutárias, também não a terá para apreciar o dissídio de greve do servidor público estatutário.

Diante do exposto, concluímos que a Justiça do Trabalho não detém competência material para julgar dissídios de greve que envolvam servidores estatutários, permanecendo a competência para os servidores públicos, cujo regime é o celetista.

3. Ações possessórias e interdito proibitório

A greve como sendo não só um fato trabalhista, mas social, pode abranger uma multiplicidade de controvérsias que envolvem terceiros, os quais não participam do movimento paredista, mas que têm direitos afetados em razão deste movimento.

Por exemplo, os vizinhos ou empresas vizinhas do local onde eclode o movimento paredista. O Poder Público pode ser afetado e também a população pode ser significativamente afetada com o movimento grevista nos serviços essenciais, como por exemplo a greve dos serviços de transportes.

No nosso sentir, tanto as ações coletivas como individuais que envolvem o exercício do direito de greve são da competência da Justiça do Trabalho, sejam entre as partes diretamente envolvidas, sejam entre os que sofrem os efeitos do movimento grevista, mas não participam da greve.

A Justiça do Trabalho sempre conviveu com as questões possessórias que eram conexas a um contrato de emprego, como por exemplo a moradia cedida pelo empregador para o empregado caseiro, ou para melhor comodidade na prestação do

---

(12) Nesse sentido pensa *Raimundo Simão de Melo*: "Diante dos métodos de interpretação constitucional (da unidade da Constituição, da coerência valorativa interna e do lógico-sistemático), é realmente difícil sustentar a competência da Justiça do Trabalho apenas com base no aludido inciso II, considerado isoladamente do contexto constitucional, o qual, inicialmente, tinha como pressuposto, pela redação do inciso I, incluir na competência trabalhista a solução de todos os conflitos envolvendo servidores públicos, inclusive estatutários" (*Op. cit.*, p.123)

(13) Nesse sentido destacamos a seguinte ementa: "CONFLITO POSITIVO DE COMPETÊNCIA – REINTEGRAÇÃO DE POSSE – RECLAMAÇÃO TRABALHISTA – COMODATO – RELAÇÃO DE TRABALHO – Compete à Justiça do Trabalho apreciar e julgar controvérsia relativa à posse do imóvel cedido em comodato para moradia durante o contrato de trabalho, entendimento firmado em virtude das alterações introduzidas pela Emenda Constitucional n. 45/04, art. 114, inciso VI, da Constituição Federal. Conflito conhecido para declarar competente o Juízo da Vara do Trabalho de Araucária/PR. STJ CC 57.524 – PR (2005/214814-0) – Ac. 2ª S., 27.9.06 Relator: Ministro Carlos Alberto Menezes Direito. *In: Revista LTr* 70-11/1365.

trabalho, ou a residência concedida a um alto empregado para exercer sua função fora do seu domicílio[13]. Uma vez cessado o vínculo de emprego, muitas vezes, diante da recusa do empregado em devolver a moradia, o empregador ingressa com reclamações trabalhistas ou reconvenções para a reintegração da posse.

Como destaca *João Oreste Dalazen*[14]:

"Se o dissídio alusivo à posse do imóvel, apesar de alheio a uma prestação derivada do contrato de trabalho, indubitavelmente refere-se entre empregado e empregador, ambos agindo nesta condição e, portanto, na realização concreta da relação empregatícia, parece inquestionável a competência material do Judiciário Trabalhista".

Durante o movimento paredista são comuns as ações possessórias, sejam quando já há a efetiva turbação ou esbulho da posse ou as ações preventivas, como o interdito proibitório. Para apreciar tais ações, a Justiça do Trabalho sempre aplicou o Direito Civil e o Código de Processo Civil, por força dos arts. 8º e 769, da CLT.

No nosso sentir, mesmo as ações possessórias movidas por terceiros que não fazem parte do movimento paredista são agora da competência material da Justiça do Trabalho, pois são ações relacionadas ao exercício do direito de greve. Cumpre destacar que o inciso II não vincula as ações decorrentes da greve às controvérsias oriundas da relação de trabalho. Vale dizer, não restringe a competência para as ações movidas pelas partes que estão envolvidas na greve[15].

Os interditos proibitórios propostos em razão da greve, embora não tenha sido esta a posição do C. STJ[16], também são da competência material da Justiça do Trabalho[17].

---

(14) DALAZEN, João Oreste. *Competência Material Trabalhista*. São Paulo: LTr, 2004, p. 125.

(15) Não admitindo a competência para as ações que envolvem terceiros e não as partes envolvidas no movimento grevista, temos a posição de *Pedro Paulo Teixeira Manus*: "Diversa a nosso ver a situação se mesmo em razão de greve houver ameaça, turbação ou esbulho possessório envolvendo terceiro que não seja o empregador, caso em que a competência remanesce na Justiça Estadual. Eis aí outra questão que deverá com brevidade ser equacionada" (*Competência da Justiça do Trabalho e a EC n. 45/04*. São Paulo: Atlas, 2006, p. 95).

(16) "INTERDITO PROIBITÓRIO – PIQUETE – GREVISTA EM PORTA DE EMPRESA – AÇÃO QUE BUSCA GARANTIR LIVRE ACESSO A FUNCIONÁRIOS E CLIENTES – AÇÃO DE NATUREZA POSSESSÓRIAS – QUESTÃO DE DIREITO PRIVADO – COMPETÊNCIA DA JUSTIÇA COMUM – LITIGÂNCIA DE MÁ-FÉ – OCORRÊNCIA – SÚMULA N. 7-STJ. I – É de competência da Justiça Comum estadual processar e julgar ação em que se busca garantir livre acesso a funcionários e clientes junto á empresa, na medida em que o pedido e a causa de pedir do interdito proibitório não envolvA matéria trabalhista. Procedentes. II – *A pretensão de simples reexame de provas não enseja recurso especial.* III – Agravo regimental que se nega provimento. AgRg no Agravo de Instrumento n. 720.362 – SP (2005/0187156-1) Ac. 4ª T., 7.2.06 Rel. Min. Aldir Passarinho Júnior. *In: Revista LTr* 70-04/484.

(17) Destaca-se, no aspecto, a seguinte ementa: "Competência material da Justiça do Trabalho – Ação de Interdito proibitório – Greve em por de agência bancárias – *Justo receito de turbação ou esbulho possessório – Garantia de livre acesso a funcionários e clientes* – É de competência da Justiça do Trabalho apreciar e julgar ações de interdito proibitório, em que se busca garantir livre acesso a funcionários e clientes junto às agências bancárias, porquanto, após a Emenda Constitucional n. 45, de 8.12.2004, esta Especializada passou a ser competente para dissídios que envolvam empresas e sindicatos, além das questões relacionadas ao direito de greve, já prevista originalmente, pese o fato de o Superior Tribunal de Justiça vir decidindo atribuí-la à Justiça Comum estadual em casos tais, ao entendimento de que a EC 45/04 em nada modificou (confira-se: Ag Rg 720362/SP, T4, Min. Rel. Aldir Passarinho Júnior, DJ de 20.03.06; AG 652.479/RJ, Rel. Min. Castro Filho, DJ de 13.12.05; AG 509.113/MG, Rel. Min. Humberto Gomes de Barros, DJ de 28.10.2005; dentre outros julgados) – TRT 3ª Reg. RO 00737-2006-114-03-00-0 – (Ac. 3ª T) – Rel. Juiz Irapuan de Oliveira Teixeira Lyra. DJMG 11.11.06, p. 4).

Ensina *Antonio Carlos Marcato*[18]:

"Enquanto as ações de manutenção e de reintegração têm por escopo a obtenção de provimento jurisdicional que ponha fim, respectivamente, à turbação ou ao esbulho, o interdito proibitório caracteriza-se pela sua natureza preventiva, impondo ao réu, sendo acolhido pelo órgão jurisdicional, um veto (preceito de não fazer, ou seja, de não turbar ou não esbulhar a posse do autor) e uma cominação de pena pecuniária caso ele transgrida a ordem judicial (CPC, art. 932). (...) O mandado proibitório tem natureza mandamental e é dotado de auto-executoriedade, de tal sorte que, descumprindo-o o réu, ficará sujeito à pena pecuniária fixada pelo juiz, sem prejuízo, evidentemente, da manutenção ou reintegração de posse e, ainda, de eventual indenização por perdas e danos".

Como destacado na definição acima, o interdito proibitório é uma ação preventiva de natureza inibitória, que visa a resguardar a posse ou propriedade de um imóvel e se estiver relacionado ao exercício do direito de greve, pode ser proposto na Justiça do Trabalho, a nosso ver, tanto pelo empregador, como por terceiros.

4. Ações indenizatórias

Diante da EC n. 45/04, no nosso sentir, as ações de reparação de danos que envolvem a greve são da competência material da Justiça do Trabalho. Cabem tanto ações por danos morais e materiais, movidas por sindicatos, trabalhadores e empregadores ou terceiros, bem como ações civis públicas movidas tanto pelo Ministério Público do Trabalho, como pela Procuradoria Geral do Estado.

Desse modo, eventuais reparações de danos sofridos pelas partes que participam do movimento paredista, como por terceiros afetados pela greve, devem ser postuladas na Justiça do Trabalho, uma vez que o inciso II não restringe a competência da Justiça do Trabalho para as ações que envolvam as partes envolvidas no movimento paredista.

Entendemos que a intenção da lei e do próprio legislador no inciso II do art. 114 foi trazer para a Justiça do Trabalho todas as ações que guardam nexo de causalidade com o movimento grevista, vale dizer: as causas em que a greve seja o motivo principal da violação de um direito.

Nesse sentido destaca *Reginaldo Melhado*[19]:

"A responsabilidade dos trabalhadores e dos seus sindicatos, diante dos danos causados em razão do movimento paredista, só poderá ser buscada na Justiça do Trabalho. Eram comuns, até recentemente, as ações de indenização por dano material e moral, contra sindicatos e trabalhadores na Justiça Comum".

---
(18) MARCATO, Antonio Carlos. *Procedimentos Especiais.*, 10ª ed. São Paulo: Atlas, 2004, p. 176.
(19) MELHADO, Reginaldo. *Op. cit.*, p. 249.

5. Competência funcional

Para *João Oreste Dalazen*, a competência funcional para processar ações que envolvem o exercício do direito de greve é dos TRTs. Aduz os seguintes argumentos[20]:

"Embora questionável, a uma primeira análise parece-me que a competência funcional para as ações de que cogita o art. 114, inc. II da Constituição Federal deva ser reservada ao Tribunal do Trabalho a que competir, em tese, o julgamento do dissídio coletivo de greve. Conquanto omissa a lei a respeito, penso que se impõe essa solução ao menos por duas razões básicas: a um, porque se já instaurado dissídio coletivo decorrente de greve, a lei manda distribuir por dependência a causa de qualquer natureza, quando se relacionar por conexão ou continência com outra já ajuizada (CPC, art. 253, inc. I); a dois, porque, de todo modo, a qualquer tempo o dissídio coletivo poderá ser ajuizado; se assim é, haveria risco de decisões conflitantes se se adotar a cisão da competência entre o Tribunal e a Vara do Trabalho para o exame de aspectos do mesmo exercício do direito de greve em concreto".

Em que pese os argumentos acima expendidos, com eles não concordamos. Com efeito, exceto o dissídio de greve, cuja competência funcional é dos TRTs, salvo a competência do TST, as ações possessórias e indenizatórias que envolvem o exercício do direito de greve devem ser propostas na primeira instância, mesmo sendo conexas ao movimento grevista e estando em curso o dissídio coletivo de greve, pois os objetos de tais ações são distintos do dissídio de greve. Além disso, tanto as ações indenizatórias como as possessórias, buscam um provimento condenatório e aplicação do direito já existente, enquanto o dissídio de greve busca criação de direitos para melhoria dos membros da categoria profissional.

---

(20) DALAZEN, João Oreste. *A reforma do Judiciário e os Novos Marcos da Competência Material da Justiça do Trabalho no Brasil. In:* COUTINHO, Grijalbo Fernandes e FAVA, Marcos Neves. *Nova Competência da Justiça do Trabalho.* São Paulo: LTr, 2005, pp. 176-177.

Capítulo IV

AÇÕES SOBRE REPRESENTAÇÃO SINDICAL

1. Conceito de Representação Sindical e ações cabíveis

Pela antiga redação do art. 114, da CF, a Justiça do Trabalho não detinha competência para dirimir conflitos entre sindicatos, pois a CF falava em dissídios envolvendo empregados e empregadores. Antes da EC n. 45/04, a Justiça do Trabalho se pronunciava sobre tais questões *incidenter tantum* em dissídios coletivos, por força do inciso III do art. 469, do Código de Processo Civil. Por exemplo, oposição em dissídio coletivo de natureza econômica em que um sindicato opoente postulava a representação de uma das categorias envolvidas no dissídio coletivo.

Nesse sentido destacamos a visão de *Ives Gandra Martins Filho*[1]:

"Entendemos que, das 4 formas elencadas pelo Código de Processo Civil (Livro I, Capítulo VI) como de intervenção de terceiros no processo (oposição, nomeação à autoria, denunciação da lide e chamamento ao processo), a única aproveitável como instituto no Processo Coletivo do Trabalho seria a da oposição, com a devida adequação à natureza especial do processo coletivo, de forma a garantir que um terceiro possa vir a integrar uma lide já constituída, contestando o direito de uma das partes estar em juízo. Nesse caso, caberia ao Tribunal, antes de apreciar o mérito da ação coletiva, decidir sobre a oposição existente, declarando qual dos dois sindicatos em litígio possui a legitimidade ativa para figurar no dissídio coletivo como representante da categoria. O TST, em matéria de conflito de representação, tem decidido, em caráter incidental, com decisão válida apenas para o processo em curso, no sentido da legitimidade do sindicato mais antigo, se o conflito suscitado perante a Justiça Comum ainda não tiver sido dirimido"[2].

---

(1) MARTINS FILHO, Ives Gandra. *Processo Coletivo do Trabalho*. 3ª ed., São Paulo: LTr, 2003, pp. 118-119.
(2) A nosso ver, diante da redação do art. 114, III, da CF, não cabe mais a oposição em dissídio coletivo de natureza econômica, pois se houver controvérsias sobre a representação da categoria, deve o sindicato opoente postular ação declaratória junto à Justiça do Trabalho, no primeiro grau de jurisdição, e pretender a suspensão do dissídio coletivo enquanto tramitar a ação declaratória, por meio de medida cautelar, podendo o relator do dissídio coletivo, se entender cabível, suspender o processo até a decisão da ação declaratória, nos termos do art. 265, do CPC. Ainda que se possa argumentar que caberia a oposição no dissídio coletivo, e a decisão nele proferida ser *incidenter tantum* sobre a representatividade da categoria não adquira contornos de coisa julgada material, a nosso ver, com a competência da Justiça do Trabalho dada pela EC n. 45/04, isso já não é mais possível, pois o TRT não pode julgar, originariamente, ações sobre representação sindical, já que tal competência é do primeiro grau de jurisdição.

No sistema da Constituição de 1988, a Justiça do Trabalho somente apreciava as questões envolvendo os Sindicatos na defesa de direitos dos trabalhadores (representação ou substituição processual), nos termos do art. 8º, III, da CF. Não tinha a Justiça do Trabalho competência para apreciar questões sindicais envolvendo direito próprio dos Sindicatos, nem questões *interna corporis* envolvendo matéria sindical como questões sobre o registro sindical, eleições sindicais, remuneração de dirigente sindical, etc.

Posteriormente, veio a Lei n. 8.984/95, cujo art. 1º dispõe:

"Compete à Justiça do Trabalho conciliar e julgar os dissídios que tenham origem no cumprimento de convenções coletivas de trabalho ou acordos coletivos de trabalho, mesmo quando ocorram entre sindicatos ou entre sindicatos de trabalhadores e empregador".

Com suporte no citado dispositivo, o STJ havia firmado jurisprudência no sentido de que não competia à Justiça do Trabalho as controvérsias sobre a contribuição sindical previstas em lei. Nesse sentido a Súmula n. 222 do STJ: "Compete à Justiça Comum processar e julgar as ações relativas à Contribuição Sindical prevista no art. 578, da CLT".

No mesmo sentido, fora a jurisprudência do C. Tribunal Superior do Trabalho, conforme a OJ 290, da SDI-I, do C. TST:

"Contribuição Sindical Patronal. Ação de Cumprimento. Incompetência da Justiça do Trabalho. É incompetente a Justiça do Trabalho para apreciar a lide entre sindicato patronal e a respectiva categoria econômica, objetivando cobrar a respectiva contribuição assistencial".

Atualmente, o art. 114, III, da Constituição Federal, com a redação dada pela EC n. 45/04, tem a seguinte redação: "as ações sobre representação sindical, entre sindicatos, entre sindicatos e trabalhadores e entre sindicatos e empregadores".

Como destaca *Wagner D. Giglio*[3]:

"O sindicato sempre teve larga atuação na Justiça do Trabalho como defensor dos interesses da categoria representada. A ampliação da competência ditada pela Emenda Constitucional n. 45/2004 visou a outorgá-la para os processos em que o sindicato atue em interesse próprio, em conflitos contra outras entidades sindicais sobre filiação ou a representação da classe (já antevendo essa questão, comum no regime de pluralidade sindical), ou sobre a maior representatividade para fins de negociação com a empresa ou ramo econômico".

O termo *Sindicato*, a nosso ver, deve ser interpretado de forma ampla para abranger todas as entidades de natureza sindical. No nosso sistema sindical confederativo, são entidades sindicais de qualquer grau: sindicato, federação, confederação e até centrais

---

Além disso, o sindicato oponente não poderá ingressar no dissídio coletivo sem a anuência dos outros sindicatos, pois o parágrafo 2º, do art. 114, da CF exige o "comum acordo" para instauração do dissídio coletivo de natureza jurídica.

(3) GIGLIO, Wagner D. *Direito Processual do Trabalho*. 15ª ed., São Paulo: Saraiva, 2005, p. 50.

sindicais, desde que as ações versem sobre alguma das matérias do art. 114, da CF e também sobre a representação sindical. Também a nosso ver, estão inseridos no conceito de representação sindical as ações que envolvam comitês de empresa ou representação no local de trabalho (art. 11, da CF), ou de grupo de trabalhadores que participarão da gestão da empresa (art. 7º, XI, da CF).

Atualmente, há duas vertentes preponderantes de interpretação do inciso III do art. 114, da CF:

Uma restritiva, no sentido de que somente há competência da Justiça do Trabalho para as ações que versem sobre representação sindical (disputa entre sindicatos pela representação da categoria e fixação de base territorial), não abrangendo as controvérsias entre sindicatos e terceiros e também entre empregados e empregadores envolvendo o exercício da representação sindical.

Outra corrente ampliativa, no sentido de que a competência da Justiça do Trabalho não está restrita às ações sobre representação sindical, e sim às ações que envolvem matéria sindical, entre sindicatos e empregados e sindicatos e empregadores, pois o referido inciso III do art. 114, da CF não restringe a competência para as ações sobre representação sindical, uma vez que há uma vírgula após o termo *ações sobre representação sindical*.

Como bem destaca *Carla Teresa Martins Romar*[4]:

"A segunda interpretação que decorre da análise do inciso III do art. 114 da Constituição Federal é no sentido de que a competência da Justiça do Trabalho foi ampliada e, portanto, não seria coerente imaginar-se que a mesma continuou apenas a abranger as lides decorrentes de disputas por representação sindical na base territorial. Na realidade, a Justiça do Trabalho passou a ser competente para processar e julgar quaisquer outras lides que envolvam questões sindicais, ainda que as mesmas não versem unicamente sobre representação sindical"[5].

No nosso sentir, o inciso III do art. 114, da CF abrange todas as ações que envolvem matéria sindical no âmbito trabalhista, uma vez que se tratam de ações envolvendo matéria trabalhista. Tanto isso é verdade, que a organização sindical vem disciplinada nos arts. 8º e seguintes da Constituição Federal e 511 e seguintes, da CLT. De outro lado, o inciso III do art. 114 da CF não pode ser interpretado isoladamente e sim em

---

(4) ROMAR, Carla Teresa Martins et al. *Competência da Justiça do Trabalho e a EC n. 45/2004*, São Paulo: Atlas, 2006, p. 42.

(5) Como destaca *João Oreste Dalazen*: "Soaria irracional e logicamente incompreensível persistir proclamando a incompetência da Justiça do Trabalho para instruir e julgar os demais litígios emergentes da vida sindical, que, inclusive, cresceram desmedidamente após a CF/88 e tendem a aumentar se se implantar um regime de plena liberdade sindical em nosso País, como se anuncia. Com efeito, as mesmas razões que ditaram a expansão dos domínios da Justiça do Trabalho para os conflitos sobre representação sindical concorrem para o reconhecimento de igual competência para todos os demais dissídios individuais sobre Direito Dindical. Resulta manifesto que aos Tribunais do Trabalho devem ser reputados os juízos naturais dessa espécie, quando menos pela notória especialização requerida no *julgamento*" (*A Reforma do Judiciário e os Novos Marcos da Competência da Justiça do Trabalho no Brasil*. Revista do Tribunal Superior do Trabalho. Porto Alegre: Síntese, v. 71, 2005, p. 57).

cotejo com os incisos I e IX do próprio art. 114. Sendo assim, como a matéria sindical está umbilicalmente ligada à relação de emprego e também à relação de trabalho, a melhor leitura do referido inciso III, do art. 114 da CF, visando à maior eficiência deste dispositivo constitucional sinaliza no sentido de que a competência da Justiça do Trabalho abrange todas as questões envolvendo matéria sindical, sejam entre sindicatos entre si, sindicatos e empregados, sindicatos e empregadores e também as controvérsias envolvendo terceiros, como por exemplo o Ministério do Trabalho, nas questões de registro sindical.

Podemos classificar os dissídios que envolvem os Sindicatos em a) coletivos: que envolvem os dissídios coletivos. Nessa hipótese a competência da Justiça do Trabalho é disciplinada no art. 114, parágrafo 2º; b) inter-sindicais não coletivos: que envolvem os conflitos entre sindicatos; c) intra-sindicais, que envolvem as questões *interna corporis* do sindicato e d) dissídios sobre contribuições sindicais.

1.2. Lides inter-sindicais não coletivas

Os conflitos inter-sindicais não coletivos envolvem dissídios entre dois ou mais sindicatos sobre representação de determinada categoria. Não se trata aqui de defesa de direitos da categoria, e sim o sindicato defendendo direito próprio. Conforme *João Oreste Dalazen*[6] são exemplos emblemáticos dessa categoria: a) os de representatividade; b) os declaratórios de vínculo jurídico-sindical entre sindicato e federação; c) os cautelares, como o que objetiva sustar os efeitos de convenção coletiva de trabalho.

Também a nosso ver, aqui são cabíveis os litígios referentes à fusão e desmembramento de categorias.

Nesta espécie de conflitos, são cabíveis ações constitutivas ou declaratórias de representação da categoria.

1.3. Lides intra-sindicais

Com relação aos conflitos intra-sindicais, estes envolvem todas as questões do sindicato considerado em si mesmo e não em conflito com outro sindicato.

Nesta modalidade estão abrangidos os conflitos envolvendo o próprio sindicato e seus associados, como entre sindicato e terceiros, por exemplo, o sindicato em face do Cartório de Registro de Pessoas Jurídicas e o Ministério do Trabalho, referente a questões sobre o registro sindical.

No nosso sentir, os conflitos intra-sindicais abrangem:

a) legalidade de criação. Inclusive ações que versem sobre o registro sindical e também os atos constitutivos em cartório;

---

(6) *Op. cit.*, p. 58.

b) convocação de Assembléia;

c) eleições sindicais[7] e também sobre os cargos de direção (art. 522, da CLT e Súmula n. 197, do STF), registro da candidatura, etc. Por isso, nos parece que a Súmula n. 4 do STJ[8] não foi recepcionada pela EC n. 45/04;

d) ação do dirigente sindical para pagamento de seus créditos e honorários junto à entidade sindical;

1.4. Conflitos sobre contribuições sindicais

Quanto aos conflitos referentes a contribuições sindicais, a competência da Justiça do Trabalho abrange todas as espécies de contribuições, tanto as compulsórias: imposto sindical (art. 578, da CLT)[9], como as de caráter contratual: contribuição confederativa, contribuição assistencial, mensalidades sindicais e também eventuais taxas por participação dos sindicatos nas negociações coletivas, dentre outras.

Quanto à contribuição sindical prevista em lei (imposto sindical), alguns sustentam a possibilidade de execução direta, com suporte no art. 606, parágrafo 2º, da CF. Outros autores sustentam a possibilidade de Ação Monitória.

As ações de consignação em pagamento de contribuições sindicais promovidas por empregados ou empregadores quando há dúvida sobre a exigibilidade da contribuição sindical ou de qual o sindicato seja o credor, também passaram para a competência da Justiça do Trabalho.

Destaca-se, no aspecto, a seguinte ementa:

"DIREITO SINDICAL – AÇÃO DE COBRANÇA – CONTRIBUIÇÃO SINDICAL – CONFEDERAÇÃO NACIONAL DA AGRICULTURA E PECUNIÁRIA – CNA – EC N. 45/04 – ART. 114, III, DA CF/88 – COMPETÊNCIA DA JUSTIÇA DO TRABALHO

Após a Emenda Constitucional n. 45/04, a Justiça do Trabalho passou a deter competência para processar e julgar não só as ações sobre representação sindical

---

(7) Nesse sentido, destacamos a seguinte ementa: "CONFLITO DE COMPETÊNCIA – FEDERAÇÃO DAS INDÚSTRIAS DO ESTADO DO MARANHÃO – FIEMA – PROCESSO ELEITORAL SINDICAL – REPRESENTAÇÃO SINDICAL – ART. 114, INCISO III, DA CF – ALTERAÇÃO INTRODUZIDA PELA EC N. 45/2004 – APLICAÇÃO IMEDIATA – COMPETÊNCIA DA JUSTIÇA DO TRABALHO – As novas disposições do art. 114, inciso III, da Constituição Federal, introduzidas com a promulgação da Emenda Constitucional n. 45/04, têm aplicação imediata e atingem os processos em curso. Diante do alcance do texto constitucional *sub examine* as ações relacionadas com processo eleitoral sindical, conquanto sua solução envolva questões de direito civil, inserem-se no âmbito da competência da Justiça do Trabalho, uma vez que se trata de matéria subjacente à representação sindical. Conflito conhecido para declarar a competência do Juízo da 2ª Vara do Trabalho de São Luís (MA) – STJ CC 48.372 – MA (2005/0040784-8) – Ac. 1ª S., 22.6.05 – Rel. Min João Otávio de Noronha. In: Revista LTr 69-10/1255)

(8) Súmula n. 4, do STJ: "Compete à Justiça Estadual julgar causa decorrente do processo eleitoral Sindical".

(9) Diante da EC n. 45/04, o C. STJ cancelou a Súmula n. 222 de sua jurisprudência que tinha a seguinte redação: "COMPETÊNCIA – CONTRIBUIÇÃO SINDICAL PREVISTA NO ART. 578 DA CLT. Compete à Justiça Comum processar e julgar as ações relativas à Contribuição Sindical prevista no art. 578 da CLT" (DJ 2.8.99).

(externa — relativa à legitimidade sindical e interna — relacionada à escolha dos dirigentes sindicais), como também aos feitos intersindicais e os processos que envolvam sindicatos e empregadores ou sindicatos e trabalhadores. As ações de cobrança de contribuição sindical propostas pelo sindicato, federação ou confederação respectiva contra o empregador, após a Emenda, devem ser processadas e julgadas pela Justiça Laboral. Precedentes da Primeira Seção. A regra de competência prevista no art. 114, III, da CF/88 produz efeitos imediatos, a partir da publicação da EC n. 45/04, atingindo os processos em decurso, ressalvado o que já fora decidido sob a regra de competência anterior. Diante da incompetência deste Superior de Justiça para processar e julgar o recurso após a publicação da EC n. 45/04, devem ser remetidos os autos ao TST. Agravo de Instrumento prejudicado"[10].

2. Competência funcional

Embora as ações de representação sindical possam ter inegável conteúdo normativo, como, por exemplo, as ações declaratórias de representação sindical ou de desmembramento de categorias, a competência funcional para apreciar tais ações é do primeiro grau de jurisdição, uma vez que tais controvérsias não adquirem contornos de dissídio coletivo de natureza econômica ou jurídica, já que o pedido não se trata de criação de nova norma jurídica, e sim aplicação do direito já existente. Além disso, a lei não excepciona a competência funcional dos TRTs ou do TST para conhecer originariamente de tais ações. Portanto, aplica-se a regra geral da competência, que é o primeiro grau de jurisdição.

---

(10) STJ AI 684.622-PR (2005.0092950-0), Ac., 20.6.2005 Rel. Min. Castro Meira. *In: Revista LTr* 69-08/993.

Capítulo V

HABEAS CORPUS, HABEAS DATA E MANDADOS DE SEGURANÇA QUANDO O ATO QUESTIONADO ENVOLVER MATÉRIA SUJEITA À JURISDIÇÃO TRABALHISTA

1. Introdução

Diz o inciso IV, do art. 114 da Constituição Federal, competir à Justiça do Trabalho processar e julgar os mandados de segurança, *habeas corpus* e *habeas data*, quando o ato questionado envolver matéria sujeita à sua jurisdição.

O referido inciso trata da competência da Justiça do Trabalho para apreciar os chamados *remédios constitucionais* que tutelam os direitos fundamentais do cidadão.

Conforme *André Ramos Tavares*[1], "denomina-os a doutrina pátria *remédios*, no sentido de que são meios colocados à disposição dos indivíduos e cidadãos para provocar a atuação das autoridades em defesa do padecimento de direitos declarados. E a noção de remédio, usada em seu sentido figurado, por óbvio, é boa, já que tanto denota o fato de servirem para prevenir lesões como para reparar aquelas que eventualmente já tenham ocorrido".

A EC n. 45/04, no aspecto apenas, deixou claro o que já estava sedimentado na doutrina e jurisprudência, por interpretação teleológica do art. 114, da CF (com a redação dada pela CF/88), pois se a violação de direitos fundamentais do cidadão trabalhador envolver ato sujeito à jurisdição trabalhista, a competência é da Justiça do Trabalho. Entretanto, diante da alteração do eixo central da competência da Justiça do Trabalho, para as controvérsias oriundas e decorrentes da relação de trabalho, há um leque mais significativo de situações passíveis de impetração dos remédios constitucionais em defesa de direitos fundamentais na esfera trabalhista.

2. Habeas corpus

Nossa Constituição Federal consagra o *habeas corpus* no art. 5º, inciso LXVIII, como um direito fundamental e uma garantia que tutela o bem mais caro do ser humano,

---
(1) TAVARES, André Ramos. *Curso de Direito Constitucional*. 3ª ed., São Paulo: Saraiva, 2006, p. 767.

que é a liberdade. Aduz o referido dispositivo constitucional: "conceder-se-á *habeas corpus* sempre que alguém sofrer ou se achar ameaçado de sofrer violência ou coação em sua liberdade de locomoção, por *ilegalidade ou abuso de poder*".

Conforme *Júlio César Bebber*: "*o habeas corpus* é, na verdade, ação mandamental, que integra a chamada jurisdição constitucional das liberdades e que tem por escopo a proteção da liberdade de locomoção, quando coarctada (limitada, restringida, reprimida) ou ameaçada de sê-lo, por ilegalidade ou abuso do Poder Público"[2].

Para nós, o *habeas corpus é um remédio constitucional, exercido por meio de uma ação mandamental que tem por objetivo a tutela da liberdade do ser humano, assegurando-lhe o direito de ir, vir e ficar, contra ato de ilegalidade ou abuso de poder. Pode ser preventivo, quando há iminência da lesão do direito de liberdade, ou repressivo, quando já tolhida a liberdade.*

Quanto à natureza jurídica do *habeas corpus*, em que pese a opinião majoritária da doutrina e jurisprudência em sentido contrário[3], não se trata de uma ação criminal[4] e sim um remédio constitucional para tutelar a liberdade de locomoção contra ato ilegal ou de abuso de poder, não sendo exclusivamente uma ação de natureza penal. Nesse sentido é a posição de *Estevão Mallet*[5]:

"O *habeas corpus* não é ação penal. Defini-lo assim é inaceitável. Diminui sua relevância, teórica e prática. Caracteriza o *habeas corpus*, na verdade *'privilege'*, como referido no Art. I, Seção IX, n. 2, da Constituição dos Estados Unidos da América, ou *'safeguard of personal liberty'*, segundo a doutrina, ou, se se quiser, remédio ou garantia constitucional. Aliás, nem a origem do *habeas corpus* permite vinculá-lo apenas ao direito penal, já que surgiu o *writ* como processo de caráter mais amplo, *'by wich courts compelled the attendance of partis whoese presence would facilitate their proceedings'*".

Partindo-se da premissa de que o *habeas corpus* tem natureza de ação penal, parte significativa da jurisprudência anterior à EC n. 45/04 entendia que a Justiça do Trabalho não tinha competência para apreciá-lo, mesmo que a prisão emanasse de ato de juiz do trabalho, devendo a Justiça Federal apreciar o *writ*.

Nesse sentido a seguinte ementa:

"Sendo o habeas corpus, desenganadamente, uma ação de natureza penal, a competência para seu processamento e julgamento será sempre de juízo criminal, ainda que a questão material subjacente seja de natureza civil, como no caso de infidelidade do depositário,

---

(2) BEBBER, Júlio César. *Mandado de Segurança. Habeas Corpus. Habeas Data na Justiça do Trabalho.* São Paulo: LTr, 2006, p. 167.

(3) Por todos, destacamos a opinião de *Alexandre de Moraes*: "O *habeas corpus* é uma ação constitucional de caráter penal e de procedimento especial, isenta de custas e que visa a evitar ou cessar violência ou ameaça na liberdade de locomoção, por ilegalidade ou abuso de poder. Não se trata, portanto, de uma espécie de recurso, apesar de regulamentado no capítulo a eles destinado no Código de Processo Penal" (*Direito Constitucional*, 15ª ed., São Paulo: Atlas, 2004, p. 141).

(4) Talvez a doutrina majoritária fixe a natureza jurídica criminal do *habeas corpus*, em razão de seu procedimento estar regulamentado no Código de Processo Penal (arts. 647 a 667).

(5) MALLET, Estevão. *Direito, Trabalho e Processo em Transformação.* São Paulo: LTr, 2005, p. 177.

em execução de sentença. Não possuindo a Justiça do Trabalho, onde se verificou o incidente, competência criminal, impõe-se reconhecer a competência do Tribunal Regional Federal para o feito" (STF-CC 6979-DF-ac. TP, 15.8.91, Rel. Min. Ilmar Galvão)".

Após a EC n. 45/04, não há mais dúvidas de que a Justiça do Trabalho tem competência para apreciar *o habeas corpus*, para as matérias sujeitas à sua jurisdição.

Com efeito, assevera o art. 114, IV, da CF competir à Justiça do Trabalho processar e julgar os mandados de segurança, *habeas corpus* e *habeas data*, quando o ato questionado envolver matéria sujeita à sua jurisdição".

Pela dicção do referido dispositivo legal, cabe o *habeas corpus* na Justiça do Trabalho toda vez que o ato envolver a jurisdição trabalhista, vale dizer: estiver sujeito à competência material da Justiça do Trabalho.

O eixo central da competência da Justiça do Trabalho, após a EC n. 45/04 encontra suporte na relação de trabalho (inciso I do art. 114, da CF) e também nas demais matérias mencionadas nos incisos I a VIII do art. 114, da CF.

Na Justiça do Trabalho, as hipóteses de prisões determinadas pelo juiz do trabalho são em decorrência ou do descumprimento de uma ordem judicial para cumprimento de uma obrigação de fazer ou não fazer, ou do depositário infiel.

Inegavelmente, a hipótese mais comum da utilização do *habeas corpus* na Justiça do Trabalho é em decorrência da prisão do depositário infiel, que se dá na fase de execução de sentença trabalhista.

Como destaca *Antonio Lamarca*[6]:

"No curso da ação ou execução surgem incidentes que, em princípio, nada têm a ver com a competência constitucional da Justiça do Trabalho. O tema aqui, ao que me parece, é outro: é jurisdicional e não competência. A Justiça do Trabalho, como outros órgãos do Poder Judiciário, exerce jurisdição, como manifestação inerente à essência mesma do Poder Judiciário no exercício da jurisdição, deve ir até o final da entrega do bem arrematado, sejam quais forem as conseqüências daí advindas. A Constituição, por exemplo, não prevê que a Justiça do Trabalho possa decretar a prisão de testemunha ou depositário infiel, no entanto, defere-se tranqüilamente essa faculdade. Foi-se o tempo do ranço administrativo a que alguns ainda se apegam, hoje a Justiça do Trabalho executa suas próprias decisões; então, ou vai até o final ou é justiça por metade...".

Há, a nosso ver, a possibilidade de impetração de *habeas corpus* na Justiça do Trabalho quando o empregador ou tomador de serviços restringirem a liberdade de locomoção do empregado ou trabalhador por qualquer motivo, como por exemplo em razão de não pagamento de dívidas. A Justiça do Trabalho neste caso não está

---

(6) LAMARCA, Antonio. *O livro da competência*. São Paulo: RT, 1979, p. 145.

apreciando matéria criminal, ou se imiscuindo em atividade policial, mas julgando ato que está dentro de sua competência material, pois cumpre à Justiça do Trabalho defender a liberdade ao trabalho, os valores sociais do trabalho e a dignidade da pessoa humana do trabalhador (art. 1º, incisos III e IV, da CF). Nesta hipótese, o *habeas corpus* é cabível contra ato de ilegalidade.

Como bem destaca *Carolina Tupinambá*[7], "contrariamente ao que comumente se imagina, a ação de *habeas corpus* pode ser impetrada contra pessoa alheia ao organograma político estatal, que seja, o empregador privado. Obviamente que, nesse caso, somente a eventual ilegalidade poderá propiciar a impetração do *writ* constitucional".

A doutrina e jurisprudência têm entendido que é possível a impetração de *habeas corpus* se o constrangimento emanar de ato de particular[8], pois o inciso LXVIII, do art. 5º, da CF não fala em ato de autoridade. Nesse sentido é a visão de *Aderson Ferreira Sobrinho*: "concordamos inteiramente com esta última posição doutrinária, pois nem a Constituição Federal, nem a lei processual penal, restringem a aplicação do *habeas corpus* aos atos praticados por autoridade ou que exerça função pública. E nem mesmo quando a coação configurar crime, não deve ser obstado uso do writ, independentemente da ação policial"[9].

Nesse mesmo diapasão, destacamos a posição de *Edilton Meireles*:

"(...) o constituinte derivado assegurou a competência da Justiça do Trabalho para conhecer do habeas corpus 'quando o ato questionado envolver matéria sujeita à sua jurisdição'. Logo, essa competência não envolve tão-somente os atos praticados pela autoridade judiciária, mas de qualquer autoridade ou pessoa que esteja, ilegalmente ou em abuso do poder, restringindo a liberdade de outrem. Assim, como já exemplificado, tem-se a possibilidade da Justiça do Trabalho julgar o habeas corpus impetrado em face do empregador que restringe a liberdade de locomoção do empregado (mantém o empregado no ambiente de trabalho), quando do movimento grevista em face dos atos por este praticados durante o movimento paredista (ação que envolve o exercício do direito de greve, aliás); o remédio heróico em face da autoridade pública que restringe a liberdade de locomoção do servidor público (impede, ilegalmente ou em abuso do poder,

---

(7) TUPINAMBÁ, Carolina. *Competência da Justiça do Trabalho à Luz da Reforma Constitucional*. Rio de Janeiro: Forense, 2006, p. 405.

(8) Nesse sentido, destacamos as seguintes ementas: "STJ: "O HC é ação constitucional destinada a garantir o direito de locomoção, em face de ameaça ou de efetiva violação por ilegalidade ou abuso de poder. Do teor da cláusula constitucional pertinente (art. 5º, LXVIII) exsurge o entendimento no sentido de admitir-se o uso da garantia provenha de ato de particular, não se exigindo que o constrangimento seja exercido por agente do Poder Público. Recurso ordinário provido" (RT 735/521). No mesmo sentido (RT577/329) e (RT 574/400). Internação em hospital – TJSP: "Constrangimento ilegal. Filho que interna os pais octogenários, contra a vontade deles em clínica geriátrica. Pessoas não interditadas, com casa onde residir. Decisão concessiva de *habeas corpus* mantida" (RT 577/329).

(9) SOBRINHO, Aderson Ferreira. *O Habeas Corpus na Justiça do Trabalho*. São Paulo: LTr, 2003, p. 39.

dele se ausentar da cidade, da localidade, etc.). Em suma, alargou-se a competência da Justiça do Trabalho para julgar o habeas corpus para além dos atos praticados pela autoridade judiciária trabalhista"[10].

Quanto à competência funcional, se o *habeas corpus* foi impetrado contra ato de particular, a competência hierárquica será das Varas do Trabalho, sendo apreciado pelo juiz monocrático.

O TRT julga *habeas corpus* impetrado em face de ato de juiz do trabalho de Vara do Trabalho (art. 666 do Código de Processo Penal).

O TST julga *habeas corpus* impetrado em face de Tribunal Regional do Trabalho. Diante da EC n. 45/04 (art. 114, IV, da CF) a nosso ver, o STJ não tem mais competência para apreciar *habeas corpus* impetrado contra ato de juiz de Tribunal Regional do Trabalho, restando derrogado o art. 105, I, *c*, da CF. Como destaca *Júlio César Bebber*[11], "a incompatibilidade entre as duas regras constitucionais, obrigatoriamente, exclui a primeira em favor da mais moderna".

O STF julga *habeas corpus* impetrado em face de atos dos Ministros do TST (art. 102, I, *i*, da Constituição Federal).

Com relação ao procedimento, cumpre destacar que o *habeas corpus* é uma ação de natureza mandamental e de rito especial. Por isso, mesmo sendo a Justiça do Trabalho que ira apreciá-lo, o juiz do trabalho não aplicará o procedimento da CLT (art. 643 e seguintes) e sim o procedimento previsto no Código de Processo Penal (arts. 647 e seguintes), por força do art. 769, da CLT, uma vez que a CLT é omissa a respeito, e o Código de Processo Penal tem natureza de Direito Processual comum e se mostra efetivo para tutelar a liberdade da pessoa se o ato estiver sujeito à jurisdição trabalhista.

3. Mandado de Segurança

Diz o art. 5º, LXIX da Constituição Federal:

"conceder-se mandado de segurança para proteger direito líquido e certo, não amparado por *habeas corpus* ou *habeas data*, quando o responsável pela ilegalidade ou abuso de poder for autoridade pública ou agente de pessoa jurídica no exercício de atribuições do Poder Público".

Ensina *Hely Lopes Meirelles*[12]:

"Mandado de segurança é o meio constitucional posto à disposição de toda pessoa física ou jurídica, órgão com capacidade processual, ou universalidade reconhecida

---
(10) MEIRELES, Edilton. *Competência e Procedimento na Justiça do Trabalho: Primeiras Linhas da Reforma do Judiciário*. São Paulo: LTr, 2005, p. 70.
(11) BEBBER, Júlio César. *Op. cit.*, p. 202.
(12) MEIRELLES, Hely Lopes. *Manado de Segurança*. 22ª ed., São Paulo: Malheiros, 2000, pp. 21-22.

por lei, para a proteção de direito individual ou coletivo, líquido e certo, não amparado por *habeas corpus* ou *habeas data*, lesado ou ameaçado de lesão, por ato de autoridade, seja de que categoria for e sejam quais forem as funções que exerça".

A doutrina tem classificado o mandado de segurança como sendo uma ação constitucional, de natureza mandamental[13], processada por rito especial destinada a tutelar direito líquido e certo[14] contra ato de autoridade praticado com ilegalidade ou abuso de poder.

Antes da EC n. 45/04, praticamente, o mandado de segurança era utilizado tão somente contra ato judicial e apreciado pelo Tribunal Regional do Trabalho. Somente em algumas hipóteses restritas, como por exemplo, se o Diretor de Secretaria, praticando um ato de sua competência exclusiva poderia figurar como autoridade coatora, quando recusasse, injustificadamente, a conceder carga do processo a um advogado que está no seu prazo para manifestação[15].

No processo do trabalho, em razão de não haver recurso para impugnar decisões interlocutórias (art. 893, § 1º, da CLT), o mandado de segurança tem feito as vezes do recurso em face de decisão interlocutória que viole direito líquido e certo da parte, como no deferimento de liminares em Medidas Cautelares e Antecipações de Tutela, embora não seja esta sua finalidade constitucional[16]. Como bem destaca *Suely Ester Gitelman*[17]: "É bem verdade que em diversas ocasiões, no processo trabalhista, tal remédio legal vem sendo utilizado como sucedâneo recursal, em absoluta desarmonia aos princípios norteadores do sistema jus-laboralista".

Em razão do aumento da competência da Justiça do Trabalho, os Mandados de Segurança passam a ser cabíveis contra atos de outras autoridades, além das judiciárias,

---

(13) Tem natureza mandamental, pois ato contínuo à decisão se expede uma ordem de execução.

(14) Conforme a clássica definição de *Hely Lopes Meirelles*, "*direito líquido e certo* é o que se apresenta manifesto na sua existência, delimitado na sua extensão e apto a ser exercido no momento da impetração. Por outras palavras, o direito invocado, para ser amparável por mandado de segurança, há de vir expresso em norma legal e trazer em si todos os requisitos e condições de sua explicação ao impetrante: se sua existência for duvidosa; se sua extensão ainda não estiver delimitada, se seu exercício depender de situações e fato ainda indeterminados, não rende ensejo à segurança embora possa ser defendido por outros meios judiciais (*Op. cit.*, p. 36).

(15) Em razão do art. 114, da CF/88 se referir a dissídios entre trabalhadores e empregadores, a Justiça do Trabalho não tinha competência para Mandados de Segurança, cujas autoridades coatoras fossem outras autoridades federais. Nesse sentido destacamos a seguinte ementa: "CONFLITO NEGATIVO DE COMPETÊNCIA. JUSTIÇA DO TRABALHO E JUSTIÇA FEDERAL. MANDADO DE SEGURANÇA CONTRA DELEGADOS REGIONAIS DO TRABALHO. RELAÇÃO EMPREGATÍCIA. NÃO CARACTERIZAÇÃO. COMPETÊNCIA DA JUSTIÇA FEDERAL. 1. O julgamento de mandado de segurança impetrado contra atos de Delegados Regionais do Trabalho, consistentes na fiscalização e aplicação de sanções administrativas, não é da competência da Justiça Trabalhista, pois não se relaciona à demanda entre empregado e empregador. Portanto, compete à Justiça Federal apreciá-lo e julgá-lo. 2. Conflito conhecido e declarada a competência do Juízo Federal da 8ª Vara da Seção Judiciária do Estado de Minas Gerais, o suscitado". STJ, CC 40216, Proc. n. 200301678278, MG, Rel. Min. Teori Albino Zavascki, v. u., DJU. 2.8.04).

(16) Principalmente, o mandado de segurança é manejado no processo do trabalho na fase de execução, muitas vezes de forma abusiva, dificultando a celeridade e efetividade da execução. De outro lado, há uma tolerância bem acentuada da jurisprudência, inclusive muitas vezes se aprecia o próprio mérito da questão no *mandamus*.

(17) GITELMAN, Suely Ester *et al*. *Competência da Justiça do Trabalho e a EC n. 45/2004*. São Paulo: Atlas, 2006, p. 57.

como nas hipóteses dos incisos III e IV do art. 114, da CF, em face dos Auditores Fiscais e Delegados do Trabalho, Oficiais de Cartório que recusam o registro de entidade sindical, e até mesmo atos dos membros do Ministério Público do Trabalho em Inquéritos Civis Públicos, uma vez que o inciso IV do art. 114 diz ser da competência da Justiça Trabalhista o *mandamus* quanto o *ato questionado envolver matéria sujeita à sua jurisdição*.

Nesse mesmo sentido é a visão de *Sérgio Pinto Martins*[18]: "O mandado de segurança poderá ser impetrado contra auditor fiscal do trabalho ou o Delegado Regional do Trabalho em decorrência de aplicação de multas provenientes da fiscalização das relações de trabalho (art. 114, VII, da Constituição), na interdição de estabelecimento ou setor, de máquina ou equipamento, no embargo à obra (art. 161 da CLT), será proposta na primeira instância e não no TRT".

Sob outro enfoque, embora o art. 114, IV, da CF diga caber o Mandado de Segurança quanto o ato questionado estiver sob o crivo da jurisdição trabalhista, também se a matéria for administrativa[19] *interna corporis* o Mandado será cabível. Não há como se interpretar o referido inciso de forma literal. Como destaca *Antônio Álvares da Silva*[20]: "Seria o maior dos absurdos que os tribunais do trabalho não pudessem julgar, por exemplo, um mandado de segurança impetrado contra seu presidente, numa questão administrativa, nem que ao órgão especial não pudesse ser dada competência para julgar questões administrativas internas em geral".

A competência para o mandado de segurança se dá como regra geral em razão da qualidade da autoridade coatora. Nesse sentido é a visão de *Hely Lopes Meireles*[21] que foi consagrada pelos Tribunais: "A competência para julgar mandado de segurança define-se pela categoria da autoridade coatora e pela sua sede funcional".

No mesmo sentido, destacamos a seguinte ementa:

> Irrelevante, para fixação da competência, a matéria a ser discutida em Mandado de Segurança, posto que é em razão da autoridade da qual emanou o ato, dito lesivo, que se determina qual o Juízo a que deve ser submetida a causa.[22]

Na Justiça do Trabalho, a competência para o Mandado de Segurança se fixa, diante da EC n. 45/04 em razão da matéria, ou seja, que o ato praticado esteja submetido à jurisdição trabalhista. O critério determinante não é a qualidade da autoridade coatora e sim a competência jurisdicional para desfazer o ato praticado. Desse modo, ainda que a autoridade coatora seja Municipal, Estadual ou Federal, se o ato questionado

---

(18) MARTINS, Sérgio Pinto. *Direito Processual do Trabalho*. 26ª ed. São Paulo: Atlas, 2006, p. 119.
(19) Ensina *Lúcia Figueiredo do Valle* que ato administrativo "é norma concreta, emanada pelo Estado ou por quem esteja no exercício de função administrativa, que tem por finalidade criar, modificar, extinguir ou declarar relações entre este (o Estado) e o administrado, suscetível de ser contrastada pelo Poder Judiciário"(*Curso de Direito Administrativo*. 4ª ed., São Paulo: Malheiros, 2000, pp. 151-152).
(20) SILVA, Antônio Álvares da. *Op. cit.*, p. 208.
(21) MEIRELLES, Hely Lopes. *Op. cit.*, p. 65.
(22) (STJ, CComp n. 17.438-MG, Rel. Min. Felix Fischer, DKI 20.10.97, p. 52.969).

estiver sujeito à jurisdição trabalhista, a competência será da Justiça do Trabalho e não das Justiças Estadual ou Federal.

Não obstante, fixada a competência material da Justiça do Trabalho, a competência funcional será da Vara do Trabalho do foro do domicílio da autoridade coatora, salvo as hipóteses de foro especial, conforme disciplinado na Constituição Federal[23]. Se o ato impugnado for de autoridade judiciária, a competência está disciplinada nos arts. 678 e seguintes, da CLT e Lei n. 7.701/88, bem como nos Regimentos Internos dos TRTs e TST.

Na Justiça do Trabalho, o Mandado de Segurança, é processado pelo rito da Lei n. 1.533/51, não se aplicando o procedimento da CLT.

4. Habeas data

Diz o inciso LXXII da Constituição Federal

"conceder-se-á *habeas data:* a) para assegurar o conhecimento de informações relativas à pessoa do impetrante, constantes de registros ou bancos de dados de entidades governamentais ou de caráter público; b) para retificação de dados, quando não se prefira fazê-lo por processo sigiloso, judicial ou administrativo".

Ensina *Alexandre de Moraes*[24]: "Pode-se definir o *habeas data* como direito que assiste a todas as pessoas de solicitar judicialmente a exibição dos registros públicos ou privados, nos quais estejam incluídos seus dados pessoais, para que deles tome conhecimento e se necessário for, sejam retificados os dados inexatos ou obsoletos ou que impliquem em discriminação".

O *habeas data* tem raríssima utilização, pois, na maioria dos casos, o Mandado de Segurança resolve o problema. Na esfera trabalhista, por exemplo, podem ocorrer hipóteses de utilização como, por exemplo, um determinado empregador que não tem acesso a uma lista de "maus empregadores" do Ministério do Trabalho[25], ou um servidor celetista que não tem acesso ao seu prontuário no Estado.

---

(23) Como destaca *Júlio César Bebber:* "é das Varas do Trabalho a competência para julgar mandados de segurança contra atos administrativos praticados no âmbito ou em decorrência da relação de trabalho, em que seja questionada manifestação ou omissão de autoridade pública ou agente de pessoa jurídica no exercício de atribuições do Poder Público" (*A Competência da Justiça do Trabalho e a Nova Ordem Constitucional. In:* COUTINHO, Grijalbo Fernandes e FAVA, Marcos Neves (coord.). *Nova Competência da Justiça do Trabalho.* São Paulo: LTr, 2005. p. 258).

(24) MORAES, Alexandre. *Direito Constitucional.* 15ª ed., São Paulo: Atlas, 2004, p. 154

(25) Nesse sentido destaca *Júlio César Bebber:* "Dar-se-á *habeas data,* entretanto, para conhecimento, retificação e complementação de informações, bem como para anotação de contestação ou explicação, sobre dados registrados pelo Ministério do Trabalho e Emprego constantes do '*cadastro de empregadores que tenham mantido trabalhadores em condições análogas à de escravo'* (Portaria n. 540 de 15.10.2004)" (*Mandado de Segurança.* Habeas Corpus, Habeas Data *na Justiça do Trabalho.* São Paulo: LTr, 2006, p. 228).

Em face de empregador (pessoa física ou jurídica de direito privado)[26], diante da redação do texto constitucional, não cabe o *habeas data*. Como destaca *Sérgio Pinto Martins*[27]:

"Se a Justiça do Trabalho fosse competente para analisar questões de funcionários públicos, seria razoável a retificação de banco de dados de entidades governamentais ou de caráter público (art. 5º, LXXII, da Lei Maior). O empregador não tem esse banco de dados ou informações constantes de registros públicos. Seus dados ou registros são privados. A Lei n. 9.507/97 mostra que o banco de dados é público. Faz referência à autoridade coatora, que é um agente público e não privado. Não penso que o *habeas data* servirá para obtenção de dados da empresa para fins do estabelecimento de participação nos lucros. O empregado poderá se utilizar de medida cautelar de exibição de documentos para obter certas informações da empresa constantes de documentos".

Quanto ao procedimento do *habeas data* na Justiça do Trabalho, aplica-se a Lei n. 9.507/97, por ser uma ação constitucional de natureza civil regida por lei especial.

5. Competência penal da Justiça do Trabalho

Os ramos do Direito não são estanques, cada ramo do Direito apresenta pontos de contato com outros ramos, como um sistema de vasos comunicantes. Assim também acontece com o Direito Material e Processual do Trabalho e o Direito Material e Processual Penal. Muitas vezes o juiz do trabalho se vale de vários conceitos do Direito Penal como dolo, culpa, legítima defesa, etc. para enfrentar questões de justa causa (art. 482, da CLT). No processo do trabalho, há a eclosão de delitos como falso testemunho, fraude processual e também delitos contra a organização do trabalho. Embora a Justiça do Trabalho seja uma Justiça Especializada, e o juiz do trabalho encarregado de garantir o cumprimento e efetividade do Direito do Trabalho, há também uma gama de tipos penais que visam também a garantir o cumprimento e efetividade da legislação trabalhista, os valores sociais do trabalho e a dignidade da pessoa humana do trabalhador.

Inegavelmente, o juiz do trabalho exerce atividades penais periféricas, incidentais em sua atuação jurisdicional, pois tem o dever de zelar pela dignidade do processo e pelo cumprimento da legislação, inclusive a criminal. Por exemplo, deve o juiz do trabalho comunicar os órgãos competentes na ocorrência de delito nos autos do processo (art. 40 do CPP), pode dar voz de prisão, inclusive à testemunha que comete delito de falso testemunho ou em caso de desacato à sua autoridade. Como destaca

---

(26) Nesse sentido a seguinte ementa: *Habeas data. Ilegitimidade passiva do Banco do Brasil SA para revelação a ex-empregada, do conteúdo da filha de pessoal, por não se tratar, no caso, de registro de caráter público, nem atual o impetrado na condição de entidade governamental* (RE 165304-MG, TP, Rel. Min. Octavio Gallotti, DJU 15.12.2000, p. 105).

(27) MARTINS, Sérgio Pinto. *Competência da Justiça do Trabalho para analisar Mandados de Segurança, Habeas Corpus e Habeas Data. Revista Legislação do Trabalho*. São Paulo: LTr, ano 69, v. 7, 2005, p. 180.

Guilherme Guimarães Feliciano⁽²⁸⁾: "Os juízes do Trabalho exercitam, todavia, funções penais periféricas de ordem correicional e administrativa, que podem ser condensadas em três paradigmas, a saber, os institutos penais afins, o dever de noticiar (notícia-crime judicial compulsória — art. 40 do CPP) e a prisão em flagrante. Sobre esta última, entendemos aplicar-se ao juiz do Trabalho, como a todo juiz investido de jurisdição no local dos fatos, o ditame do art. 307 do CPP".

O Código Penal apresenta um capítulo dedicado aos crimes contra a organização do trabalho e também um capítulo dedicado aos crimes contra a organização da Justiça do Trabalho. Em leis esparsas como a Lei de Greve também há previsão de condutas criminosas pelos abusos praticados durante o movimento paredista (art. 15, da Lei n. 7.783/89).

Diante da redação dos incisos I e IX do art. 114, da CF, vozes da doutrina já estão sustentando a competência criminal da Justiça do Trabalho para apreciar os delitos contra a organização do trabalho e contra a administração da Justiça do Trabalho, pois antes da EC n. 45/04, o art. 114 da CF atribuía competência à Justiça do Trabalho para os dissídios entre empregados e empregadores. Agora o eixo central da competência deixou de ser as pessoas que compõem a relação de trabalho, para ser, objetivamente, a relação jurídica de trabalho.

Nesse sentido, é a posição de *José Eduardo de Resende Chaves Júnior*⁽²⁹⁾:

"Após a Emenda Constitucional n. 45 a situação ganhou contornos bem distintos. Com a elisão dos vocábulos 'empregador' e 'trabalhador' do art. 114 da Constituição, a competência da Justiça do Trabalho deixou de se guiar pelo aspecto subjetivo (sujeitos ou pessoas envolvidas na relação de emprego), para se orientar pelo aspecto meramente objetivo, qual seja, as ações oriundas da relação de trabalho, sem qualquer referência à condição jurídica das pessoas envolvidas no litígio.

Assim, a ação penal oriunda da relação de trabalho, que processualmente se efetiva entre Ministério Público e réu, passou a ser da competência da Justiça do Trabalho, em decorrência da referida mutação do critério de atribuição.

Isso porque o critério objetivo, dessa forma, se comunica com a natureza da infração, que é uma das formas de fixação da competência nos termos do art. 69, III, do Código de Processo Penal".

No mesmo sentido é a posição de *Nilton Rangel Barretto Paim*⁽³⁰⁾:

"Neste plus, ao analisármos o art. 69 do Código de Processo Penal, veremos expressamente dito que determinará a competência jurisdicional: I – o lugar de

---

(28) FELICIANO, Guilherme Guimarães. *Aspectos Penais da Atividades Jurisdicional do Juiz do Trabalho.* Revista Legislação do Trabalho. São Paulo: LTr, ano 66, v. 12, 2000, p. 1487.

(29) CHAVES JÚNIOR, José Eduardo de Resende. *A Emenda Constitucional n. 45/2004 e a Competência Penal da Justiça do Trabalho. In: Nova Competência da Justiça do Trabalho. In:* COUTINHO, Grijalbo Fernandes e FAVA, Marcos Neves (coord.), São Paulo: LTr, 2005, p. 222.

(30) PAIM, Nilton Rangel Barreto. *A Competência Criminal da Justiça do Trabalho – uma discussão antiga que se reafirma em face da Emenda Constitucional n. 45/2004, In: Competência da Justiça do Trabalho Aspectos Materiais e Processuais.* De acordo com a Ec. n. 45/2004. São Paulo: LTr, 2005, pp. 190-191.

infração; II – o domicílio ou residência do réu; III – a natureza da infração; (...) e assim segue a estabelecer outros critérios. Ora, ao conjugarmos: a) os incisos I e IX do art. 114, da Constituição Federal, nos quais constam expressamente as atribuições de competência à Justiça do Trabalho em razão da natureza da matéria — oriunda das relações de trabalho, sobretudo quando ao final do inciso IX, refere-se a outras controvérsias decorrentes da relação de trabalho, na forma da lei; b) com o inciso III, do art. 69 do Decreto-lei n. 3.689/1941 (Código de Processo Penal) e mais ainda, c) com o Titulo IV – Dos Crimes contra a organização do Trabalho, do Decreto-lei n. 2.848/1940 (Código Penal) concluímos que está tecida a teia que culmina na competência criminal da Justiça do Trabalho".

Argumentam ainda os defensores da competência criminal da Justiça do Trabalho que o inciso IV do art. 114 já atribuiu competência penal à Justiça do Trabalho, pois o *habeas corpus* é um ação de índole penal e que o julgamento dos crimes contra a organização do trabalho e contra a administração da Justiça do Trabalho fortalece a instituição e dá maior respeitabilidade a este ramo especializado do Poder Judiciário[31]. Além disso, sustentam que os referidos delitos estão afeitos à seara trabalhista e que o julgamento, pelo judiciário trabalhista, impulsionará maior cumprimento da legislação trabalhista e efetividade do Direito do Trabalho.

Em que pesem as respeitáveis posições em contrário, a EC n. 45/04 não atribuiu competência penal à Justiça do Trabalho, uma vez que não o fez expressamente. Não há como se concluir que está implícita a competência da Justiça do Trabalho para julgar os crimes contra a organização do trabalho, em razão de serem controvérsias oriundas da relação de trabalho.

De outro lado, conforme sustentamos alhures, o *habeas corpus* não se trata de uma ação criminal e sim de um remédio constitucional para tutelar a liberdade de locomoção contra ato ilegal ou de abuso de poder.

As prisões determinadas pelo juiz do trabalho decorrem do cumprimento das decisões trabalhistas, são de natureza cautelar e não penal. Não se trata de aplicação de pena e sim de dar efetividade às decisões judiciais. Ainda que se possa ventilar que o *habeas corpus* tem natureza de ação criminal, o art. 114, IV atribui competência restritiva penal à Justiça do Trabalho para esta ação, não podendo se estender tal competência para outras ações de índole penal.

---

(31) Neste sentido temos a visão de *Antônio Álvares da Silva*: "A competência penal seria a mais eficiente ferramenta de afirmação da Justiça do Trabalho e a mais potente arma para combater as violações à lei trabalhista. Hoje ela não dispõe de sanção, apenas condena patrimonialmente. Como os juros são insignificantes e a demanda pode demorar vários anos, a condenação perde significado" (*Competência Penal Trabalhista*. São Paulo: LTr, 2006. p.19). No mesmo sentido, defendendo a competência penal trabalhista, assevera *Marcelo José Ferlin D'Ambroso*: "A competência da Justiça do Trabalho em matéria criminal resgata a dignidade da jurisdição trabalhista e consolida o respeito aos direitos sociais conquistados e à atuação do órgão defensor da sociedade por excelência, o Ministério Público do Trabalho. O exercício da ação penal trabalhista na Justiça do Trabalho possibilitará, em curto prazo, diminuir sensivelmente as ocorrências de investidas criminosas comuns nas relações de trabalho concernentes a trabalho e salário sem registro, *truck-system*, cooperativismo irregular, discriminações e fraudes diversas, acarretando diminuição de ações trabalhistas e acrescendo elemento de valor e qualidade à jurisdição especializada" (*Competência Criminal na Justiça do Trabalho e Legitimidade do Ministério Público do Trabalho em Matéria Penal*: Elementos para Reflexão. *Revista Legislação do Trabalho*. São Paulo: LTr, ano 70, v. 2, 2006, p. 195).

Além disso, não foi revogado o art. 109, VI[32], da CF, que atribui competência à Justiça Federal para os crimes contra a organização do trabalho[33]. Como é curial, quando a Constituição fixa a competência penal de forma expressa de um determinado órgão jurisdicional, como a Justiça Federal, a competência criminal dos demais órgãos é residual. Como adverte *Júlio Fabbrini Mirabete*[34], "a chamada Justiça Comum estadual, com competência residual, ou seja, a fixada por exclusão; tudo o que não cabe na competência das justiças especiais e da Justiça Federal é da competência dela".

De outro lado, não nos parece que a Justiça do Trabalho está afeita às ações criminais, uma vez que seu foco é o acesso do trabalhador à Justiça e garantir os direitos fundamentais para a dignidade da pessoa do trabalhador e dos valores sociais do trabalho. Acreditamos que não é missão institucional da Justiça Trabalhista propiciar que o Estado ingresse com ações criminais para exercer o seu poder punitivo, porquanto a ação criminal tem como partes o Estado (ativa) e uma pessoa física no pólo passivo (réu). Ainda que a ação penal se inicie por iniciativa do ofendido (queixa crime) ou por representação da vítima, o *jus puniendi* pertence ao Estado.

A expressão "relação de trabalho" envolve a prestação de trabalho de uma pessoa física em prol de outra pessoa física ou jurídica, não abrangendo terceiros como o Estado, que é titular exclusivo do direito de punir. Ainda que o inciso IX do art. 114, da CF atribua à lei ordinária disciplinar outras controvérsias decorrentes da relação de trabalho, esta futura lei, a nosso ver, não tem o condão de atribuir competência criminal à Justiça do Trabalho, pois somente a Constituição Federal poderá atribuir tal competência ao Judiciário Trabalhista, como o inciso VI, do art. 109 da CF atribuiu competência material à Justiça Federal para os crimes contra a organização do trabalho[35]. No nosso sentir o art. 69, III, do CPP não regulamenta o inciso IX, do art. 114, da CF e não altera a regra da Constitucional da competência da Justiça Federal.

---

(32) Art. 109 da Constituição Federal: "Aos Juízes Federais compete processar e julgar: (...) VI – os crimes contra a organização do trabalho e, nos casos determinados por lei, contra o sistema financeiro e a ordem econômico-financeira".

(33) A jurisprudência firmou entendimento de que se os crimes contra a organização do trabalho ofenderem uma coletividade de trabalhadores, a competência é da Justiça Federal, se atingirem um único trabalhador, a competência é da Justiça Estadual. Nesse sentido *Fernando Capez*, citando a jurisprudência a respeito: "Crime contra a organização do trabalho: depende. Se ofender a organização do trabalho como um ato, a competência será da justiça federal (STJ, 3ª Séc., CComp 10.255/RS, rel Min. Edson Vidigal, v. u., DJ, 20 fev. 1995); se atingir direito individual do trabalho, a competência será da justiça comum estadual (STJ, 3ª Séc., Ccomp 388, DJU, 16 out. 1989, p. 15854; CComp 1.182, RSTJ, 18/2001)" (*Curso de Processo Penal*. 6ª ed., São Paulo: Saraiva, 2001, p. 2001). A Súmula n. 62 do STJ diz que "Compete à Justiça Estadual processar e julgar o crime de falsa anotação na Carteira de Trabalho e Previdência Social, atribuído à empresa privada". A Súmula n. 200 do extinto TFR aduz: "Compete à Justiça Federal processar e julgar o crime de falsificação ou o uso de documento perante a Justiça do Trabalho". Quanto ao delito de falso testemunho, assevera a Súmula n. 165 do STJ que "compete à Justiça Federal processar e julgar crime de falso testemunho cometido no processo trabalhista".

(34) MIRABETE, Júlio Fabbrini. *Código de Processo Penal Interpretado*. 6ª ed., São Paulo: Atlas, 1999, p. 137.

(35) *Júlio César Beber*, contrariando os argumentos em prol da competência penal da Justiça do Trabalho destaca que "a competência penal é sempre expressa, nunca presumida. Tanto é assim que a competência civil é definida por exclusão. Somente quando não for definida como penal é que a competência será civil" (*Mandado de Segurança. Habeas Corpus. Habeas data na Justiça do Trabalho*. São Paulo: LTr, 2006, p. 168).

Neste sentido, destacamos a seguinte ementa:

> "Ação penal pública – Incompetência da Justiça do Trabalho. Ementa: Agravo regimental – Incompetência da justiça do Trabalho – Ação penal pública – Embora o art. 114, da "Lex Mater", com a nova redação dada pela Emenda Constitucional n. 45/2004, estabeleça que esta Justiça Especializada é competente para dirimir as ações oriundas da relação de trabalho, inclusive os habeas corpus (quando o ato questionado envolver matéria sujeita à sua jurisdição), não estendeu à Justiça do Trabalho competência penal stricto sensu" TRT 12ª Reg. AG-REG 0891-2005-000-12-00-1 – (Ac. TP 13274/06, 28.8.06) – Relª Juíza Maria do Céo de Avelar. DJSC 26.9.06. p. 57)

Por derradeiro, cumpre destacar que a Justiça do Trabalho apresenta um processo simplificado, voltado para a satisfação rápida dos direitos do trabalhador. Em se admitindo a competência criminal, inegavelmente, para o julgamento de crimes a Justiça do Trabalho teria que aplicar o Código de Processo Penal, que é norteado pelo princípio constitucional da presunção de inocência do réu e a decisão somente pode ser proferida mediante um processo formal, balizado pelo princípio da verdade real, o que difere, em muito, dos princípios do Direito Processual do Trabalho.

Em que pese as boas intenções daqueles que defendem a competência criminal da Justiça do Trabalho, no nosso sentir tal competência não trará benefícios à Justiça do Trabalho e nem ao Processo do Trabalho, tampouco um maior cumprimento da Legislação Trabalhista, pois as vicissitudes enfrentadas pela Justiça Comum e pela Justiça Federal serão as mesmas enfrentadas pela Justiça do Trabalho. Além disso, a função da Justiça do Trabalho sempre foi facilitar o acesso do trabalhador à Justiça, o que ficaria significativamente comprometido com a competência criminal.

Não admitindo a competência penal da Justiça do Trabalho, encontramos os sólidos fundamentos de *Reginaldo Melhado*[36], abaixo transcritos:

> "(...) O sistema constitucional brasileiro foi todo ele construído a partir da não pressuposta de que o juiz natural em matéria penal é o magistrado da Justiça Comum dos Estados-membros. Bem por isso, a competência criminal de todos os demais ramos da Justiça é sempre definida expressamente no próprio texto constitucional ou em lei específica autorizada pela Constituição. O julgamento de determinados crimes é expressamente atribuído a certos órgãos na própria Constituição, como, por exemplo, no caso dos juízes federais (art. 109) e dos juízes militares (arts. 124 e 125, § 4º), ou resulta simplesmente permitido por regulação legal posterior — que igualmente deverá ser objeto de expressa imputação —, como no caso dos juízes eleitorais (arts. 108, I a, 109, IV, 121, p. 4º, V, da Constituição, e art. 35, inciso II, do Código Eleitoral). Já no que se refere à competência do juiz estadual, a Constituição apresenta um eloqüente silêncio, evidenciando a idéia de que sua competência criminal é premissa subjacente à

---

(36) MELHADO, Reginaldo. *Metamorfoses do Capital e do Trabalho: Relações de Poder, Reforma do Judiciário e Competência da Justiça Laboral.* São Paulo: LTr, 2006, pp. 195-196.

sistemática competencial adotada. Se essa tese que estamos a discutir fosse correta, seguir-se-ia que a competência penal da Justiça do Trabalho já estava colocada na Constituição de 1988, e nas anteriores, pois os conflitos entre trabalhadores e empregadores, independentemente da natureza da norma de direito material aplicável, seriam sempre da sua esfera competencial. Por exemplo: praticado o fato no âmbito da relação de trabalho, sendo vítima o trabalhador e ofensor o patrão, a ação penal privada por crime contra a honra seria julgada pelo juiz do trabalho, pois se trataria de litígio entre empregado e empregador. Uma idéia obviamente desarrazoada, sequer cogitada pelos processualistas até hoje.

O litígio de natureza penal não é oriundo da relação de trabalho, nesses casos. Na configuração de um tipo penal, há um sujeito passivo formal e um sujeito passivo material, que eventualmente se podem confundir na mesma pessoa (...)".

Neste mesmo sentido pensa *Sérgio Pinto Martins*[37]:

"Matéria criminal não será de competência da Justiça do Trabalho, pois não há disposição nesse sentido no art. 114 da Constituição ou na Lei. A ação é proposta pelo Estado contra uma pessoa física não se enquadrando nos incisos do art. citado. Prevê a Súmula n. 115 do TFR que compete à Justiça Federal processar e julgar os crimes contra a organização do trabalho, quando tenham por objeto a organização geral do trabalho ou direitos do trabalhadores considerados coletivamente. Se a questão é individual, a competência é da Justiça Estadual. A Súmula n. 165 do STJ esclarece que a Justiça Federal é competente para processar e julgar crime de falso testemunho no processo trabalhista"[38].

Diante do exposto, em que pese o respeito que merecem as opiniões em contrário, a EC n. 45/04, ao alterar o eixo central da competência material da Justiça do Trabalho, para as controvérsias oriundas e decorrentes da relação de trabalho, não atribuiu competência penal à Justiça do Trabalho. Tal competência somente será possível por meio de Emenda Constitucional[39].

---

(37) MARTINS, Sérgio Pinto. *Direito Processual do Trabalho*. 23ª ed., São Paulo: Atlas, 2006, p.125.
(38) No mesmo diapasão, sustenta *Otavio Brito Lopes*: "Também não vislumbramos, com espeque no inciso I do art. 114 da CF, a possibilidade de a Justiça do Trabalho processar e julgar os crimes contra a organização do trabalho. Não se pode pretender que o crime decorra de uma relação jurídica de trabalho. A rigor, o primeiro é a negação dos efeitos regulares da segunda e não sua conseqüência. O simples fato de um determinado tipo penal contemplar a existência de um contrato de trabalho não significa que a ação penal correspondente seja oriunda da relação de trabalho. Se fosse assim, teríamos que admitir que as ações penais por adultério ou bigamia seriam oriundas ou decorreriam do vínculo matrimonial, o que não é verdade" (A Emenda Constitucional n. 45 e o Ministério Público do Trabalho. *In: Justiça do Trabalho Competência Ampliada*. Grijalbo Fernandes Coutinho e Marcos Neves Fava (coord.). São Paulo: LTr, 2005, pp. 366-367).
(39) Nesse sentido se pronunciou recentemente o STF, deferindo a liminar em MEDIDA CAUTELAR EM AÇÃO DIRETA DE INCONSTITUCIONALIDADE n. 3.684-0 (1), conforme noticiado pelo STF: "1.2.2007 – 19:15 – Justiça do Trabalho não tem competência para julgar ações penais. O plenário do Supremo Tribunal Federal (STF) deferiu, por unanimidade, liminar na Ação Direta de Inconstitucionalidade (ADI) 3684, ajuizada pelo procurador-geral da República contra os incisos I, IV e IX do art. 114 da Constituição Federal, introduzidos pela Emenda Constitucional (EC) 45/04. Esses dispositivos, ao tratarem da competência da Justiça do Trabalho para solucionar conflitos entre trabalhadores e empregadores, teriam atribuído jurisdição em matéria criminal à Justiça do Trabalho. De acordo com a ADI, o texto da Reforma do Judiciário aprovado pela Câmara foi alterado posteriormente no Senado.

O procurador-geral sustenta que, após a alteração feita no Senado, a matéria deveria ter retornado à Câmara dos Deputados, o que não teria ocorrido, configurando a inconstitucionalidade formal do inciso I do art. 114. Aponta ainda que o dispositivo afronta os arts. 60, parágrafos 2º e 4º, inciso IV, e o art. 5º *caput* e inciso LIII da Constituição Federal. O PGR alega que, em decorrência da EC n. 45, o Ministério Público do Trabalho e a Justiça do Trabalho estão praticando atos relativos a matéria penal. Diante dos argumentos, o procurador-geral requer, na ADI, a suspensão da eficácia do inciso I do art. 114 ou que seja dada interpretação conforme a Constituição. Pede também o afastamento de qualquer entendimento que reconheça a competência penal da Justiça do Trabalho e a interpretação conforme o texto constitucional dos incisos IV e IX do art. 114, acrescentado pela EC n. 45/04. No mérito, que seja declarada a inconstitucionalidade dos dispositivos impugnados. Voto: Em seu voto, o relator da ação, ministro Cezar Peluso, afirmou que o Inciso IV do art. 114 determina a competência da Justiça do Trabalho para julgar *Habeas Corpus*, *Habeas Data* e Mandados de Segurança, 'quando o ato questionado envolver matéria sujeita a sua jurisdição'. Ele lembra, porém, que o pedido de *habeas* pode ser usado "contra atos ou omissões praticados no curso de processos de qualquer natureza", e não apenas em ações penais. Se fosse a intenção da Constituição outorgar à Justiça Trabalhista competência criminal ampla e inespecífica, não seria preciso prever, textualmente, competência para apreciar *habeas*. O relator ressalta que a Constituição "circunscreve o objeto inequívoco da competência penal genérica", mediante o uso dos vocábulos 'infrações penais' e 'crimes'. No entanto, a competência da Justiça do Trabalho para o processo e julgamento de ações oriundas da relação trabalhista se restringe apenas às ações destituídas de natureza penal. Ele diz que a aplicação do entendimento que se pretende alterar violaria frontalmente o princípio do juiz natural, uma vez que, segundo a norma constitucional, cabe à Justiça Comum – estadual ou federal, dentro de suas respectivas competências, julgar e processar matéria criminal. Quanto à alegada inconstitucionalidade formal, *Peluso* argumenta que a alteração no texto da EC n. 45, durante sua tramitação no Legislativo, "em nada alterou o âmbito semântico do texto definitivo", por isso não haveria a violação ao parágrafo 2º, art. 60 da Constituição. Assim, por unanimidade, foi deferida a liminar na ADI, com efeitos *ex tunc* (retroativo), para atribuir interpretação conforme a Constituição, aos incisos I, IV e IX de seu art.114, declarando que, no âmbito da jurisdição da Justiça do Trabalho, não está incluída competência para processar e julgar ações penais". Diante do exposto, no nosso sentir, em que pese o respeito que merecem as opiniões em contrário, a EC n. 45/04 ao alterar o eixo central da competência material da Justiça do Trabalho, para as controvérsias oriundas e decorrentes da relação de trabalho, não atribuiu competência penal à Justiça do Trabalho. Tal competência somente será possível por meio de Emenda Constitucional" (Disponível em <http://www.stf.com.br>, acesso em 13.2.2007).

Capítulo VI

CONFLITOS DE COMPETÊNCIA ENTRE ÓRGÃOS QUE DETÊM JURISDIÇÃO TRABALHISTA

1. Introdução

Há o conflito de competência, positivo ou negativo, entre dois órgãos judiciais, quando dois ou mais juízes se consideram, simultaneamente, competentes ou incompetentes para apreciar determinada causa[1].

Assevera o art. 114, V, da CF que compete à Justiça do Trabalho processar e julgar os conflitos de competência entre órgãos com jurisdição trabalhista, ressalvado o disposto no artigo, 102, I, *o*.

Assevera o art. 102, I, *o*, da Constituição Federal competir ao STF, precipuamente a guarda da Constituição, cabendo, processar e julgar originariamente os conflitos de competência entre o Superior Tribunal de Justiça e quaisquer tribunais, entre Tribunais Superiores, ou entre estes e qualquer outro tribunal.

Os órgãos com jurisdição trabalhista por força do art. 111, da CF são o Tribunal Superior do Trabalho, os Tribunais Regionais do Trabalho e os Juízes do Trabalho. Excepcionalmente, a jurisdição trabalhista é atribuída aos juízes de Direito, nas comarcas não abrangidas pela jurisdição trabalhista (art. 112, da CF).

Ao contrário do que já estão pensando alguns doutrinadores[2], o inciso V do art. 114, da CF não atribuiu competência à Justiça do Trabalho para apreciar conflitos entre juízes vinculados a Tribunais diversos, como entre juiz de trabalho e juiz de Direito, ainda que a matéria seja trabalhista, uma vez que o referido inciso V fala *em órgãos com jurisdição trabalhista* e não conflito sobre *matéria trabalhista*. De outro lado diz o art. 105, I, da Constituição Federal competir ao Superior Tribunal de Justiça

---

(1) Diz o art. 115 do Código de Processo Civil: "Há o conflito de competência: I – quando dois ou mais juízes se declaram competentes; II – quando dois ou mais juízes se consideram incompetentes; III – quando entre dois ou mais juízes surge controvérsia acerca da reunião ou separação de processos".

(2) Nesse sentido pensa *Francisco Antonio de Oliveira*: 'Os conflitos de jurisdição havidos entre Varas do Trabalho e juízes de Direito ou juízes federais serão de competência do Tribunal Superior do Trabalho (arts. 114, V, com a redação dada pela EC n. 45/2004). Os conflitos havidos entre os Tribunais Superiores ou entre este e qualquer outro tribunal inferior, aí incluídas as Turmas, Câmaras e Varas serão de competência do Supremo Tribunal Federal (art. 102, I, letra *o*, CF)" (*Comentários à Consolidação das Leis do Trabalho*. 3ª ed., São Paulo: RT, 2005, p. 682).

processar e julgar os conflitos de competência entre quaisquer Tribunais, ressalvado o disposto no art. 102, I, *o*, bem como entre Tribunal e juízes a ele não vinculados e entre juízes vinculados a Tribunais diversos. Desse modo, pelo texto constitucional, ainda que a matéria seja trabalhista, se os juízes estiverem vinculados a Tribunais diversos, a competência para dirimir o conflito é do STJ[3].

2. Espécies de conflitos

Os conflitos podem ocorrer entre os próprios órgãos que compõem o judiciário trabalhista, como os conflitos entre Varas do Trabalho ou entre juízes do trabalho e juízes de Direito investidos na jurisdição trabalhista, e entre Tribunais Regionais do Trabalho. Em razão da hierarquia funcional[4] entre os órgãos que compõem a Justiça do Trabalho, não há conflito de jurisdição entre Varas e TRTs, e também entre TST e TRTs, pois prevalece o entendimento do Tribunal hierarquicamente superior.

Se os conflitos forem entre duas Varas do Trabalho, ou entre juiz do trabalho e juiz de Direito com jurisdição trabalhista, o TRT julgará o conflito (art. 809, *a*, da CLT).

Se o conflito for entre regionais, o TST julgará (art. 808, *b*, da CLT).

Se o conflito se der entre juiz do trabalho e juiz de Direito, ou entre juiz do trabalho e juiz federal, o STJ decidirá (art. 105, I, da CF).

Se o conflito se der entre TST e TJ, ou TRF, o STF, julgará o conflito (art. 102, I, *o*, da CF).

Se o conflito se der entre TRT e juiz de Direito ou federal, o STJ, resolverá o conflito, nos termos do art. 105, *d*, da CF.

Provavelmente, se a matéria não chegar ao Supremo Tribunal Federal, o Superior Tribunal de Justiça será quem irá dizer a competência da Justiça do Trabalho quando houver conflitos de competência entre juiz de Direito, juiz federal e juiz do trabalho. Entretanto, a palavra final sobre a competência material da Justiça do Trabalho será dada pelo STF, conforme o art. 102, I, *o*, da CF.

Como bem adverte *Pedro Paulo Teixeira Manus*[5]:

"Há ainda no que diz respeito aos conflitos de competência, temos assistido a várias situações em que juízes estaduais e federais comuns têm entendido que o

---

(3) Nesse sentido a posição de *Edilton Meireles*: "É certo, outrossim, que, mesmo não havendo referência no dispositivo em comento, por óbvio, por envolver conflito com órgão não integrante da Justiça do Trabalho, permanece a regra de que compete ao STJ, com base no art. 105, inciso I, alínea *d*, da CF julgar o conflito (...) (*Competência e Procedimento na Justiça do Trabalho: Primeiras Linhas da Reforma do Judiciário*. São Paulo: LTr, 2005, p. 76).

(4) Como destaca *Francisco Antonio de Oliveira*, "pelo princípio da hierarquia não poderá haver conflito entre órgãos pertencentes ao mesmo ramo de jurisdição. Disso resulta que a Vara do Trabalho não poderá suscitar conflito com Turma do Regional. A Turma do Regional não poderá fazê-lo com a Seção do Dissídio Individual do TST e nenhum Regional poderá suscitar conflito com o TST" (*Comentários à Consolidação das Leis do Trabalho*, 3ª Edição. São Paulo: RT, 2005, p. 683).

(5) MANUS, Pedro Paulo Teixeira *et al. Op. cit.*, pp. 98-99.

alcance da Emenda Constitucional n. 45/04 é menos amplo do que o entendimento dos juízes do trabalho, resultando conflitos positivos, ensejando a remessa do feito ao STF. A grande questão é a demora na solução do impasse, o que prejudica em muito o jurisdicionado, que é forçado a aguardar muito tempo até que decida qual o juízo competente para conhecer e decidir o conflito, o que implicará em outro lapso considerável até decisão final. Cumpre assinalar, ainda, hipóteses em que tanto o TST quanto o STJ têm entendido pela competência da Justiça do Trabalho e Justiça Comum, sem provocação do STF, o que gera insegurança jurídica, não sabendo o interessado, ao final de contas, qual a justiça efetivamente competente".

Efetivamente, a prática tem demonstrado que há demora significativa nos julgamentos de conflitos de competência, com grande prejuízo ao jurisdicionado e em desprestígio do próprio poder judiciário, por isso o ideal (*de lege ferenda*) seria que a Justiça do Trabalho apreciasse todos os conflitos de competência que envolvem matéria trabalhista, mesmo entre órgãos com jurisdição trabalhista e outro vinculado a jurisdição diversa[6], uma vez que a Justiça do Trabalho está melhor aparelhada para dizer se a questão é trabalhista ou não[7]. Também há necessidade premente de reforma da legislação processual, para que sejam agilizados de forma significativa os julgamentos dos conflitos de competência pelos Tribunais.

---

(6) Não obstante, o art. 105 I, da Constituição Federal diz competir ao Superior Tribunal de Justiça processar e julgar os conflitos de competência entre quaisquer Tribunais, ressalvado o disposto no art. 102, I, *o*, bem como entre Tribunal e juízes a ele não vinculados e entre juízes vinculados a Tribunais diversos".

(7) Nesse sentido é a opinião de *Antônio Álvares da Silva*: "Sempre que o conflito de competência envolva matéria trabalhista, mesmo entre um órgão com jurisdição trabalhista e outro a ela estranha, entendo que a competência para decidir deva ser da Justiça do Trabalho. A razão é simples: o juiz do trabalho está em melhores condições de dizer negativamente que a questão não é trabalhista, remetendo-a à jurisdição comum, federal ou cível, do que um órgão da Justiça Comum, que tenha de dizer, positivamente, se a matéria é ou não trabalhista. Falta-lhe experiência e conhecimento especializado. O exemplo está no dano moral. O STJ entendeu que a matéria era de 'direito civil', negando competência à Justiça do Trabalho, até que o STF corrigisse o erro. Finalmente, a questão foi prevista na própria Constituição. É de toda conveniência que o legislador infraconstitucional estabeleça regras objetivas e claras, que permitam um julgamento rápido dos conflitos de competência" (*Pequeno Tratado da Nova Competência da Justiça do Trabalho*. São Paulo: LTr, 2005, p. 226).

Capítulo VII

AÇÕES DE INDENIZAÇÃO POR DANOS MORAIS E PATRIMONIAIS DECORRENTES DA RELAÇÃO DE TRABALHO

1. Definição de danos morais e patrimoniais na esfera trabalhista

Dano, do latim *damnum*, termo bastante amplo para significar qualquer prejuízo material ou moral causado a uma pessoa. Em síntese, pode-se dizer que o dano é a lesão a um bem jurídico. É a lesão a um patrimônio[1].

Ensina *Agostinho Alvim*[2]: "nós entendemos que o termo dano, em sentido amplo, vem a ser a lesão de qualquer bem jurídico, e aí se inclui o dano moral. Mas em sentido estrito, dano é, para nós, a lesão do patrimônio; e patrimônio é o conjunto das relações jurídicas de uma pessoa, apreciáveis em dinheiro. Aprecia-se o dano tendo em vista a diminuição sofrida no patrimônio. Logo, a matéria do dano prende-se à da indenização, de modo que só interessa o estudo do dano indenizável".

O dano é um dos pressupostos da responsabilidade civil, pois sem ocorrência de prejuízo, não há o dever de indenizar.

No Direito italiano e também no Direito brasileiro, costuma-se classificar o dano, não pela sua origem, mas pela extensão dos seus efeitos, ou seja, pelos resultados que produz, conforme a doutrina de *Minozzi*[3]. Se o dano atingir o patrimônio, estaremos diante de um dano patrimonial, caso atinja um direito da personalidade sem conteúdo econômico, o dano será de ordem moral. Concordamos com o mestre italiano ao dizer que o dano é um só, podendo ser diversos os seus efeitos.

O dano é a lesão de um bem jurídico, material ou imaterial ou ainda moral, tutelado pelo Direito, que acarreta prejuízo à vítima.

---
(1) FLORINDO, Valdir. *Dano Moral e o Direito do Trabalho*, 4ª ed., São Paulo: LTr, 2002, p. 29.
(2) ALVIM, Agostinho. *Da inexecução das Obrigações*, 3ª ed., São Paulo: Editora Jurídica e Universitária, 1965, p. 171.
(3) *"La distinzione del danno in patromoniale ed non patrimoniale non si referisce al danno nella sua origine, ma al danno nei suoi effetti. Quando parleremo di danni non patrimoniali, intendiamo parlare di danni che no ledoso il patrimonio della persona. Il contenuto di questi danni no è il danaro, nè uma cosa commercialmente reducibile in danaro, ma il dolore, lo spavento, l´emozione, l´onta, lo strazio físico o morale, in generale uma dolorosa sensazione provata dalla persona, attribuendo allá parola dolore il più large significato"* (*Studio sul danno non patrimoniale (danno morale)*, p. 13, pp. 40-41), apud CAHALI, Yussef. *Dano Moral*. 3ª ed., São Paulo: RT, 2005, p. 21.

O dano que causa prejuízo ao patrimônio da pessoa, é considerado material e é reparado por um montante em pecúnia para tornar indene o prejuízo sofrido, ressarcindo o lesado dos danos emergentes (imediatos e atuais) e lucros cessantes (mediatos e futuros) o que o lesado razoavelmente ganharia se não houvesse o dano.

Quanto ao dano moral, não é fácil a tarefa de se definir o conceito exato. Não obstante as dificuldades de se definir, a doutrina tem traçado alguns conceitos objetivos de dano moral, máxime para diferenciá-lo do dano patrimonial, já que, atualmente, o chamado dano moral puro, ou seja, aquele que não tem qualquer reflexo patrimonial, é objeto de reparação pelo Direito. Muitos conceitos partem da definição por exclusão do dano patrimonial, vale dizer: todo dano que não é patrimonial, é moral, ou extrapatrimonial. Não obstante, nem tudo que não é dano patrimonial pode ser encarado como dano moral.

A moderna doutrina vem dando amplitude mais acentuada ao dano moral para abranger todo dano que viole um direito da personalidade e a dignidade da pessoa humana, não podendo o conceito de dano moral ficar exclusivamente balizado ao preço da dor e aos danos do *Mundo Interior*. A nosso ver, diante da atual Constituição Federal (art. 5º, V e X) e também do Código Civil (arts. 10 e seguintes), atualmente, o conceito de dano moral tem caráter mais amplo do que os chamados "danos da alma" ou danos do mundo interior, e sim para abranger todo dano à pessoa, seja no aspecto interior (honra, intimidade, privacidade), bem como o aspecto exterior (imagem, boa-fama, estética), que não tenha natureza econômica, e que abale a dignidade da pessoa. Quanto às pessoas jurídicas, por não possuírem intimidade e não terem sentimentos, o dano moral se configura quando há violação à sua honra objetiva, seu nome, reputação e imagem.

No nosso sentir, o dano moral se configura independentemente de seus efeitos, até mesmo porque os efeitos não são passíveis de serem demonstrados. Basta que ocorra violação efetiva a um direito da personalidade para que o dano moral esteja configurado.

Acreditamos, apesar de pronunciamentos em contrário, que o chamado *dano moral trabalhista*[4] não difere ontologicamente do dano moral civil, apenas o primeiro tem nexo causal com a relação de emprego e o segundo não. Por isso, o dano moral que eclode de uma relação de trabalho, embora topograficamente inserido numa relação de ordem trabalhista, não perde sua natureza jurídica de ser uma reparação de índole

---

(4) Muitos autores sustentam a existência do chamado *dano moral trabalhista*, ou seja o dano moral próprio do Direito do Trabalho, que está umbilicalmente ligado a uma relação de trabalho ou de emprego. Nesse sentido é a visão de *João Oreste Dalazen*: "reputo *dano moral trabalhista*, por conseguinte, o agravo ou constrangimento moral infligido quer ao empregado, quer ao empregador, mediante violação a direito ínsito à personalidade, como conseqüência da relação de emprego" (*Aspectos do Dano Moral Trabalhista. Revista Legislação do Trabalho.* São Paulo: LTr, ano 64, v. 01, 2000, p. 7). No mesmo sentido é a posição de *Guilherme Augusto Caputo Bastos:* "O dano moral trabalhista configura-se, portanto, pelo enquadramento do ato ilícito perpetrado em uma das hipóteses de violação aos bens juridicamente tutelados pelo art. 5º, X, da Constituição da República de 1988. E para que o direito à reparação financeira se concretize, faz-se imprescindível a associação de três elementos básicos caracterizadores da responsabilidade civil: o impulso do agente, o resultado lesivo (dano) e o nexo de causalidade entre o dano e a ação"(*O Dano Moral no Direito do Trabalho.* São Paulo: LTr, 2003, p. 72).

constitucional e civil. Desse modo, em que pesem as abalizadas opiniões em contrário, não há o chamado *dano moral trabalhista* e sim, um dano moral decorrente da relação de trabalho, pois a reparação por danos morais não é uma parcela trabalhista *stricto sensu* e nem se confunde com as indenizações trabalhistas, previstas no art. 7º da Constituição Federal e na Consolidação das Leis do Trabalho[5].

2. Competência da Justiça do Trabalho para apreciação dos danos morais e patrimoniais

Já na antiga redação do art. 114, da CF a jurisprudência trabalhista havia fixado entendimento no sentido de ser a Justiça do Trabalho competente para dirimir controvérsias sobre a reparação do dano moral decorrente da relação de trabalho. Nesse sentido a OJ 327, da SDI-I, do C. TST assim redigida: *"Dano moral. Competência da Justiça do Trabalho. Nos termos do art. 114 da CF/88, a Justiça do Trabalho é competente para dirimir controvérsias referentes à indenização por dano moral, quando decorrente da relação de trabalho".*

Sob esse enfoque também já havia se pronunciado o E. STF, consoante voto da lavra do Ministro *Sepúlveda Pertence*, que segue: *"Justiça do Trabalho. Competência. Ação de reparação de danos decorrentes da imputação caluniosa irrogada ao trabalhador pelo empregador a pretexto de justa causa para a despedida e, assim, decorrente da relação de trabalho, não importando deva a controvérsia ser dirimida à luz do Direito Civil" (RE n. 238.737-SP) julg. 17.11.98*[6].

Atualmente, o art. 114, VI, da Constituição Federal dispõe sobre a competência da Justiça do Trabalho para as ações de reparação por danos patrimoniais e morais decorrentes da relação de trabalho. Diz o referido dispositivo legal: "Compete à Justiça do Trabalho processar e julgar: (...) VI – a ações de indenização por dano moral ou patrimonial, decorrentes da relação de trabalho".

Desse modo, a Justiça do Trabalho apreciará os danos morais e patrimoniais que não têm natureza jurídica de verba trabalhista *stricto sensu*, mas que decorrem da relação de trabalho.

3. Danos na fase pré-contratual

Os danos, tanto morais, como patrimoniais, podem ocorrer na fase pré-contratual, na fase contratual e na fase pós-contratual. Quanto à fase contratual, não há

---

(5) Nesse sentido se pronuncia *Amauri Mascaro Nascimento*: "Dano moral, que é o efeito da agressão moral, do assédio moral e do assédio sexual, é um só e mesmo conceito, no Direito Civil e no Direito do Trabalho, não existindo um conceito de dano moral trabalhista que, assim, vai buscar no Direito Civil os elementos da sua caracterização" (*Curso de Direito do Trabalho*, 19ª Edição. São Paulo: Saraiva, 2004, p. 466).

(6) Diário da Justiça n. 226, Seção 1, 25.11.98, p. 22. No mesmo sentido também se pronunciou o STF. RE 269.309-0, Rel. Nélson Jobim, DJ n. 218, 13.11.2000, Seção 1, p. 35.

discussões sobre a competência da Justiça do Trabalho (art. 114, VI, da CF). Já quanto às fases pré-contratual e pós-contratual surgem dúvidas, pois o dano não se verifica durante a relação de emprego.

Não admitindo a competência da Justiça do Trabalho na fase pré-contratual, destacamos a opinião de *Antonio Lamarca*[7]:

"Mais difícil se torna o tema quando pretendemos resolver questiúnculas originadas de um 'pré-contrato', que sequer chegou a ser concretizado. Sem aderir à teoria do 'contrato-realidade', procuramos demonstrar em Manual das Justas Causas, a falsidade dessa teoria. A relação de emprego é conseqüência direta da relação jurídica que se estabelece entre as partes que prometem respectivamente, 'atividade laborativa' e 'contraprestação salarial'; no pré-contrato, ainda não há incidência das leis laborais e ainda não existe um 'contrato individual' de trabalho, que somente adquire vida e dinamismo através de sua execução. Se, por acaso, há inadimplência, a competência é da Justiça comum e não da Justiça do Trabalho".

No mesmo sentido é opinião de *Rodolfo Pamplona Filho*[8]:

"O período das tratativas para a eventual formação de um contrato de trabalho, ainda que possa estar propenso à ocorrência de danos morais, não deve estar sob a competência da Justiça do Trabalho pelo argumento dogmático de que inexiste, neste momento, a qualificação jurídica necessária dos sujeitos, qual seja, a condição de empregados e empregadores"[9].

Em que pese os argumentos dos citados doutrinadores, entendemos que a razão está com os que pensam ser a Justiça do Trabalho competente para dirimir os danos que eclodem na fase pré-contratual, pois decorrem de um futuro contrato de trabalho. De outro lado, a controvérsia decorre da relação de trabalho e se embasa na culpa *in contrahendo*. O fato de não existir ainda a relação de emprego não é suficiente para afastar a competência da Justiça do Trabalho, pois só houve o dano em razão de um futuro contrato de trabalho, se não fosse a relação de emprego ou de trabalho, que é o objeto do negócio jurídico, não haveria o dano.

Para *Wilson de Souza Campos Batalha*[10], "compete à Justiça do Trabalho apreciar os litígios decorrentes de pré-contratos de trabalho ou da chamada fase pré-contratual

---

(7) LAMARCA, Antonio. *Op. cit.*, pp. 118-119.
(8) PAMPLONA FILHO, Rodolfo. *O Dano Moral na Relação de Emprego*. 2ª ed., São Paulo: LTr, 1999, p. 116.
(9) No mesmo diapasão é a opinião de *Luiz de Pinho Pedreira*: "Na fase pré-contratual, conforme dito em capítulo anterior, reconsideramos a nossa opinião no sentido da competência, que passamos a rejeitar, porque, nos termos do art. 114 da Constituição, ela está subordinada à extinção da relação de trabalho e esta, no período em questão, ainda não se perfez. É certo que *Wilson de Souza Campos Batalha* considera competente a Justiça do Trabalho inclusive para as ações relativas à fase pós-contratual, todavia sem justificar. Em concordância com o nosso atual ponto de vista situa-se *Miriam Tereyama*, em estudo sobre o dano moral trabalhista, sustentando que se trata de mera expectativa de celebração futura de contrato para estabelecimento de relação de trabalho, excluída da expressão constitucional e, portanto, da competência da Justiça Comum, porque inexistente ainda relação empregatícia" (*A Reparação do Dano Moral no Direito do Trabalho*. São Paulo: LTr, 2004, pp. 123-124).
(10) BATALHA, Wilson de Souza Campos. *Tratado de Direito Judiciário do Trabalho*. 2ªed., São Paulo: LTr: 1985, p. 233.

da relação de emprego (*Krotoschin, op. cit.*, II, p. 70). Igualmente, compete-lhe apreciar a situação pós-contratual, para reconhecer direitos oriundos do contrato de trabalho ou dele decorrentes, tais como complementação de aposentadoria".

Nesse sentido também se posiciona Alice Monteiro de Barros[11]:

"O dever de ressarcimento, nesses casos, funda-se na teoria da culpa *in contrahendo* ou responsabilidade pré-contratual, com a qual *Jhering* visou tutelar a confiança recíproca, que deve nortear o comportamento das partes desde a fase das negociações preliminares. O fundamento dessa responsabilidade reside no dever de agir consoante o princípio da boa-fé objetiva que reside no direito obrigacional, atuando como norma de conduta social, segundo a qual as pessoas devem se comportar com lealdade recíproca nas relações sociais, enquanto a boa-fé subjetiva cinge-se ao campo dos direitos reais".

Nesse mesmo diapasão, destacamos a seguinte ementa:

"A Justiça do Trabalho é competente para apreciar e decidir pedido de reparação de ano causado pelo descumprimento da promessa de celebrar contrato de trabalho, por tratar-se de controvérsia decorrente de uma relação de trabalho prometida e que não teria se consumado por culpa de uma das partes. Embora refutada por muitos, existe a chamada responsabilidade pré-contratual, decorrente de ação ou omissão culposas ocorridas entre a proposta e a aceitação. Se a aceitação da proposta é manifestada no tempo oportuno, o contrato estará perfeito e acabado pelo simples acordo de vontades,. Mas em se tratando de preposta que não exige aceitação imediata, pode o policitante retratar-se antes de manifestar a sua vontade. Entretanto, se este foi ilaqueado em sua boa-fé e frustrado em sua fundada esperança de contratar, tem ele o direito à reparação dos prejuízos sofridos. O dever de indenizar, no caso, explica-se, segundo alguns, pela teoria da culpa in contrahendo ou, segundo outros, pelo abuso de direito, mesmo que nessa fase não se entenda já existirem direito" (TRT, 3ª Região, 4ª Turma, Rel. Luiz Otávio Linhares Renault, Ac. 1383, RO 17739/00, DJMG, 25.11.00, p. 32).

4. Danos na fase pós-contratual.

Quanto à fase pós-contratual, parte da doutrina se pronuncia pela incompetência da Justiça do Trabalho, por já extinta a relação de emprego e pelas partes já não ostentarem mais o *status* de empregado e empregador. Entretanto, pensamos de forma diversa, pois se os danos eclodiram em razão da antiga existência do contrato de trabalho e com ele estão relacionados, a competência da Justiça do Trabalho se mantém, por força do art. 114, VI da CF, que menciona a competência da Justiça do Trabalho para as ações decorrentes *da relação de trabalho*.

---

(11) BARROS, Alice Monteiro de. *Proteção à Intimidade do Empregado.* São Paulo: LTr 1997, p. 169.

O termo *decorrente* significa que se origina de uma relação de trabalho, vale dizer: que foi em razão desta relação que o dano eclodiu, independentemente se a relação de trabalho ou emprego ainda está vigente ou não, pois a Constituição assim não distinguiu. Se dúvidas podem surgir quanto à competência da Justiça do Trabalho para apreciar o dano decorrente da fase pré-contratual, parece fora de dúvida que a competência para apreciar os danos decorrentes da fase pós-contratual é da Justiça especializada trabalhista, desde que relacionados à relação de trabalho[12]. Por exemplo, se um empregador manda uma carta a uma empresa que pretende contratar seu antigo empregado, contento informações desabonadoras a respeito da conduta do trabalhador, por fatos ocorridos durante a antiga relação de emprego. Ora, neste caso, a matéria está umbilicalmente atrelada ao antigo contrato de trabalho, restando forçosa a aplicação do art. 114, da CF.

Como bem assevera *José Affonso Dallegrave Neto*[13]:

"a competência material para apreciar o dano moral oriundo da violação de deveres de lealdade, proteção e informação é da Justiça do Trabalho, vez que resultante de dever de conduta anexo ao contrato de trabalho, ainda que de um contrato findo. Ademais, corrobora este entendimento o fato do agente, ao ofender a vítima, agir não na condição de um sujeito qualquer que afronta a personalidade de outrem, mas especificamente de um ex-empregador que difama ou calunia seu ex-empregado com informações distorcidas atinentes ao contrato de trabalho ou vice-versa. O status jurídico do agente (ex-empregador) e da vítima (ex-empregado) são fundamentais para a classificação de um direito relativo e da responsabilidade do tipo contratual, máxime porque o novo art. 114, VI, da CF, fixa expressamente a competência da Justiça do Trabalho para as ações de indenização decorrentes de toda e qualquer relação de trabalho".

Nesse diapasão, destacamos a seguinte ementa:

"A competência da Justiça do Trabalho para dirimir os dissídios motivados por dano moral não se estabelece linearmente, mas em decorrência da situação jurídica em que se encontra o trabalhador nos períodos pré-contratual, contratual e pós-contratual e do nexo de causa e efeito entre a lesão perpetrada e o vínculo de emprego. Revista conhecida e provida" (TST, RR 439272-1998, 4ª T., Rel. Min. Antônio José de Barros Levenhagen, DJ 6.4.01, p. 685).

---

(12) Nesse sentido, destacamos a posição de *Antonio Lamarca*: "Compromissados empregados e compromissados empregadores não podem reclamar perante a Justiça do Trabalho: podem fazê-lo os *atuais* empregados e os *atuais* empregadores, bem como os *passados* empregados ou empregadores (extinta relação), como conseqüência, como decorrência, como corolário de uma relação jurídica complexa denominada 'contrato individual do trabalho' e cuja natureza jurídica perquirimos, à exaustão em nosso *Manual das Justas Causas* (*O Livro da Competência*, São Paulo. RT: 1979, p. 119).

(13) DALLEGRAVE NETO, José Afonso. *Responsabilidade Civil no Direito do Trabalho*. São Paulo: LTr, 2005, p. 95.

5. Competência da Justiça do Trabalho para apreciação dos danos morais e patrimoniais decorrentes do acidente do trabalho

Sob os prismas do art. 109, I, da CF e Súmulas n. 15, do STJ[14], e 501 do STF[15], vinham os pretórios, majoritariamente, afastando a competência da Justiça do Trabalho para apreciação de litígio atinente a danos morais e patrimoniais decorrentes do acidente de trabalho.

Antonio Lamarca[16] em 1979, prevendo os novos horizontes da Justiça do Trabalho, fazia as seguintes indagações:

"Por que razão o legislador ordinário não defere a uma Justiça semi-gratuita e perfeitamente aparelhada a resolução de conflitos do trabalho não resultantes de uma relação não empregatícia? *Por que a Justiça do Trabalho não pode decidir as lides conseqüentes aos acidente do trabalho e à previdência social?* Há muito combatemos essa aparentemente inexplicável quebra de competência. A Justiça do Trabalho custa muito dinheiro aos cofres públicos, mas funciona melhor que qualquer outro setor do Judiciário brasileiro. Tanto isso é verdade que a Reforma Judiciária, de abril de 1977, praticamente não tocou nela. Seria razoável, portanto, que a ela se deferisse acompanhar toda a vida do trabalhador, em todos os aspectos ligados, direta ou indiretamente, ao seu trabalho. Não é assim, porém. Parece-me que o grande mal da Justiça do Trabalho reside, paradoxalmente, na sua eficiência. Fosse ela lenta, como a Justiça ordinária, e certamente, não teria voltada contra si a ira injustificada dos setores mais reacionários do país. Nem sempre interessa o destino célere de determinadas questões... Outra razão dos que vivem assentando baterias contra ela é o sentimento de humanidade, que domina os seus juízes, mais preocupados em fazer 'Justiça' que legalidade. O sentimentalismo da jurisprudência acientífica não agrada a certos setores sociais. Mas tudo isso é inconcebível, pois a organização paritária da Justiça Obreira constitui a mais lídima garantia de imparcialidade das decisões. O Juiz apenas representa a neutralidade do Estado, na solução das delicadas questões sociais" (o grifo é nosso).

A nosso ver, mesmo antes da EC n. 45/04, era da Justiça do Trabalho a competência para apreciar os danos morais e patrimoniais que decorrem do acidente de trabalho.

---

(14) Súmula n. 15 do C. STJ: "ACIDENTE DO TRABALHO – COMPETÊNCIA: JUSTIÇA COMUM. Compete à Justiça Estadual processar e julgar os litígios decorrentes de acidente do trabalho" (DJ 14.11.90).

(15) Súmula n. 501 do E. STF: "ACIDENTE DO TRABALHO – COMPETÊNCIA DA JUSTIÇA ORDINÁRIA ESTADUAL. Compete à Justiça ordinária estadual o processo e o julgamento, em ambas as instâncias, das causas de acidentes do trabalho, ainda que promovidas contra a União, suas autarquias, empresas públicas ou sociedades de economia mista".

(16) LAMARCA, Antonio. *O Livro da Competência*. São Paulo: RT, 1979, p. 02.

Por primeiro, cumpre destacar que o direito à indenização por acidente de trabalho quando houver dolo ou culpa do empregador está previsto no rol dos direitos trabalhistas[17], como uma garantia ao trabalhador (art. 7º, *caput*, da CF)[18].

De outro lado, cotejando-se a primeira parte do inciso I, do art. 109, da CF com a parte final, conclui-se que somente são excluídas da Justiça Federal as causas acidentárias em que a União, Entidade Autárquica ou empresas públicas forem interessadas, consoante a própria redação do dispositivo legal ora enfocado que assim dispõe: "*as causas em que a União, entidade autárquica ou empresa pública federal forem interessadas na condição de autoras, rés*, assistentes ou oponentes, *exceto as de falência, as de acidentes de trabalho* e as sujeitas à Justiça Eleitoral e à Justiça do Trabalho" (o grifo é nosso).

Quando já parecia que era incontestável a competência da Justiça do Trabalho para apreciar os danos morais e materiais decorrentes do acidente de trabalho, o STF, surpreendentemente, fixou entendimento após a EC n. 45/04 de não competir à Justiça do Trabalho processar e julgar as ações de danos patrimoniais e morais decorrentes do acidente de trabalho, conforme as seguintes ementas:

> "Dano moral – Indenização – Acidente de trabalho – Justiça Comum (Decisão Monocrática). – Ementa: "Compete à Justiça dos Estados-membros e do Distrito Federal, e não à Justiça do Trabalho, o julgamento das ações de indenização resultantes de acidente do trabalho, ainda que fundadas no direito comum e ajuizadas em face do empregador" (STF-RE 371.866-5 (559) – MG – Rel. Min. Celso de Mello. DJU 22.3.05, p. 77).

> "Competência: Justiça Comum: ação de indenização fundada em acidente de trabalho, ainda quando movida contra empregador. 1.É da jurisprudência do STF que, em geral, compete à Justiça do Trabalho conhecer de ação indenizatória por danos decorrentes da relação de emprego, não importando deva a controvérsia ser dirimida à luz do direito comum e não do Direito do Trabalho. 2. Da regra geral são de excluir-se, porém, por força do art. 109, I, da Constituição, as ações fundadas em acidente de trabalho, sejam as movidas contra a autarquia seguradora, sejam as propostas contra o empregador" (RTJ 188/740, Rel. Min Sepúlveda Pertence).

Posteriormente, o STF, reformulou seu entendimento para fixar a competência da Justiça do Trabalho para apreciar os danos morais e patrimoniais decorrentes do acidente de trabalho[19], devido a grande trabalho das Associações de Magistrados Trabalhistas, principalmente da ANAMATRA (Associação Nacional dos Magistrados do Trabalho).

---

(17) *"Art. 7º, XXVIII. Seguro contra acidentes de trabalho, a cargo do empregador, sem excluir a indenização a que este está obrigado, quando incorrer em dolo ou culpa".*

(18) *"Art. 7º. São direitos dos trabalhadores urbanos e rurais, além de outros que visem à melhoria de sua condição social:..."*

(19) O STF mudou seu entendimento a respeito da matéria, conforme notícia constante do site do Tribunal Regional do Trabalho da 2ª Região de 30.6.2005: "O Plenário do Supremo Tribunal Federal (STF) reformulou entendimento anterior e declarou que a competência para julgar ações por dano moral e material decorrentes de acidente de trabalho é da Justiça Trabalhista. A decisão unânime foi tomada nesta quarta-feira (29), durante análise do Conflito negativo de Competência (CC 7204) suscitado pelo Tribunal Superior do Trabalho contra o Tribunal de

Em outros julgamentos, o STF vem entendo no mesmo sentido, conforme as seguintes ementas:

CONSTITUCIONAL. AÇÃO DE INDENIZAÇÃO POR ACIDENTE DE TRABALHO. COMPETÊNCIA. ART. 114, VI, DA CF/88, REDAÇÃO DADA PELA EC n. 45/2004. ORIENTAÇÃO FIRMADA PELO STF NO JULGAMENTO DO CC 7.204/MG. EFEITOS TEMPORAIS. I – O Plenário do Supremo Tribunal Federal, ao julgar o CC 7.204/MG, Rel. Min. Carlos Britto, decidiu que a competência para processar e julgar ação de indenização por danos morais e patrimoniais decorrentes de acidente de trabalho é da Justiça do Trabalho. Precedentes. II – A nova orientação alcança os processos em trâmite pela Justiça comum estadual, desde que pendentes de julgamento de mérito. III – Agravo improvido. AG. REG. no REXTRA 465.742-2 MINAS GERAIS – STF – Ricardo Lewandowski – Ministro Relator. DJU de 27.10.2006 – (DT – Dezembro/ 2006 – vol. 149, p. 83).

"CONSTITUCIONAL. COMPETÊNCIA. ACIDENTE DO TRABALHO. AÇÃO DE INDENIZAÇÃO. DANOS MORAIS E PATRIMONIAIS. EC n. 45/2004. CF, ART. 114, VI. JUSTIÇA DO TRABALHO. ORIENTAÇÃO FIRMADA PELO PLENÁRIO DO SUPREMO TRIBUNAL FEDERAL NO JULGAMENTO DO CC 7.204/MG. EFEITOS PARA O FUTURO.I. Compete à Justiça do Trabalho o julgamento das ações de indenização por danos morais e patrimoniais decorrentes de acidente de trabalho. CC 7.204/MG, Plenário, Relator Ministro Carlos Britto. II. Atribuição de efeito ex nunc à nova orientação, que somente será aplicada às causas ajuizadas após a vigência da EC n. 45/2004, iniciada em 31.12.2004. III. Agravo não provido. AG. REG. no AI 540.190-1 SP – STF – Carlos Velloso – Presidente e Relator. DJU de 25.11.2005 – (DT – Janeiro/ 2006 – vol. 138, p. 44).

Alçada de Minas Gerais. Os ministros acompanharam o voto do relator, ministro Carlos Ayres Britto, que considerou 'que o inciso I do art. 109 da Constituição não autoriza concluir que a Justiça Comum Estadual detém a competência para apreciar as ações que o empregado propõe contra seu empregador , pleiteando reparação por danos morais e patrimoniais'. Em seu voto, o ministro salientou que o caso é diferente para as ações em que a União, autarquias ou empresas públicas federais são partes interessadas nas causas entre o INSS e pessoas que buscam o recebimento de benefício previdenciário decorrente de acidente de trabalho. Nesse caso, *Ayres Britto* ressaltou que a competência é da Justiça Comum dos Estados, conforme estabelecido na Súmula n. 501 do Supremo. No entanto, o ministro afirmou que no caso de ação acidentária reparadora de danos que envolva um empregado contra o empregador, onde não há interesse da União, nem de autarquias e, ou de empresa pública federal, a competência deve ser da Justiça Trabalhista. Segundo *Carlos Ayres Britto*, na ação o interesse diz respeito, apenas, ao empregado e seu empregador, sendo desses dois únicos protagonistas a legitimidade processual para figurar nos pólos ativo e passivo da ação. *Ayres Britto* defendeu que se a vontade objetiva do texto constitucional fosse excluir a competência da Justiça do Trabalho, teria feito isso no âmbito do art. 114, "jamais no contexto do art. 109, versante este último sobre a competência de uma outra categoria de juízes". Para o ministro, como a situação não se encaixa no inciso I do art. 109, tais ações devem ser regidas pelo art. 114 da Carta Magna, que trata das atribuições da Justiça Especial do Trabalho" (Diponível em <http://www.trt02.gov.br>, acesso em 30.6.2005). A íntegra do acórdão STF CC 7.204/MG – Ac. TP, 29.6.05. Rel. Ministro Carlos Ayres Britto encontra-se publicada na REVISTA LEGISLAÇÃO DO TRABALHO. São Paulo: LTr, ano 69, v. 12, 2005, p. 1.477.

Capítulo VIII

AÇÕES RELATIVAS ÀS PENALIDADES ADMINISTRATIVAS IMPOSTAS AOS EMPREGADORES PELOS ÓRGÃOS DE FISCALIZAÇÃO DAS RELAÇÕES DE TRABALHO

1. Introdução e ações cabíveis

Diz o inciso VII do art. 114 da Constituição que compete à Justiça do Trabalho processar e julgar as ações relativas às penalidades administrativas impostas aos empregadores pelos órgãos de fiscalização das relações do trabalho.

Como destaca *Estevão Mallet*[1], "o referido dispositivo legal seguiu, no particular, a experiência do Direito Comparado. Os tribunais do trabalho portugueses julgam, por exemplo, tanto 'as transgressões de normas legais e convencionais reguladoras das relações de trabalho' como também 'os recursos das decisões das autoridades administrativas em processo de contra-ordenação nos domínios laboral e da segurança social. A redação do dispositivo brasileiro é, no entanto, bastante deficiente".

Como o dispositivo faz menção às penalidades impostas aos empregadores, tais cominações são as previstas na CLT nos arts. 626 a 653.

Estas ações, antes da EC n. 45/04 estavam sendo julgadas pela Justiça Federal, pois nos termos do art. 109, da CF, eram causas promovidas em face da União Federal.

Embora sejam ações diretamente ligadas ao contrato de trabalho e ao Direito do Trabalho, inclusive com regramento na CLT, elas não eram julgadas pela Justiça do Trabalho, pois o art. 114, com a redação dada pela EC n. 45/04 falava em controvérsias envolvendo "empregados e empregadores" e estas ações envolvem a União. Ao lado das ações que envolvem representação sindical (art. 114, III, da CF) são trabalhistas por excelência, pois decorrem diretamente da relação de trabalho. Além disso, a divisão de competência entre a Justiça do Trabalho e a Justiça Federal provocava, muitas vezes, decisões conflitantes sobre a mesma questão. Por exemplo, o auditor fiscal do trabalho multava a empresa, por não recolher o FGTS sobre uma parcela que entendia ser salarial, como um bônus pago pelo empregador. Em eventual ação anulatória, a Justiça Federal confirmava a autuação. Posteriormente, um empregado desta mesma empresa

---
(1) MALLET, Estevão. *Op cit.*, p. 182.

ingressava com uma reclamação trabalhista, pretendendo a integração do referido bônus ao salário, e a Justiça do Trabalho entendia que o bônus não tinha natureza salarial, pois pago de forma eventual e vinculado ao atingimento de certas metas por parte do empregado. Por outro lado, a Justiça do Trabalho está mais vocacionada para apreciar as matérias que envolvem o descumprimento da legislação trabalhista por parte do empregador.

Como adverte com propriedade *Pedro Paulo Teixeira Manus*[2]:

"É importante lembrar que, até o advento da Emenda Constitucional n. 45/04, as ações judiciais decorrentes das autuações em exame era da competência da Justiça Federal comum, que para a análise do mérito das referidas ações executivas deveria interpretar as normas de Direito do Trabalho, daí por que a fiscalização do Ministério do Trabalho e Emprego deveria afinar-se com a jurisprudência então dominante da Justiça Federal comum. Não obstante, constitucionalmente cabe à Justiça do Trabalho a interpretação e aplicação do Direito do Trabalho. Com o deslocamento da competência, passamos a uma nova fase, em que a ação de fiscalização do trabalho deverá afinar-se com a jurisprudência trabalhista, eis que à Justiça do Trabalho caberá rever as autuações que vierem a ensejar ações judiciais".

Embora o inciso VII do art. 114 da CF fale em *penalidades administrativas* impostas aos *empregadores*, é possível, por meio de interpretações teleológica e sistemática dos incisos I, VII e IX, do art. 114, da Constituição Federal entender que a competência da Justiça do Trabalho abrange também as ações referentes às penalidades administrativas impostas aos tomadores de serviços desde que, evidentemente, o prestador seja pessoa física e preste o serviço em caráter pessoal, e também as ações que decorrem de atos[3] dos órgãos de fiscalização do trabalho.

Nesse sentido, destacamos a opinião de *Estevão Mallet*[4]: "de um lado, estendida a competência da Justiça do Trabalho para julgamento da relação de trabalho, nos termos do inciso I, não se compreendem as razões para que, no inciso VII, fique essa mesma competência limitada ao exame das penalidades impostas aos empregadores. Mais correto seria a extensão da competência ao exame das penalidades impostas aos tomadores de serviço em geral, abrangidos empregadores e contratantes de serviço autônomo".

---

(2) MANUS, Pedro Paulo Teixeira; ROMAR, Carla Teresa Martins e GITELMAN, Suely Ester. *Competência Material da Justiça do Trabalho e a EC n. 45/04*. São Paulo: Atlas, 2006, p. 100.

(3) Como destaca *Marcos Neves Fava*: "Em lugar de 'penalidades', pois, a interpretação mais adequada sugere a leitura de 'atos' dos órgãos de fiscalização das relações do trabalho, hermenêutica de conseqüências bem mais abrangentes. Abonando tal conclusão, vem o inciso IV do mesmo art. 114 da Constituição da República, reformado pela EC n. 45, atribuir à Justiça do Trabalho ocupação para decidir os *mandamus* relativos à matéria de 'sua jurisdição'"(*As Ações Relativas às Penalidades Administrativas Impostas aos Empregadores pelos Órgãos de Fiscalização das Relações de Trabalho – Primeira Leitura do art. 114, VII, da Constituição da República*. In: COUTINHO, Grijalbo Fernandes e FAVA, Marcos Neves. *Justiça do Trabalho: Competência Ampliada*. São Paulo: LTr, 2005, p. 384).

(4) MALLET, Estevão. *Op. cit.*, p. 182.

De outro lado, embora sejam mais restritas, as ações sobre penalidades administrativas aplicadas aos empregados por órgãos de fiscalização do trabalho são da competência da Justiça do Trabalho, em razão do princípio da isonomia.

Não veio para a Justiça do Trabalho a competência para impor multas ao empregador em processos trabalhistas, nos quais foi constatada a ocorrência de infrações a dispositivos da Consolidação que tutelam direitos trabalhistas. Desse modo, se nos autos do processo trabalhista o juiz do trabalho constatar que o empregador está sujeito a multas previstas na CLT, deverá oficiar o órgão competente para aplicá-las, como a multa administrativa pela falta de registro em CTPS, que é cobrada pelo Ministério do Trabalho.

Em que pese a opinião contrária de alguns[5], o art. 652, alínea *d*, da CLT[6], não atribuiu competência à Justiça do Trabalho para impor multas a empregadores, porquanto o referido dispositivo legal fala em impor multas e demais penalidades para atos de sua competência, como por exemplo, aplicar multas para o descumprimento da decisão judicial e as *astreintes* (arts. 461 e seguintes do CPC). São as penalinades previstas nos arts. 722 a 733, da CLT, como por exemplo: aplicar multa à testemunha que faltou sem justificação (art. 730, da CLT), ao empregador que se recusa a reintegrar empregado estável (art. 729, da CLT), etc.

Nesse sentido, destacamos a opinião abalizada de *Valentin Carrion*[7]:

"É insustentável defender aplicação de multas por parte da primeira instância, pela infringência de normas materiais do Direito do Trabalho, que são de exclusividade dos órgãos da fiscalização do Ministério do Trabalho. No texto legal, na expressão 'multas... relativas ao atos de sua competência', não se vislumbra outra

---

(5) Defendendo a competência da Justiça do Trabalho para impor, de ofício, penalidades administrativas aos empregadores por descumprimento de normas da CLT, destacamos a seguinte ementa: MULTAS ADMINISTRATIVAS – COMPETÊNCIA DA JUSTIÇA DO TRABALHO. A Justiça do Trabalho, na forma do art. 114, da CF, é competente para aplicar multas da alçada da autoridade administrativa, quando a violação de norma trabalhista estiver provada nos autos. Nos dissídios entre empregados e empregadores compreende-se também a competência para aplicação de multas (CLT, art. 652, *d*). Se é da competência da Justiça do Trabalho decidir sobre direito trabalhista, é claro que é ela competente, por natural ilação para aplicar multa que derive do direito reconhecido em sua sentença, pois se trata de um dissídio típico entre empregado e empregador, derivado da relação de trabalho. Apenas se diferencia do dissídio comumente decidido num aspecto: em vez de ter uma função ressarcitória, a multa possui finalidade punitiva. Esta função é na prática tão importante quanto a condenação patrimonial, para garantia do ordenamento trabalhista. Como os mecanismos ressarcitórios são insuficientes, a multa reforça a condenação e ajuda no estabelecimento de um quadro desfavorável ao demandismo, pois a prolação passa a ser um ônus e não uma vantagem para o devedor. Só assim se extinguirá a litigiosidade absurda que hoje se cultiva na Justiça do Trabalho, sem dúvida, a maior e mais cara do mundo. Além do mais, se garantirá o efeito educativo da lei, com a reversão da expectativa que hoje reina no fórum trabalhista: É melhor cumpri-la e pagar o débito, do que empurra-lo anos afora, pelo caminho tortuoso e demorado dos recursos trabalhistas. Os juros reais e as multas desestimularão o negócio que hoje se pratica, em nome da controvérsia trabalhista e à custa do crédito do trabalhador. TRT 3ª REG. RO 01239-2004-048-03-00-2 – (AC. 4ª T.) – Rel. Juiz Antonio Álvares da Silva. SJMG 22.10.2005, p. 14, apud MARTINS, Melchíades Rodrigues. *Fiscalização Trabalhista*. São Paulo: LTr, 2006, p. 19).

(6) Art. 562, *d*, da CLT: "Compete às Varas do Trabalho: (...) d) impor multas e demais penalidades relativas aos atos de sua competência".

(7) CARRION, Valentin. *Comentários à Consolidação das Leis do Trabalho*. 25ª ed., São Paulo: Saraiva, 2005, p. 510.

atribuição senão a dos próprios atos da magistratura no processo e da administração específica de seu mister judiciário; para os demais, o magistrado oficia aos órgãos competentes".

Desse modo, são cabíveis doravante, na Justiça do Trabalho, todas as espécies de ações propostas pelos empregadores e tomadores de serviços para discussão das penalidades administrativas que lhes foram impostas pelos órgãos de fiscalização do trabalho, como as ações declaratórias, ações anulatórias, medidas cautelares, Mandados de Segurança e também por parte da União, das execuções fiscais das multas administrativas.

Quanto ao rito de tais ações, salvo as que têm rito especial, como o Mandado de Segurança, execução fiscal e ações cautelares, a via processual (arts. 763 e seguintes da CLT), a nosso ver, é a reclamação trabalhista, podendo haver algumas adaptações por parte do juiz do trabalho, como pautas especiais, uma vez que em tais ações não cabe conciliação e, na maioria das vezes, a prova é documental e pré-constituída.

Cumpre destacar que a discussão da penalidade aplicada ao empregador pode ser discutida em sede administrativa (arts. 626 a 642, da CLT).

2. Execução fiscal das multas decorrentes da fiscalização do trabalho

Embora não esteja explícita no inciso VII do art. 114, da Constituição Federal[8] a competência para execução das multas administrativas aplicadas ao empregador, no nosso sentir a execução dessas multas (em razão do não pagamento e inscrição de certidão da dívida ativa da União, decorrente de autuações do Ministério do Trabalho), está implicitamente prevista no referido inciso VII, uma vez que a redação do artigo fala em *ações*, e a execução também é uma *ação*. De outro lado, não teria sentido a Justiça do Trabalho poder desconstituir as penalidades administrativas aplicadas ao empregador se não pudesse executar as multas. Além disso, mesmo na execução, o empregador também poderá tentar desconstituir o título que embasa a multa e eventual infração. A cisão de competência entre a Justiça do Trabalho e a Justiça Federal para questões que envolvem a mesma matéria provoca insegurança jurídica, decisões conflitantes sobre a mesma matéria e falta de efetividade da jurisdição.

No mesmo sentido é a posição de *Marcos Neves Fava*[9]:

"De inconsistência e temeridade ímpares constitui-se a hermenêutica de rejeição das execuções fiscais relacionadas às penalidades administrativas impostas aos empregadores pelas fiscalização das relações do trabalho. Desde logo, porque a competência para o gênero 'ações', induz, por corolário lógico, a da espécie

---

(8) Em razão de não estar expressa no inciso VII a competência para a execução das multas administrativas, há entendimento de que a Justiça do Trabalho não detém competência material para a execução fiscal.

(9) *Ações Relativas às Penalidades Administrativas Impostas aos Empregadores pelos órgãos de Fiscalização das Relações de Trabalho – Primeira Leitura do art. 114, VII, da Constituição da República. Op. cit.*, p. 352.

'execução'. Aliás, o processo de conhecimento, ressalvadas tutelas meramente declaratórias, não se faz útil ou efetivo, sem a correspondente ação de execução"[10].

A Justiça do Trabalho, embora não tenha grande tradição na aplicação da Lei de Execução Fiscal à fase de execução trabalhista, no art. 889, da CLT, há determinação expressa para que, nos casos omissos, o juiz do trabalho aplique a Lei n. 6.830/80 na execução trabalhista.

Embora os títulos executivos extrajudiciais constem no art. 876, da CLT, a nosso ver, não se trata de um rol taxativo e sim exemplificativo, não vedando que outros títulos executivos extrajudiciais possam ser executados no foro trabalhista, como o executivo fiscal oriundo dos atos de fiscalização do trabalho. Após a EC n. 45/04, a certidão da dívida ativa da União decorrente de infrações aplicadas ao empregador pelos Órgãos de Fiscalização do trabalho constitui um novo título executivo extrajudicial que será executado na Justiça do Trabalho, segundo a Lei n. 6.830/80. Por se tratar de ação de rito especial, o juiz do trabalho não aplicará a CLT.

3. Órgãos de fiscalização do exercício de profissões regulamentadas

A competência fixada à Justiça do Trabalho pelo inciso VII, do art. 114, da CF não alcança as ações relativas às penalidades administrativas lavradas pelos Órgãos de Fiscalização de profissões regulamentadas, como CREA, OAB, etc. Primeiro, porque o inciso VII fala em penalidades administrativas impostas aos empregadores. Segundo porque entre o órgão de fiscalização do exercício de profissão e o prestador de serviços, não há uma relação de trabalho (art. 114, I, da CF).

Nesse sentido é a opinião de *Sérgio Pinto Martins*[11]:

"O inciso VII do art. 114 da Constituição Federal faz referência a empregador em relação às multas aplicadas pela fiscalização. Logo, não pode ser competente para analisar multas aplicadas pelos órgãos de fiscalização da profissão, como OAB, CREA, etc.".

No mesmo sentido é a opinião de *Edilton Meireles*[12]:

"Ficam de fora, no entanto, da competência da Justiça do Trabalho as ações relativas às penalidades administrativas impostas aos prestadores de serviços (profissionais liberais) pelos órgãos de fiscalização das respectivas profissões, a exemplo da OAB e dos Conselhos de Medicina, Engenharia e Enfermagem, etc."[13].

---

(10) No mesmo sentido é a posição de *Pedro Paulo Teixeira Manus* (*Competência da Justiça do Trabalho e a EC n. 45/2004*. São Paulo: Atlas, 2006, p. 72).
(11) MARTINS, Sérgio Pinto. *Direito Processual do Trabalho. Doutrina e prática forense*. 26ª ed., São Paulo: Atlas, 2006, p. 116.
(12) MEIRELES, Edilton. *Competência e Procedimento na Justiça do Trabalho*. São Paulo: LTr, 2005, p. 80.
(13) No mesmo sentido é a posição de *Marcos Neves Fava. Op. cit.*, p. 350.

4. Ações sobre o FGTS movidas em face da CEF

Embora a doutrina ainda não tenha chegado a um consenso sobre a natureza jurídica do FGTS. Para alguns, a natureza é tributária, para outros é espécie de salário diferido, inegavelmente o FGTS é um direito trabalhista, pois previsto no art. 7º, III, da Constituição Federal.

No regime da competência anterior à EC n. 45, a jurisprudência, à luz do art. 114 que se referia às controvérsias entre trabalhador e empregador, fixou entendimento pela não competência da Justiça do Trabalho para apreciar as ações movidas por empregados ou empregadores em face da CEF. Nesse sentido a Súmula n. 176 do C. TST: "A Justiça do Trabalho só tem competência para autorizar o levantamento do depósito do Fundo de Garantia do Tempo de Serviço na ocorrência de dissídio entre empregado e empregador".

Recentemente, o TST, diante da EC n. 45, cancelou a referida Súmula[14]. A nosso ver, o cancelamento da Súmula n. 176 pelo Tribunal Superior do Trabalho foi oportuno, pois o FGTS é um direito oriundo do contrato de emprego. Além disso, como destaca, *Antonio Álvares da Silva*[15], a verificação do recolhimento do FGTS é tarefa típica de fiscalização.

Como bem adverte *Reginaldo Melhado*[16]: "(...) Se não reconhecesse essa competência para a ação que visa à cobrança ou execução do próprio depósito do Fundo de Garantia, haveria uma insólita e absurda situação: as multas seriam discutidas no Judiciário do Trabalho e o principal, na Justiça Federal".

Desse modo, no nosso sentir, as ações movidas por empregados e empregadores em face da Caixa Econômica Federal que envolvem o FGTS são da competência da Justiça do Trabalho, por interpretação sistemática dos incisos I e VII, do art. 114, da Constituição Federal.

Nesse sentido, destaca-se a seguinte ementa:

> "ALVARÁ. FGTS. EMENDA CONSTITUCIONAL N. 45/2004. COMPETÊNCIA DA JUSTIÇA DO TRABALHO. Nos moldes de decisão proferida pelo C. TST, em Incidente de Uniformização de Jurisprudência: 1. Inscreve-se na competência material da Justiça do trabalho, no exercício de jurisdição voluntária, apreciar pretensão de ex-empregado de expedição de alvará judicial para fins de saque dos depósitos do FGTS junto à CEF, tendo em vista a vinculação do pleito a uma relação de emprego, espécie de relação de trabalho de que cogita o novel art. 114, inciso I, da Constituição Federal de 1988, com a redação da Emenda Constitucional n. 45/04. 2. O aspecto central para a determinação da nova competência material da Justiça do Trabalho, desde o advento da EC. n. 45/04, repousa na circunstância de o pedido e a causa de pedir dimanarem de uma relação de trabalho, ainda que não entre os respectivos sujeitos. Superada a estreita e arraigada vinculação de tal competência meramente aos dissídios entre empregado e empregador. Recurso provido por maioria". PROC 01850/2005-005-24-00-9-RO.1 – 24ª Região – MS – João de Deus Gomes de Souza – Juiz Relator. DO/MS de 18.8.2006 – (DT – Novembro/2006 – vol. 148, p. 72).

---

(14) TST-Pleno, IUJ-RR n. 619.872/2000-2, Rel. Min. João Oreste Dalazen, julg. De 13 de maio de 2005.
(15) SILVA, Antonio Álvares. *Pequeno Tratado da Nova Competência da Justiça do Trabalho.* São Paulo: LTr, 2005, p. 275.
(16) MELHADO, Reginaldo. *Metamorfoses do Capital e do Trabalho.* São Paulo: LTr, 2006, pp. 186-187.

Capítulo IX

EXECUÇÃO DE OFÍCIO DAS CONTRIBUIÇÕES SOCIAIS DECORRENTES DAS SENTENÇAS QUE PROFERIR

1. Introdução

Neste tópico, não houve alteração da competência da Justiça do Trabalho pela EC n. 45/04, pois tal disposição constava do parágrafo 3º do art. 114, da CF com a redação dada pela EC n. 20/1998.

Na ocasião, alguns se mostraram pessimistas com o aumento da competência da Justiça do Trabalho para abranger a execução de parcelas que não pertencem ao empregado e sim ao INSS. Outros se mostraram otimistas, uma vez que a execução de ofício das contribuições previdenciárias propiciam grande arrecadação de contribuições sociais para a Previdência e maior eficiência da jurisdição trabalhista.

Em que pese as críticas sobre a constitucionalidade do inciso VIII do art. 114 da CF e também à Lei n. 1.035/2000 (que regulamenta a execução previdenciária na Justiça do Trabalho[1]), a nosso ver a execução de ofício das contribuições de INSS está em compasso com o caráter social da Justiça do Trabalho e também a melhoria da condição social do trabalhador.

Ainda que a autarquia federal não tenha participado do processo na fase de conhecimento, a nosso ver não há irregularidade e também não haveria interesse em tal participação, pois é na sentença que o juiz do trabalho deferirá as parcelas postuladas e haverá a incidência do INSS sobre as parcelas que deferiu.

Conforme assevera com propriedade *Antonio Álvares da Silva*[2]:

"Não é certa a afirmativa de que a Justiça do Trabalho execute alguém que não tomou parte no processo de conhecimento. O reclamado fez, sim, parte do processo de conhecimento. Foi condenado e pagará o que a sentença reconheceu devido. Só que, além do débito trabalhista, tornou-se também devedor de parcelas previdenciárias, cujo fato gerador é a mesma sentença. Seria um absurdo que se iniciasse um outro processo para cobrar a contribuição previdenciária, simplesmente

---
(1) Não faremos comentários sobre o procedimento da Lei n. 10.035/2000, pois nada foi alterado com a EC n. 45/04 e já se encontra sedimentado na doutrina e jurisprudência.
(2) SILVA, Antonio Álvares da. *Op. cit.*, pp. 282-283.

porque o credor é o Estado e não o reclamante. O fato é um só. As partes são as mesmas. Mandar um ofício ao INSS para exigir o débito previdenciário seria um formalismo elevado à última potência. É regra elementar, em qualquer atividade humana, que se obtenha um resultado com a maior rapidez e com o menor dispêndio. Ora, se o próprio Estado, representado pelo juiz, é credor da contribuição, por que não exigi-la de ofício, já que se trata de débito de natureza tributária, que interessa ao Estado e não precisa de solicitação da parte para executar-se".

Com a competência para executar as contribuições sociais de ofício, há o fortalecimento da Justiça do Trabalho enquanto instituição encarregada não só de resguardar o cumprimento dos direitos sociais, mas também em garantir o futuro do trabalhador e de contribuir para a arrecadação de contribuições sociais que servem para a melhoria da sociedade como um todo.

Além disso, os resultados da competência da Justiça do Trabalho para executar as contribuições previdenciárias das sentenças que profere têm sido excelentes, com um pequeno gasto para a União[3].

2. Competência para executar o INSS das sentenças meramente declaratórias de vínculo de emprego

Atualmente, há grande celeuma na doutrina e jurisprudência sobre a competência da Justiça do Trabalho para executar as contribuições previdenciárias incidentes sobre as sentenças declaratórias do vínculo de emprego, vale dizer: das decisões meramente declaratórias sem conteúdo condenatório.

A jurisprudência do TST, num primeiro momento respondeu afirmativamente, conforme a seguinte ementa:

> COMPETÊNCIA DA JUSTIÇA DO TRABALHO – EXECUÇÃO DE CONTRIBUIÇÃO PREVIDENCIÁRIA – ART. 114, p. 3º, DA CONSTITUIÇÃO FEDERAL – RECONHECIMENTO DE VÍNCULO EMPREGATÍCIOS – SALÁRIOS PAGOS NO CURSO DA RELAÇÃO DE EMPREGO. Ainda que a decisão trabalhista tenha se limitado a reconhecer o vínculo de empregatícios, com efeito meramente declaratório, a competência é desta Justiça Especializada para executar a contribuição incidente sobre as parcelas pagas no curso da relação de emprego, pois, se houve anotação na CPTS, como conseqüência da decisão trabalhista, são devidas as contribuições previdenciárias decorrentes do reconhecimento desse vínculo, na esteira do disposto no art. 114, § 3º,

---

(3) Como destaca *Pedro Paulo Teixeira Manus*: "o volume de trabalho é de tal maneira impressionante que hoje a Justiça do Trabalho representa veículo de arrecadação para a Previdência Social imprescindível, quer pelo montante que continuamente recolhe a seus cofres, quer pela agilidade em tais recolhimentos, mesmo padecendo de sérios e graves problemas de falta de recurso humanos e materiais para prestar seus serviços. Certamente outra não foi a intenção do legislador constitucional ao ampliar a competência do Judiciário Trabalhista, certo da eficiência do processo do trabalho, não obstante todas as críticas acertadas que se fazem a respeito, bem como porque mais econômico para o Estado a arrecadação do acessório dar-se no foro de acertamento dos valores principais" (*Competência da Justiça do Trabalho e a EC n. 45/2004*, São Paulo: Atlas, 2006, pp. 78-79).

da Constituição Federal. É irrelevante que a decisão judicial não tenha estabelecido o pagamento de verbas salariais propriamente ditas em razão dessa anotação, pois a simples declaração do vínculo já basta para caracterizar a obrigação previdenciária, cobrável judicialmente perante esta Justiça Especializada. A identificação do feto gerados é o reconhecimento do vínculo do qual derivam os salários, cuja natureza jurídica não pode ser outra que não a declaração da existência do liame entre empregado e empregador, valendo a sentença trabalhista como decisão administrativa e judicial da existência de débito previdenciário, que se torna automaticamente executável pela Justiça Trabalhista. Recurso de revista conhecido e provido (TST – RR 478 – 4ª T. – Rel. Min Ives Ganra Martins Filho – DJU 21.11.2003).

Posteriormente, houve alteração do posicionamento do C. TST, sumulando a matéria, por meio do verbete 368, abaixo transcrito:

"Súmula n. 368 – TST – Res. 129/2005 – DJ 20.04.2005 – Conversão das Orientações Jurisprudenciais ns. 32, 141 e 228 da SDI-1

I. A Justiça do Trabalho é competente para determinar o recolhimento das contribuições previdenciárias e fiscais. A competência da Justiça do Trabalho, quanto à execução das contribuições previdenciárias, limita-se às sentenças condenatórias em pecúnia que proferir e aos valores objeto de acordo homologado que integrem o salário-de-contribuição. (ex-OJ n. 141 – Inserida em 27.11.1998)

II. É do empregador a responsabilidade pelo recolhimento das contribuições previdenciárias e fiscais, resultante de crédito do empregado oriundo de condenação judicial, devendo incidir, em relação aos descontos fiscais, sobre o valor total da condenação, referente às parcelas tributáveis, calculado ao final, nos termos da Lei n. 8.541/1992, art. 46 e Provimento da CGJT n. 01/1996. (ex-OJ n. 32 – Inserida em 14.03.1994 e OJ n. 228 – Inserida em 20.6.2001)

III. Em se tratando de descontos previdenciários, o critério de apuração encontra-se disciplinado no art. 276, § 4º, do Decreto n. 3.048/99 que regulamentou a Lei n. 8.212/91 e determina que a contribuição do empregado, no caso de ações trabalhistas, seja calculada mês a mês, aplicando-se as alíquotas previstas no art. 198, observado o limite máximo do salário de contribuição. (ex-OJ n. 32 – Inserida em 14.03.1994 e OJ 228 – Inserida em 20.6.2001)".

No sentido da referida Súmula, destacamos a seguinte ementa:

"RECURSO DE REVISTA – COMPETÊNCIA DA JUSTIÇA DO TRABALHO – EXECUÇÃO DE CONTRIBUIÇÃO PREVIDENCIÁRIA – RECONHECIMENTO DE VÍNCULO EMPREGATÍCIOS – SALÁRIOS PAGOS. A competência da Justiça do Trabalho, no tocante à contribuição previdenciária, restringe-se à cobrança das contribuições previdenciárias oriundas das sentenças trabalhistas que tiverem por objeto provimento de natureza condenatória ou homologatória, contento parcelas salariais. Todavia, não abrange a execução de débito previdenciário advindo de parcelas salariais pagas no transcurso do contrato de trabalho, na época própria e sem intervenção judicial, ainda que o vínculo empregatício tenha sido reconhecido somente em juízo. Neste caso, as contribuições previdenciárias devidas deverão ser apuradas e lançadas no âmbito administrativo do Instituto Recorrente, consoante disposição do art. 37 e parágrafos da Lei n. 8.212/91, e se não quitadas no prazo estipulado para reconhecimento, inscritas na dívida ativa e executadas na esfera da justiça competente, que é a Federal, por expressa disposição do art. 109, inciso I, da Constituição Federal. Recurso não conhecido. (TST – RR 280 – 1ª T. – Relª Min Conv. Eneida Melo – DJU 21.11.2003).

No nosso sentir, a interpretação do inciso VIII, do art. 114, da CF não pode ser restritiva, abrangendo também os recolhimentos pretéritos que não foram realizados pelo empregador, atinentes às parcelas de índole salarial, conforme o art. 28, da Lei n. 8.212/91. Se a Justiça do Trabalho declara o vínculo de emprego deve executar as contribuições pretéritas desse reconhecimento, pois isso possibilita não só maior efetividade da jurisdição, como também da eficácia social da norma. De outro lado, propiciará que o empregado obtenha futuramente a aposentadoria sem maiores transtornos, pois são notórias as vicissitudes que enfrenta o trabalhador quando vai averbar o tempo de serviço reconhecido em sentença trabalhista, mas os recolhimentos previdenciários não estão realizados.

Nesse sentido, sustentam com propriedade *Marcos Neves Fava* e *Carina Bellini Cancella*[(4)]:

> "(...) não há qualquer restrição à natureza das sentenças proferidas pela Justiça do Trabalho, a partir das quais — o verbo utilizado pelo constituinte derivado é decorrer, adjetivado para decorrentes — haverá execução de ofício das contribuições sociais. Não se argumente, desde logo esta hipótese deve ser afastada, que a declaração não é imprescindível para a cobrança das contribuições, o que inviabilizaria a competência para as contribuições decorrentes de sentença declaratória. Isto porque, ainda que no plano abstrato, a contribuição pudesse ser exigida pela Auditoria Fiscal da Previdência Social, em ato fiscalizatório, no caso concreto em que há manifestação da Justiça do Trabalho acerca da vinculação empregatícia, a contribuição será exigida em decorrência da atuação jurisdicional".

Este posicionado restou consagrado pelo parágrafo único do art. 876, da CLT, com a redação dada pela Lei n. 11.457, de 15 de março de 2007, que assim dispõe:

> "Serão executadas ex-offício as contribuições sociais devidas em decorrência de decisão proferida pelos Juízes e Tribunais do Trabalho, resultantes de condenação ou homologação de acordo, inclusive sobre os salários pagos durante o período contratual reconhecido".

Diante da expressa previsão legal, o inciso I da Súmula n. 368, do C. TST quanto à restrição da competência da Justiça do Trabalho para executar as contribuições sociais das sentenças meramente declaratórias de vínculo de emprego e sobre os salários incontroversamente pagos durante o contrato de trabalho, resta revogado.

O ideal seria, no nosso sentir, que o art. 114, VIII, da CF, atribuísse, *de lege ferenda*, competência à Justiça do Trabalho para, além de executar as contribuições oriundas

---

(4) FAVA, Marcos Neves e CANCELLA, Carina Bellini. *Efetividade da Jurisdição Trabalhista e Recolhimentos Previdenciários – Críticas à Revogação da Súmula 368 do Tribunal Superior do Trabalho. Suplemento Trabalhista.* São Paulo: LTr, n. 117/06, 2006, pp. 492-493.

do reconhecimento do vínculo de emprego, competência para determinar a averbação do tempo de serviço do empregado junto ao INSS, buscando, assim, maior eficácia da jurisdição trabalhista e também maior efetividade social da norma. Nesse sentido, destaca-se a seguinte ementa:

> "INSS. AVERBAÇÃO DO TEMPO DE SERVIÇO. COMPETÊNCIA DA JUSTIÇA DO TRABALHO. É competente a Justiça do Trabalho para determinar ao INSS o reconhecimento e a averbação de tempo de serviço apurado nos autos de Reclamação Trabalhista, por se tratar de corolário da competência material fixada pela Constituição Federal para executar de ofício as contribuições devidas em razão das sentenças proferidas na Justiça do Trabalho" (PROC RO 01160-2005-005-20-00-1 – 20ª Região – SE – Eliseu Pereira do Nascimento – Desembargador Redator. DJ/SE de 27.9.2006 – (DT – Janeiro/ 2007 – vol. 150, p. 202).

Capítulo X

COMPETÊNCIA MATERIAL DA JUSTIÇA DO TRABALHO PARA CRIAR NORMAS

1. Breves enfoques sobre o Poder Normativo da Justiça do Trabalho brasileira

Como destaca *Walter Wiliam Ripper*[1]:

"O poder normativo da Justiça do Trabalho, desde seu surgimento, é objeto de críticas de um lado *(Waldemar Ferreira)* e defesas de outro *(Oliveira Viana)*. Discussões sobre seu banimento ou manutenção são largamente debatidas na doutrina jurídica e, sobretudo, na política nacional. Um instituto originado no Estado Novo, durante o governo de Getúlio Vargas, assim como nossa Consolidação das Leis do Trabalho, onde, principalmente em matéria coletiva, deixa sensíveis rastros do pensamento político de Getúlio e do fascismo consagrado por Mussolini".

Para *Henrique Macedo Hinz*, "a unanimidade da doutrina encontra na concepção corporativista da sociedade a origem do poder normativo atribuído à Justiça do Trabalho"[2].

Inegavelmente, o poder normativo constitui uma intervenção do Estado nas relações de trabalho e máxime no conflito coletivo para solucioná-lo, substituindo a vontade das partes, e submetendo-as, coativamente, à decisão judicial.

Trata-se de uma competência anômala conferida à Justiça do Trabalho para, uma vez solucionando o conflito de interesse, criar normas que irão regular as relações entre as categorias profissional e econômica. Não se trata apenas de aplicar o Direito pré-existente, mas de criar, dentro de determinados parâmetros, normas jurídicas. Por isso, se diz que o Poder Normativo da Justiça do Trabalho atua no vazio da lei, ou seja, quando não há lei dispondo sobre a questão. Em razão disso, a Justiça do Trabalho detém a competência constitucional para criar normas por meio da chamada *sentença normativa*.

---

(1) RIPPER, Walter Wiliam. *Poder Normativo da Justiça do Trabalho: Análise do Antes, do Agora e do Possível Depois. Revista Legislação do Trabalho.* São Paulo: LTr, ano 69, v. 07, 2005, p. 848.
(2) HINZ, Henrique Macedo. *O Poder Normativo da Justiça do Trabalho.* São Paulo: LTr, 2000, p. 50.

Na definição de *Amauri Mascaro Nascimento*, o Poder Normativo é "a competência constitucional dos tribunais do trabalho para proferir decisões nos processos de dissídios econômicos, criando condições de trabalho com força obrigatória".[3]

De outro lado, quando a Justiça do Trabalho aprecia um dissídio coletivo de natureza jurídica, ou de interpretação, não há o exercício do Poder Normativo, pois o Judiciário não irá criar Direito novo e sim aplicar o Direito já existente. A EC n. 45/04 não se referiu ao dissídio coletivo de natureza jurídica, tampouco o art. 114, da CF/88, entretanto, ele continua existente e não foi afetado pela EC n. 45/04.

A doutrina costuma elencar argumentos favoráveis e desfavoráveis ao Poder Normativo.

Dentre os argumentos favoráveis ao Poder Normativo, podemos apontar:

a) acesso à Justiça do Trabalho[4];

b) garantia de efetividade dos direitos trabalhistas;

c) garantia de equilíbrio na solução do conflito coletivo, máxime quando uma das categorias é fraca;

d) tradição dos países de terceiro mundo em solucionar o conflito por meio do Poder Judiciário;

e) não impede que trabalhadores e empregadores criem consciência de classe e regulem seus próprios interesses;

f) redução da litigiosidade e pacificação social[5];

g) sindicalização por categoria e unicidade sindical;

h) fragilidade do Movimento Sindical Brasileiro[6];

---

(3) NASCIMENTO, Amauri Mascaro. *Curso de Direito Processual do Trabalho*. 21ª ed., São Paulo: Saraiva, 2002, pp. 633-634.

(4) Como bem adverte *Amauri Mascaro Nascimento*: "Não se pode deixar de lado a tendência do direito processual civil com a denominada coletivização das ações. Que vem se revelando tão intensa, entre outros meios, pela substituição processual aplicada aos processos individuais trabalhistas, para a defesa, pelo sindicato, em nome próprio, de direitos difusos, coletivos e até mesmo individuais homogêneos" (*A questão do dissídio coletivo "de comum acordo"*. Revista Legislação do Trabalho. São Paulo: LTr, ano 70, v. 06, 2006, p. 649).

(5) Segundo *Amauri Mascaro Nascimento*: "Ninguém pode duvidar que esteja praticamente afetado o próprio direito de propor dissídio coletivo caso se conclua que a sua propositura deve ser autorizada pelo suscitado. Nesse caso, os Sindicatos de trabalhadores, frustrada a negociação coletiva e impossibilitado o dissídio coletivo, terão de encontrar uma desembocadura para o conflito. Certamente, à falta de negociação, os Sindicatos só terão uma alternativa, a greve, o que não é do interesse social e econômico do País. Desse modo, dar validade à exigência do ajuizamento bilateral do dissídio coletivo pode funcionar como um incentivo ao grevismo. Como demonstram *Cândido Rangel Dinamarco* e *Kazuo Watanabe*, a litigiosidade contida é perigoso fator de infelicidade pessoal e desagregação social e por isso, constitui missão e dever do Estado a eliminação desses estados de insatisfação. O escopo de pacificar as pessoas mediante a eliminação de conflitos com justiça, é, em última análise, a razão mais profunda pela qual o processo existe e se legitima na sociedade (Cândido Dinamarco)" (*Op. cit.*, p. 656)

(6) Como destaca *João Oreste Dalazen*: "conforme alerta, acertadamente, Antonio Álvares da Silva, 'nenhuma país civilizado do mundo ocidental chegou ao estágio atual de sua evolução sem contar com a participação dos sindicatos como meio eficiente de solução dos problemas sociais'. Manifesto que um sindicalismo genuíno e representativo pode atenuar a conflituosidade permanente entre o Capital e o Trabalho, como nos ensina o bem sucedido exemplo

i) tendência universal do acesso à Justiça para a defesa dos interesses difusos, coletivos e individuais homogêneos⁽⁷⁾.

Dentre os argumentos desfavoráveis podemos enumerar:

a) interferência indevida do Poder Judiciário na atividade legislativa;

b) morosidade do judiciário trabalhista;

c) falta de efetividade da sentença normativa, pois muitas vezes divorciada da realidade;

d) despreparo técnico dos juízes em conhecer efetivamente o conflito coletivo e a realidade da categoria⁽⁸⁾;

e) engessamento da negociação coletiva;

f) acomodação das categorias profissional e econômica.

Arion Sayão Romita destaca quatro antinomias constitucionais:

"1ª – entre o art. 1º, parágrafo único, e o art. 114, § 2º: se o povo exerce poder por intermédio de seus representantes eleitos, o poder normativo, exercido pelos juízes, não poderia ser acolhido pela Constituição, pois juízes não são representantes do povo; 2ª – entre o art. 5º, inciso LV, que reconhece o princípio do contraditório sem qualquer exceção, e o art. 114, § 2º: no exercício do poder normativo, a Justiça do Trabalho não é obrigada a observar o referido princípio, pois exerce jurisdição de eqüidade, dispensando a manifestação de contrariedade por parte da categoria econômica suscitada no dissídio coletivo; 3ª – entre o art. 93, inciso IX e o art. 114, § 2º: como decisão judicial, a sentença normativa não pode deixar de ser fundamentada, sob pena de nulidade; entretanto, o poder normativo se exerce como meio de solução de controvérsia coletiva, mediante edição de normas (poder legislativo delegado), tarefa que dispensa fundamentação; 4ª – entre o art. 9º e o art. 114, § 2º: enquanto o primeiro dispositivo assegura o exercício do direito de greve pelos trabalhadores, o outro o inviabiliza, pois o poder normativo é utilizado para julgar a greve, inibindo o entendimento direto entre os interlocutores sociais".⁽⁹⁾

---

da Espanha. A reforma do modelo sindical, portanto, é a palavra de ordem e deveria constituir uma das prioridades da nação" (Reflexões sobre o Poder Normativo da Justiça do Trabalho e a Emenda Constitucional N. 45/04. *Revista da Academina Nacional de Direito do Trabalho.* São Paulo: LTr, ano XIII, n. 13, 2006, p. 135).

(7) Inegavelmente, tem sido uma tendência do Direito Processual, a chamada "coletivização do processo", principalmente na esfera trabalhista, em que o trabalhador enfrenta grandes dificuldades no acesso à Justiça e também, em razão do vínculo de emprego, há sempre o temor de sofrer retaliações, se ingressar com uma ação durante o contrato de trabalho. Além disso, na esfera trabalhista, há uma certa peculiaridade de normatividade nas decisões, ainda que se refiram à interpretação e aplicação do Direito. Como por exemplo, as ações declaratórias de representação sindical (art. 114, III, da CF), ações anulatórias de acordos e convenções coletivas de trabalho. Ações civis públicas, impondo obrigações de fazer ou não fazer aos empregadores ou tomadores de serviços. Sendo assim, a restrição do Poder Normativo da Justiça do Trabalho estaria na contramão da tendência universal do acesso ao judiciário e à coletivização das ações.

(8) De outro lado, também não é exigível que o juiz conheça a essência do conflito, pois o juízo tem que conhecer a realidade do processo, aplicando-se o antigo aforismo: *o que não está nos autos não está no mundo.*

(9) ROMITA, Arion Sayão, *O Poder Normativo da Justiça do Trabalho*: Antinomias Constitucionais. *Revista Legislação do Trabalho.* São Paulo: LTr, ano 65, v. 06, 2001, p. 268.

Não temos dúvidas de que a melhor solução do conflito coletivo se dá por meio da negociação coletiva, máxime quando há equilíbrio entre as categorias profissionais e econômicas[10].

Não obstante, o nosso sistema sindical apresenta alguns entraves para que a negociação coletiva seja efetiva como a unicidade sindical, sindicalização por categoria, participação obrigatória dos sindicatos na negociação coletiva, falta de tradição na utilização da arbitragem como meio de solução dos conflitos e um sindicalismo ainda em desenvolvimento, em que falta consciência e informação da classe trabalhadora.

Em que pesem os ponderáveis argumentos em sentido contrário, embora possa ser restringido, o poder normativo ainda se faz necessário, como o último subterfúgio de garantia do equilíbrio na solução justa do conflito coletivo.

Vale lembrar que a solução judicial do conflito coletivo pela Justiça do Trabalho é uma faculdade das partes e, embora o instituto tenha origem fascista, ele deve ser interpretado segundo o atual estágio que vive o Direito do Trabalho. Cumpre lembrar que a lei, uma vez editada, se desvincula do seu criador para adquirir vida própria.

Nesse sentido é a advertência de *Henrique Macedo Hinz*[11]:

"(...) a realidade fática de nosso gigante país, com suas gritantes diferenças sociais, políticas e econômicas, não permite que o Estado, especialmente o Judiciário Trabalhista, simplesmente saia de cena no que se refere aos conflitos coletivos de trabalho, sob pena de aleijar, ainda mais, aqueles pertencentes a categorias menos organizadas e reivindicativas. Se século atrás o distanciamento do Estado das relações sociais mostrou ser desastrosas como um todo, os que militam diuturnamente na área trabalhista sabem, sem sombra de dúvida, as conseqüências advindas da eliminação pura e simples do poder normativo atribuído à Justiça do Trabalho. Não se pode, pura e simplesmente, em face de suas origens, ou de vícios que já vêm sendo eliminados, extinguir aquele que é o único meio de progresso à significativa parcela dos trabalhadores brasileiros".

2. *A questão do* comum acordo *para instaurar o dissídio coletivo de natureza econômica*

Como destaca *Amauri Mascaro Nascimento*[12], a questão do *comum acordo* é uma das mais importantes questões processuais dentre as que ultimamente têm surgido,

---

(10) Ensina *Jorge Luiz Souto Maior.* "Quando há poder de fogo para negociar, a negociação ocorre e tem sido largamente utilizada. Quando essa situação não existe é que surge o campo de atuação do poder normativo da Justiça do Trabalho. De qualquer modo, não é o poder normativo que cria a realidade. Essa realidade lhe é subjacente e é fruto do conhecido baixo nível cultural da população brasileira. Não é a extinção do poder normativo que via alterar essa realidade sociocultural, que se apresenta, no Brasil, um caso crônico. A grande atuação do poder normativo é o reflexo dessa situação e não o inverso" (Poder Normativo da Justiça do Trabalho: uma questão política. *Jornal do XI Congresso Brasileiro de Direito Coletivo do Trabalho*. São Paulo: LTr, 1996, p. 42).
(11) HINZ, Henrique Macedo. *O poder Normativo da Justiça do Trabalho*, São Paulo: LTr, 2000, p. 71.
(12) NASCIMENTO. Amauri Mascaro. *Op. cit.*, 647.

não só pelos reflexos econômicos e sociais do dissídio coletivo econômico nas relações de trabalho e na vida das empresas, como pelos singularíssimos aspectos que estão subjacentes às dimensões jurídicas.

À primeira vista, parece causar espanto a redação do § 2º do art. 114, pois o dissídio pressupõe lide, que é o conflito de interesses qualificado por uma pretensão resistida. Como pode haver comum acordo para ajuizamento de dissídio, se este pressupõe o dissenso entre as partes?

Diz a atual redação do art. 114, § 2º, da CF: *"Recusando-se qualquer das partes à negociação coletiva ou à arbitragem, é facultado às mesmas, de comum acordo, ajuizar dissídio coletivo de natureza econômica, podendo a Justiça do Trabalho decidir o conflito, respeitadas as disposições mínimas legais de proteção ao trabalho, bem como as convencionadas anteriormente."*

Diante da nova redação do citado dispositivo legal, foram muitas as interpretações para a expressão "comum acordo".

Alguns intérpretes têm considerado que a expressão ajuizar de *comum acordo* não produz nenhuma alteração, pois o dissídio coletivo pressupõe conflito. Além disso, argumentam que a exigibilidade de consenso para ingresso do dissídio coletivo de natureza econômica fere um direito maior que é o do acesso à Justiça do Trabalho, previsto no art. 5º, XXXV, da CF. Portanto, nesta linha de argumentação é inconstitucional a exigência do *comum acordo* para ajuizamento do dissídio coletivo de natureza econômica. Ou seja, trata-se de uma emenda constitucional inconstitucional.

Acreditamos que o parágrafo 2º do art. 114, da CF não atrita com o princípio da inafastabilidade da jurisdição previsto no art. 5º, XXXV, da CF, que é dirigido à lesão individual do direito, pois o dissídio coletivo de natureza econômica tem natureza dispositiva (ou constitutiva para alguns), já que visa à criação de norma aplicável no âmbito da categoria e não de aplicação do Direito vigente a uma lesão de direito. Além disso, se trata de competência atribuída à Justiça do Trabalho, por exceção, para criar normas jurídicas no âmbito das categorias profissional e econômica, no chamado *vazio da lei* e solucionar o conflito coletivo de natureza econômica, quando fracassarem as tentativas de negociação direta e a arbitragem voluntária.

De outro lado, muitos entendem, diante da clareza do texto constitucional, que não há como se negar a exigência de tal requisito, divergindo quanto ao momento em que ele deve ser preenchido, se como condição de ingresso da ação, ou pode ser obtido *a posteriori*.

Para parte da doutrina o *comum acordo* não precisa ser prévio.

Nesse sentido é a posição de *Pedro Paulo Teixeira Manus*[13]:

"A Emenda Constitucional n. 45/2004 condiciona o exercício do poder normativo ao ajuizamento do dissídio coletivo por ambas as partes, de comum acordo,

---

(13) MANUS, Pedro Paulo Teixeira. *Direito do Trabalho*. 10ª ed., São Paulo: Atlas, 2006, p. 244.

conforme o art. 114, § 2º, da CF. Devemos compreender a expressão comum acordo, a nosso ver, à concordância da parte contrária e não obrigatoriamente ao ajuizamento conjunto do dissídio, o que tornaria na maior parte dos casos inviável o ajuizamento"[14].

Para outros, o *comum acordo* a que se refere a EC n. 45/04 pode ser obtido até de forma tácita, o que equivale à ausência de oposição. Desse modo, se o suscitado comparecer à audiência de conciliação, apresentar defesa e não se opuser ao prosseguimento do processo, tacitamente está anuindo, pois não praticou nenhum ato incompatível com a não aceitação em se submeter à decisão judicial.

Nesse sentido, a seguinte ementa:

"Dissídio coletivo de natureza econômica. Art. 114, § 2º, da CF.l Comum acordo não significa necessariamente, petição conjunta. Interpretação história. Aplicação do princípio da inafastabilidade da jurisdição. Precedente desta C. SDC. Dissídio que

---

(14) No mesmo sentido, destacam-se as seguintes ementas: "EMENTA: Dissídio Coletivo. Ajuizamento de comum acordo. Ajuizamento unilateral. Possibilidade. CF. Art. 8º, III x EC. 45/2004, Art. 114, parágrafo 2º. Compreensão. Possível o ajuizamento unilateral do dissídio coletivo porque foi mantido mais que o poder normativo, ou seja, o inciso III do art. 8º da Constituição, quer dizer, a defesa pelo sindicato de interesses — e não de direitos — coletivos — não meramente individuais — em questões judiciais. Trocando em miúdos, dissídio coletivo de iniciativa do sindicato para a defesa das reivindicações da coletividade representada. Se o adversário recusa a arbitragem privada e também a jurisdicional, o conflito se mantém e os interesses dos trabalhadores, de melhores condições de salário e de trabalho, com apoio na ordem econômica, fundada na valorização do trabalho e social, que tem como base o primado do trabalho e como objetivo o bem-estar e a justiça social, são lesados, sem que se permita o acesso ao Poder Judiciário para defendê-las, como assegura a Constituição, no inciso XXXV do art. 5º" (TRT 2ª Região. AC 2005001595, 21 07 2005, DCE, SDC, DOE SP, 9.8.2005 – Rel. José Carlos da Silva Arouca). "Dissidio coletivo econômico. Comum acordo. Faculdade: A faculdade de ajuizamento conjunto (de comum acordo) não exclui o ajuizamento unilateral, cujo amparo decorre de cláusula pétrea constitucional, até porque estabelecer a exigência do prévio comum acordo como "conditio sine qua non" para a instauração do dissídio coletivo implica forjar uma antinomia entre o art. 114 e a cláusula pétrea da indeclinabilidade da jurisdição, contemplada no inciso XXXV do art. 5º da Carta Magna, resumida no princípio segundo o qual a lei não excluirá da apreciação do Poder Judiciário lesão ou ameaça a direito. 2) Categoria diferenciada. Parte legítima: Os trabalhadores que tenham condições de vida singulares e possuem estatuto profissional próprio e distinto daqueles pertencentes às categorias profissionais preponderantes nas empresas onde se ativam, integram uma categoria profissional diferenciada, nos termos previstos no parágrafo 3º, do art. 511 da CLT. 3) "Quorum". Art. 612, da CLT: Obedecido o "quorun" estatutário, não há que se falar em descumprimento da norma contida no art. 612, da CLT, vez que o "quorum" mínimo ali previsto não foi recepcionado pelo art. 8º, da Constituição Federal, sendo certo que as Orientações Jurisprudenciais nº 13 e 21, da SDC, do C. TST, foram canceladas. 4) Negociação prévia. Exaurimento: O não comparecimento a reunião agendada junto à Delegacia Regional do Trabalho impossibilita qualquer composição e a ausência de acordo perante o Tribunal, demonstra, inequivocamente, o exaurimento da negociação prévia. 5) Sindicato estadual. Múltiplas assembleias. Desnecessidade. Edital veiculado por jornal de circulação estadual: Uma vez obedecidas as normas estatutárias, é desnecessária a realização de múltiplas assembleias, vez que se trata de questão "interna corporis", ressaltando-se que a OJ nº 14, da SDC, do C. TST, foi cancelada. Tendo sido publicado o edital em jornal de circulação em toda a base territorial do sindicato, observa-se o cumprimento à OJ nº 28, da SDC, do C. TST. 6) Data-base. Manutenção. Prazo previsto pelo art. 616, parágrafo 3º, da CLT: A data-base já reconhecida na norma coletiva anterior deve ser mantida, até mesmo para evitar maiores disparidades ou dificuldades no próprio seio da atividade econômica, que firma normas coletivas com os demais empregados na mesma data-base. Porém, sendo o dissídio coletivo ajuizado fora do prazo previsto pelo art. 616, parágrafo 3º, da CLT, e não tendo o suscitante noticiado protesto ou acordo garantindo a vigência a partir da data-base, a norma proferida vigerá a partir de sua publicação, nos termos do art. 867, parágrafo único, a, da CLT. 7) Manutenção de cláusulas preexistentes. Aplicação dos Precedentes do Tribunal: Dissídio coletivo que se julga parcialmente procedente (TRT 2ª Região – Acórdão n. 2006000061 – Processo n. 20222-2005-000-02-00-0 – 2005 – Turma: SDC – Data da publicação: 24.1.2006 – Relª Juíza Wilma Nogueira de Araújo Vaz da Silva).

é conhecido e julgado procedente em parte" (TRT 2ª Região – DOE 17.11.2005 – Rel. Carlos Francisco Berardo).

Por outro lado, há entendimentos no sentido de que o *comum acordo* tem que ser prévio, vale dizer: obtido quando do ajuizamento do dissídio coletivo, como sendo um pressuposto processual.

Em sendo um pressuposto processual, o requisito do "comum acordo" deve estar presente já no ingresso do dissídio, sob conseqüência de nulidade do processo, uma vez que os pressupostos processuais são requisitos de existência, validade, e desenvolvimento da relação jurídica processual.

Se prevalecer o entendimento de que deve haver acordo prévio para a instauração do dissídio coletivo de natureza econômica, o poder normativo da Justiça do Trabalho foi praticamente extinto, pois dificilmente haverá tal requisito na instauração do litígio, uma vez que, se o conflito chegou até a Justiça do Trabalho, é porque, presumivelmente, fracassaram as tentativas de solução amigável do litígio ou de arbitragem voluntária, não havendo consenso.

No campo da processualística talvez não seja difícil "escapar" do requisito do comum acordo prévio, pois, interpretando-se tal requisito como sendo uma condição da ação, esta pode ser preenchida no curso do Processo. Segundo a doutrina de *Liebman*, as condições da ação ainda que não presentes quando da propositura da ação, se elas forem obtidas no curso do processo, o juiz deve proferir a decisão.

Estamos convencidos de que o Poder Normativo não fora extinto, pois se assim quisesse o legislador ele o teria feito expressamente. Inegavelmente, houve uma restrição do Poder Normativo, ou melhor dizendo, ao acesso a ele.

A EC n. 45 visou a restringir o acesso à Justiça do Trabalho para resolução dos conflitos coletivos de interesse, prestigiando a autocomposição.

Interpretando-se literalmente o parágrafo 2º, do art. 114, da CF nos parece que não há dúvidas de que o "comum acordo" tem que ser prévio, pois a lei fala em *ajuizar, de comum acordo*.

Para nós, o *comum acordo* não é um pressuposto processual e sim uma condição da ação, ou melhor dizendo, um óbice à apreciação da pretensão coletiva trazida em juízo. Por isso, não se trata de um requisito de validade da relação jurídica processual, mas uma condição prévia para a apreciação da pretensão. Cumpre destacar que o "comum acordo" se assemelha ao compromisso arbitral e, pelo art. 301, § 4º do CPC, o juiz não pode conhecê-lo de ofício. Como destaca *Fredie Didier Júnior*[15]: "o compromisso arbitral, embora seja exceção (matéria que o magistrado pode conhecer *ex officio*), deve ser alegado na contestação e não por exceção instrumental. O silêncio do demandado quanto ao compromisso não gera qualquer nulidade".

---

(15) DIDIER JÚNIOR, Fredie. *Pressupostos Processuais e Condições da Ação: O juízo de admissibilidade do Processo*, São Paulo: Saraiva, 2005, p. 341.

Assim, não há necessidade do comum acordo ser prévio ao ajuizamento do dissídio, podendo tal condição da ação ser preenchida no curso do processo, inclusive de forma tácita, pela não oposição do suscitado.

Recentemente, se pronunciou o C. TST, exigindo a presença do comum acordo quando do ajuizamento do dissídio, conforme a dicção da seguinte ementa:

> "Parte superior do formulário
>
> DISSÍDIO COLETIVO. PARÁGRAFO 2º DO ART. 114 DA CONSTITUIÇÃO DA REPÚBLICA. EXIGIBILIDADE DA ANUÊNCIA PRÉVIA. Não demonstrado o comum acordo, exigido para o ajuizamento do Dissídio Coletivo, consoante a diretriz constitucional, evidencia-se a inviabilidade do exame do mérito da questão controvertida, por ausência de condição da ação, devendo-se extinguir o processo, sem resolução do mérito, à luz do art. 267, inciso VI, do CPC. Preliminar que se acolhe. PROC DC 165049/2005-000-00-00.4 – TST – Carlos Alberto Reis de Paula – Ministro Relator. DJU de 29.9.2006 – (DT – Novembro/2006 – vol. 148, p. 165).

Embora não sejamos otimistas com a exigência do "comum acordo" para o ajuizamento do dissídio coletivo de interesse, talvez a jurisprudência poderia experimentar ser mais rígida com a interpretação da expressão "comum acordo" e exigí-lo quando do ingresso do dissídio, como forma de estimular a negociação direta das partes.

Também com a escassez do Poder Normativo, poderiam eclodir outras formas de negociações coletivas, rompendo com o paradigma da negociação por categoria, como a representação direta dos trabalhadores na empresa (art. 11, da CF), participação dos trabalhadores na gestão da empresa (art. 7º, XI, da CF) e a negociação direta entre trabalhadores e empresa (art. 617, da CLT), etc.

Restringindo-se o Poder Normativo, a Justiça do Trabalho exerceria um controle *a posteriori*, anulando, por meio de ações anulatórias, as eventuais cláusulas de acordos e convenções coletivas que extrapolem os limites constitucionais mínimos ou não cumpram a função social do Direito do Trabalho. Esta é, aliás, a atuação precípua do Judiciário, máxime considerando-se o princípio da liberdade de contratar (arts. 421 e seguintes do Código Civil).

Caso tal interpretação mais rígida quanto ao ingresso do dissídio coletivo não funcione, havendo um aumento significativo da litigiosidade, perpetuação do conflito e grande instabilidade social, e até mesmo o aniquilamento de direitos sociais, a interpretação pode retroceder, admitindo o ajuizamento do dissídio sem o comum acordo, podendo este ser obtido *a posteriori*, ou seja, no curso do Processo, ou até mesmo pode ser suprido judicialmente.

Como bem adverte *Mozart Victor Russomano*[16]:

> "Na solução dos conflitos de trabalho, em particular dos conflitos coletivos de natureza econômica, se reitera a velha e válida idéia de que não basta que existam

---

(16) RUSSOMANO. Mozart Victor. *Princípios Gerais de Direito Sindical*. 2ª ed., Rio de Janeiro: Forense, 2002, p. 293.

leis boas. É preciso que existam bons cidadãos e bons juízes, dispostos a respeitá-las e a fazê-las respeitar. Bons cidadãos que dispensem a interferência dos maus juízes e bons juízes que reprimam a conduta dos maus cidadãos".

A sentença, sempre é página arrancada da vida de algum homem. A sentença coletiva é página arrancada da história de um povo. Nela se reflete ou dela resulta o drama que chega ao último ato ou tragédia, de final desesperador.

Nossa experiência de juiz, durante quarenta anos, permite que a palavra final deste livro seja de advertência: Nós os juízes do século XX, viemos do povo, pois em seu seio nascemos e nos formamos. Para o fiel desempenho de nossa missão social, devemos continuar ao lado dele, sentindo-lhe o calor, o suor, a pulsação, o sofrimento. O verdadeiro juiz, neste final de século, é aquele que consegue incorporar em sua alma a alma coletiva, anônima e comunitária das multidões.

Esse é o juiz que enfrentará, certo dia, com tranqüilidade, a face severa do Juiz que o acompanha, o avalia e o qualifica. Foi dito alhures: 'O povo é o juiz dos juízes'. Deveria ter sido acrescentado: E suas sentenças são inapeláveis, porque são as sentenças da história".

Concluindo, a exigência do *comum acordo* previsto no parágrafo 2º do art. 114 da CF não extinguiu o poder normativo. Mas, sem dúvida, o acesso a ele foi restringido e se criou um obstáculo à sua instauração, que para alguns é uma condição da ação, para outros um pressuposto processual.

Embora a jurisprudência possa adotar uma posição mais restritiva quanto à exigência do *comum acordo*, como se trata, conforme fixamos entendimento acima, de uma condição da ação, não há necessidade dele ser obtido quando do ajuizamento do dissídio, podendo tal condição da ação ser preenchida no curso do processo, inclusive de forma tácita, pela não oposição do suscitado.

3. A questão do comum acordo *nos dissídios de greve*

Muito tem sido discutido se no dissídio de greve há a necessidade do comum acordo para o Tribunal apreciar as cláusulas econômicas.

O art. 114, parágrafo 3º da CF assim dispõe: "Em caso de greve em atividade essencial, com possibilidade de lesão do interesse público, o Ministério Público do Trabalho poderá ajuizar dissídio coletivo, competindo à Justiça do Trabalho decidir o conflito".

É de intuitiva compreensão que, no caso de greve que afetar o interesse público, a sociedade não pode sofrer as graves conseqüências da paralisação indefinida de uma atividade que lhe é essencial, como nas áreas de saúde, energia elétrica, comunicação, transporte coletivo, etc[17].

---

(17) DALAZEN, João Oreste. *Op. cit.*, p. 144.

À primeira vista, sem dúvida, a nosso ver, foi restringida a legitimidade do MP do Trabalho para ajuizar o dissídio de greve. Agora, o MP do Trabalho somente pode atuar quando a greve eclodir em atividades essenciais, definidas de forma exemplificativa na Lei n. 7.783/83.

Pensa de forma contrária *João Oreste Dalazen*[18]: "(...) o novel preceito apenas elevou à dignidade constitucional a legitimação ativa do Ministério Público do Trabalho para instaurar dissídio coletivo, em caso de greve, já assegurada anteriormente em lei. Uma vez que a norma insculpida no parágrafo 3º do art. 114 não outorgou legitimação *exclusivamente* ao Ministério Público do Trabalho, creio que persiste a legitimação *concorrente* também de qualquer das partes para suscitar dissídio coletivo em caso de greve, como já dispõe expressamente a atual Lei n. 7.783/89 (art. 8º)".

A questão que se coloca é a seguinte: Pode a Justiça do Trabalho, em dissídio de greve, sem a existência do comum acordo, apreciar as cláusulas econômicas?

Parte da jurisprudência tem interpretado o parágrafo 3º do art. 114, sistematicamente com o inciso II, do art. 114 da Constituição Federal[19][20], dizendo que não há necessidade do comum acordo e que a Justiça do Trabalho pode apreciar as cláusulas econômicas do dissídio de greve.

A questão é complexa. Primeiramente, no caso do dissídio de greve, nos parece dispensável o comum acordo, tanto no ajuizado pelo MP como pelos Sindicatos. Acreditamos que num primeiro momento nos sentimos tentados a dizer que as cláusulas econômicas também podem ser apreciadas no dissídio de greve mesmo sem o *comum acordo*, pois o parágrafo 3º do art. 114 diz que a Justiça do Trabalho decidirá o conflito, assim como o parágrafo 2º, entretanto, no parágrafo 3º, o art. 114 silencia sobre os parâmetros de decisão do conflito, "respeitando as disposições mínimas (...)". Em razão disso, a nosso ver, a competência da Justiça do Trabalho em dissídios de greve se restringe a declarar a legitimidade ou não do movimento paredista. Caso contrário, a greve seria a via lateral para o ajuizamento do dissídio coletivo de natureza econômica, suprindo a necessidade do "comum acordo".

No mesmo sentido é a posição de *Pedro Carlos Sampaio Garcia*[21]: "A instauração do dissídio coletivo pelo Ministério Público do Trabalho visa ao julgamento dos atos

---

(18) *Op. cit.*, p. 144.
(19) TRT/SP n. 20086200500002009, AC. 2005000777, SDC, Relª Juíza Wilma Nogueira de Araújo Vaz da Silva, DOE 13.05.2005: "(...) Em relação à primeira preliminar argüida pela PUC, no sentido da extinção do dissídio ante a falta de comum acordo entre as partes, a preliminar fica desde já rejeitada, nos termos do que dispõe a Emenda n. 45 em seu Art. 114 no inciso II que prevê textualmente "compete à Justiça do Trabalho processar e julgar as ações que *envolvam exercício do direito de greve* (...)".
(20) TRT/SP n. 2000720050002000, AC. 2005000360, SDC, Relª Juíza Wilma Nogueira de Araújo Vaz da Silva, DOE 15.3.2005: "(...) em caso de greve com possibilidade de lesão ao interesse público, o Ministério Público do Trabalho poderá ajuizar dissídio coletivo, competindo à Justiça do Trabalho decidir o conflito."
(21) GARCIA, Pedro Carlos Sampaio. O Fim do Poder Normativo. Justiça do Trabalho. *In: Justiça do Trabalho Competência Ampliada.* Coordenação de Grijalbo Fernandes Coutinho e Marcos Neves Fava, São Paulo: LTr, 2005, pp. 394-395.

relacionados ao exercício do direito de greve, pois é apenas na defesa do interesse público que age esse órgão nessa hipótese. Não cabe ao Ministério Público defender interesse econômico das partes envolvidas no conflito".

4. Limites da Competência Normativa da Justiça do Trabalho brasileira

Diz o art. 114, parágrafo 2º, da CF, em sua redação atual: *"Recusando-se qualquer das partes à negociação coletiva ou à arbitragem, é facultado às mesmas, de comum acordo, ajuizar dissídio coletivo de natureza econômica, podendo a Justiça do Trabalho decidir o conflito, respeitadas as disposições mínimas legais de proteção ao trabalho, bem como as convencionadas anteriormente".*

De início, constata-se que o Poder Normativo deve respeitar as disposições legais mínimas, ou seja, os direitos consagrados à classe trabalhadora tanto na Constituição Federal, como nas leis infraconstitucionais[22].

Também segundo a redação do aludido parágrafo 2º, o Poder Normativo não pode contrariar as cláusulas objeto de acordo ou convenções coletivas que estão em vigor quando do ajuizamento do dissídio coletivo[23].

O art. 766 da Consolidação das Leis do Trabalho estipula as balizas do Poder Normativo da Justiça do Trabalho, determinando que sejam utilizados pelo julgador a razoabilidade e a eqüidade. Aduz o referido dispositivo: *"Nos dissídios sobre estipulação de salários, serão estabelecidas condições que, assegurando justos salários aos trabalhadores, permitam também justa retribuição às empresas interessadas".*

Em decisão da lavra do Ministro *Coqueijo Costa*, encontramos um interessante raciocínio sobre os Limites do Poder Normativo:

> EMENTA: "Poder Normativo. 1. O poder normativo atribuído à Justiça do Trabalho, limita-se, ao norte, pela Constituição Federal; ao sul, pela lei, a qual não pode contrariar; a leste, pela eqüidade e bom senso; e a oeste, pela regra consolidada no artigo setecentos e sessenta e seis, conforme a qual nos dissídios coletivos serão estipuladas condições que assegurem justo salário aos trabalhadores, mas 'permitam também justa retribuição às empresas interessadas'" [24].

Quanto ao limite máximo do poder normativo, ou seja, o seu teto, sempre houve divergências e discussões acaloradas.

---

(22) Por isso tem-se dito que o Poder Normativo atua no chamado *vazio legislativo* ou *branco da lei*.
(23) A jurisprudência se firmou no sentido de que os direitos previstos nos acordos e convenções coletivas, bem como em sentenças normativas, por serem instrumentos normativos de vigência temporária não integram os contratos individuais de trabalho de forma definitiva. Nesse sentido é a Súmula n. 277 do C. TST: "SENTENÇA NORMATIVA – VIGÊNCIA – REPERCUSSÃO NOS CONTRATOS DE TRABALHO. As condições de trabalho alcançadas por força de sentença normativa vigoram no prazo assinado, não integrando, de forma definitiva, os contratos. (Res. n. 10/1988, DJ 1.3.1988).
(24) TST RODC n. 30/82, em 27.5.82, T. Pleno Rel. Min. Coqueijo Costa. DJ 12.8.82.

O § 2º do art. 114 da Constituição Federal, que suprimiu a expressão *estabelecer normas e condições* por *decidir o conflito*.

No Projeto de Lei da Reforma Sindical, o art. 188, tem a seguinte redação:

> "No fracasso da negociação coletiva destinada à celebração ou à renovação de norma coletiva, os atores coletivos em conflito poderão, de comum acordo, provocar a atuação do tribunal do trabalho, de árbitro ou de órgão arbitral *para o fim de criar, modificar ou extinguir condições de trabalho*"(grifou-se).

Inegavelmente, decidir o conflito econômico é criar normas e condições de trabalho. Mas qual o teto máximo do Poder Normativo, ou seja, quais são os limites da atividade criativa do judiciário trabalhista?

O Supremo Tribunal Federal, mesmo antes da EC n. 45/04, dirimiu a questão, conforme a ementa abaixo transcrita:

> "EMENTA "Dissídio coletivo. Recursos extraordinários providos para excluir as cláusulas 2ª (piso correspondente ao salário mínimo acrescido do percentual) e 24ª (estabilidade temporária), por contrariarem, respectivamente, o inciso IV (parte final) e I do art. 7º da Constituição, este último juntamente com o art. 10 do ADCT, bem como a cláusula 29ª (aviso prévio de 60 dias), por ser considerada invasiva da reserva legal específica, instituída no art. 7º, XXI, da Constituição. Recursos igualmente providos, quanto à cláusula 14ª (antecipação para junho, da primeira parcela do 13º salário), *por exceder seu conteúdo a competência normativa da Justiça do Trabalho, cujas decisões a despeito de configurarem fonte do direito objetivo, revestem o caráter de regras subsidiárias, somente suscetíveis de operar no vazio legislativo, e sujeitas à supremacia da lei formal (art. 114, § 2º, da Constituição)*. Recursos de que não se conhece no concernente à cláusula (reajuste salarial), por ausência e pressupostos de admissibilidade, e, ainda, no que toca às cláusulas 52ª (multa pela falta de pagamento de dia de trabalho), 59ª (abrigos para a proteção dos trabalhadores), 61ª (fornecimento de listas de empregados), 63ª (fixação de quadro de aviso), visto não contrariarem os dispositivos constitucionais contra elas invocados, especialmente o § 2º do art. 114."[25] (grifo nosso).

É bem verdade que a referida decisão do Supremo Tribunal Federal, seguida por outros acórdãos na mesma linha, esvaziaram em muito os limites do Poder Normativo, uma vez que, por ser este uma verdadeira atividade legislativa, deve atuar no chamado *branco da lei*, não podendo invadir matérias reguladas pela lei, nem regulamentar matérias que a Constituição reservou para a lei ordinária. Também, à luz do art. 766, da CLT, o poder normativo deve estar balizado pelo justo salário e também a justa retribuição da empresa. Desse modo, na sentença normativa, o Tribunal se valerá de regras de eqüidade e razoabilidade, para encontrar um equilíbrio entre a pretensão do trabalhador (classe trabalhadora) e as possibilidades do capital (empregador).

---

(25) STF, Reclamação n. 197.911-9, Rel. Min. Octávio Gallotti, DJU 7.11.1997.

Conforme destaca com propriedade *Octavio Bueno Magano*[26], "o poder regulamentar e de organização do empregador é outra limitação ao poder normativo, cujas decisões não podem ter um grau de interferência que se reflita sobre a própria organização da empresa e o seu regulamento interno diante dos princípios constitucionais do art. 170 e ss.".

5. O Poder Normativo se transformou em arbitragem judicial após a EC n. 45/04?

Após a EC n. 45/04, muitos já estão sustentando que o Poder Normativo da Justiça do Trabalho se transformou em arbitragem judicial facultativa, pois há a necessidade de se provocar a intervenção judicial, por mútuo acordo.

Desse modo, a expressão "comum acordo" equivaleria a uma cláusula compromissória ou ao compromisso arbitral, previstos na Lei n. 9.307/1996.

Assim, não seria mais o dissídio coletivo um processo propriamente dito e sim uma arbitragem pública. Portanto, praticamente estariam revogados os arts. 856 a 875, da CLT que disciplinam o procedimento do dissídio coletivo.

Nesse sentido é a posição abalizada de *Pedro Carlos Sampaio Garcia*[27]:

"Com a nova redação do art. 114, § 2º, da Constituição Federal, tudo mudou. O texto é claro e não permite dúvidas. Agora é facultado às partes, de comum acordo, suscitar o dissídio coletivo. É facultado. Suscita de comum acordo se quiser. Se não quiser, não suscita e aí não há dissídio coletivo. Nenhuma outra alternativa se colocou no texto constitucional. Somente esta existe. Diante do novo sistema estabelecido em nossa Constituição, a parte apenas se submete à sentença normativa voluntariamente. Não sendo assim, não está a parte obrigada a participar de dissídio coletivo e a se submeter à decisão normativa ali proferida. Não há mais imposição obrigatória de sentença normativa. Portanto, não há mais poder (...) A atuação da Justiça do Trabalho nos dissídios coletivos passa a ter a natureza de uma arbitragem pública. As partes escolhendo o árbitro, concordam em se submeter à decisão por ele proferida".

Em que pesem as opiniões em contrário, e os sólidos fundamentos apontados por *Sampaio Garcia,* o Poder Normativo e o dissídio coletivo continuam mantidos pelos seguintes argumentos:

a) o dissídio coletivo de natureza jurídica em nada foi alterado pela EC n. 45/04;

---
(26) MAGANO, Octavio Bueno. *Manual de Direito do Trabalho.* Volume IV, São Paulo: LTr, 1994, p. 245, a*pud* HINZ, Henrique Macedo.*O Poder Normativo da Justiça do Trabalho,* São Paulo: LTr, 2000, p. 61.
(27) GARCIA. Pedro Carlos Sampaio. *Op. cit.*, p. 391.

b) o legislador não extinguiu expressamente o Poder Normativo, tampouco o transformou em arbitragem. Além disso, disciplinou expressamente a possibilidade de arbitragem facultativa, fora da Justiça do Trabalho, no § 2º do art. 114;

c) continua vigente o dissídio de revisão;

d) o § 2º do art. 114, da CF diz ajuizar dissídio coletivo. Ora, somente se ajuíza uma ação. E também se refere à *decisão do conflito* pela Justiça do Trabalho.

Desse modo, o Poder Normativo, não fora transformado em arbitragem, embora dela se tenha aproximado muito.

Capítulo XI

O PROCESSO DO TRABALHO DIANTE DAS ALTERAÇÕES DA COMPETÊNCIA MATERIAL DA JUSTIÇA DO TRABALHO PELA EC n. 45/04

1. Os Princípios do Direito Processual do Trabalho e sua autonomia

Ensina *Celso Antonio Bandeira de Mello*[1] que princípio "é por definição, mandamento nuclear de um sistema, verdadeiro alicerce dele, disposição fundamental que se irradia sobre diferentes normas, compondo-lhes o espírito e servindo de critério para sua exata compreensão e inteligência, exatamente por definir a lógica e a racionalidade do sistema normativo, no que lhe confere a tônica e lhe dá sentido harmônico".

Dentre os princípios que dão autonomia e suporte ao Direito do Trabalho, destaca-se o princípio protetor, ou princípio da proteção tutelar.

A obra de *Américo Plá Rodriguez*[2] é um clássico sobre os princípios e exerceu grande influência em toda a América Latina.

Ensina o referido professor uruguaio[3] sobre o princípio protetor:

"Está ligado à própria razão de ser do Direito do Trabalho. Historicamente, o Direito do Trabalho surgiu como conseqüência de que a liberdade de contrato entre pessoas com poder e capacidade econômica desiguais conduzia a diferentes formas de exploração. Inclusive as mais abusivas e iníquas. O legislador não pôde mais manter a ficção de igualdade existente entre as partes do contrato de trabalho e inclinou-se para uma compensação dessa desigualdade econômica desfavorável ao trabalhador com uma proteção jurídica a ele favorável. O Direito do Trabalho responde fundamentalmente ao propósito de nivelar desigualdades. Como dizia *Couture*: 'o procedimento lógico de corrigir desigualdades é o de criar outras desigualdades'".

Mário Pasco[4] assim define o Direito Processual do Trabalho:

"O Direito Processual do Trabalho é, por definição objetiva, um Direito instrumental; sua finalidade 'é de atuar, na prática, tornando efetivo e real o Direito

---
(1) MELLO, Celso Antonio Bandeira de. *Curso de Direito Administrativo*. 8ª ed., São Paulo: Malheiros, 1997, p. 573.
(2) *Los Princípios de Derecho del Trabajo*, Montevidéu, 1975.
(3) RODRIGUEZ, Américo Plá. *Princípios de Direito do Trabalho*. 3ª Edição, São Paulo: LTr, 2000, p. 85.
(4) PASCO, Mario. *Fundamentos do Direito Processual do Trabalho*. Revisão Técnica de *Amauri Mascaro Nascimento*, São Paulo: LTr, 1997, p. 51.

Substantivo do Trabalho' (*Giglio*, 1984, p. 374). Para esse fim, o processo deve guardar adequação com a natureza dos direitos que nele se controvertem; e se as controvérsias e conflitos trabalhistas são intrinsecamente distintos das controvérsias comuns, é indispensável a existência de um Direito Processual que, atento a essa finalidade, seja adequado à natureza e caracteres daqueles".

Ainda há acirradas discussões na doutrina sobre possuir o Direito Processual do Trabalho princípios próprios, e que seja um ramo autônomo da ciência jurídica.

Para muitos, o processo do trabalho tem os mesmos princípios do Direito Processual Civil, máxime após a EC n. 45/04 que atribuiu competência à Justiça do Trabalho para dirimir todas as controvérsias oriundas da relação de trabalho, não estando mais restrita sua competência aos litígios entre empregados e empregadores (art. 114, da CF, antiga redação).

Para se aquilatar a autonomia de determinado ramo do Direito, necessário avaliar se ele tem princípios próprios, uma legislação específica, um razoável número de estudos doutrinários a respeito e um objeto de estudo próprio.

O Direito Processual do Trabalho como sendo um ramo do Direito Processual, deve observar os princípios constitucionais do processo, tais como: imparcialidade do juiz; igualdade, contraditório e ampla defesa; motivação das decisões; publicidade; proibição das provas ilícitas; devido processo legal; acesso à justiça e a uma ordem jurídica justa, e inafastabilidade da jurisdição.

Sob outro enfoque, segundo a moderna Teoria Geral do Direito, os princípios de determinado ramo do direito processual têm que estar em compasso com os princípios constitucionais do processo. Por isso, deve o intérprete, ao estudar determinado princípio ou norma infraconstitucional, realizar a chamada filtragem constitucional, isto é, ler a norma infraconstitucional com os olhos da Constituição Federal. Em razão disso, muitos autores já defendem a existência de um chamado *Direito Constitucional Processual* ou *Processo Constitucional* que irradia seus princípios e normas a todos os ramos do Direito Processual, dentre eles o Processo do Trabalho.

Também o Processo do Trabalho segue muitos dos princípios do Direito Processual Civil como, por exemplo, os princípios da inércia, da instrumentalidade das formas, oralidade, impulso oficial, eventualidade, preclusão, conciliação e economia processual.

Autores há que não conseguem enxergar princípios próprios no Direito Processual do Trabalho, asseverando que seus princípios são os mesmos do Direito Processual Civil.

Nesse sentido é a posição, dentre outros, de *Valentin Carrion*[5]:

"O direito processual se subdivide em processual penal e processual civil (em sentido lato, ou não penal). As subespécies deste são o processual trabalhista,

---

(5) CARRION, Valentin. *Comentários à Consolidação das Leis do Trabalho*. 30ª Edição. São Paulo: Saraiva, 2005, pp. 578-579.

processual eleitoral, etc. Todas as subespécies do direito processual civil se caracterizam por terem em comum a teoria geral do processo; separam-se dos respectivos direitos materiais (direito civil, direito do trabalho etc) porque seus princípios e institutos são diversos. São direitos instrumentais que, eles sim, possuem os mesmos princípios e estudam os mesmos institutos. Os princípios de todos os ramos do direito não penal são os mesmos (celeridade, oralidade, simplicidade, instrumentalidade, publicidade etc.), e os institutos também (relação jurídica processual, revelia, confissão, coisa julgada, execução definitiva, etc.). Assim, do ponto de vista jurídico, a afinidade do direito processual do trabalho com o direito processual comum (civil, em sentido lato) é muito maior (de filho para pai) do que com o direito do trabalho (que é objeto de sua aplicação). Assim acontece com o cirurgião de estômago, cuja formação principal pertence à clínica cirúrgica, mais do que à clínica médica, que estuda o funcionamento e tratamento farmacológico daquele órgão. Isso leva à conclusão de que o direito processual do trabalho não é autônomo com referência ao processual civil e não surge do direito material laboral. O direito processual do trabalho não possui princípio próprio algum, pois todos os que o norteiam são do processo civil (oralidade, celeridade, etc.); apenas deu (ou pretendeu dar) a alguns deles maior ênfase e revelo".

No mesmo sentido, *Jorge Luiz Souto Maior*[6] conclui pela ausência de autonomia do Direito Processual do Trabalho, aduzindo que o Processo do Trabalho possui, realmente, características especiais, mas que são ditadas pelas peculiaridades do Direito Material que instrumentaliza. Esses pressupostos de instrumentalização, especialização, simplificação, voltados para a efetividade da técnica processual, são encontrados — e bastante desenvolvidos — na Teoria Geral Processual Civil, razão pela qual, no fundo, há de se reconhecer a unidade do processo. Essa é a importante premissa metodológica deste estudo, permitindo que ele se desenvolva em um segundo plano da análise processual, qual seja, o da avaliação da eficácia do procedimento frente aos objetivos do processo.

Wilson de Souza Campos Batalha sustenta uma autonomia relativa do Processo do Trabalho. Aduz o jurista[7]:

"O Direito Processual do Trabalho tem características próprias que lhe asseguram relativa autonomia (...) Bastaria uma referência ao art. 769 da nossa Consolidação das Leis do Trabalho para tornar fora de dúvida a relatividade da autonomia do Direito Processual do Trabalho (...) Autonomia, como obtempera De Litala (op, cit., p. 19), autonomia de uma disciplina jurídica não significa independência absoluta em relação às outras disciplinas. Assim, não obstante dotado de autonomia, o direito processual do trabalho está em situação de interdependência com as ciências processuais particulares, notadamente com o direito processual civil, com o qual tem muitíssimos pontos de contato".

---

(6) MAIOR, Jorge Luiz Souto. *Direito Processual do Trabalho*. São Paulo: LTr, 1998, p. 25.
(7) BATALHA, Wilson de Souza Campos. *Tratado de Direito Judiciário do Trabalho*. 2ª Edição, São Paulo: LTr, 1985, p. 139.

De outro lado, há quem sustente que os princípios do Direito Processual do Trabalho são os mesmos do Direito Material do Trabalho, máxime o princípio protetor[8].

Nesse sentido é a posição de *Trueba Urbina*[9], "tanto as normas substantivas como as processuais são essencialmente protecionistas e tutelares dos trabalhadores".

Para *Couture* o primeiro princípio fundamental do processo trabalhista é relativo ao fim a que se propõe, como "procedimento lógico de corrigir as desigualdades" criando outras desigualdades. O Direito Processual do Trabalho é elaborado totalmente com o propósito de evitar que o litigante mais poderoso possa desviar e entorpecer os fins da Justiça[10].

No Direito Processual do Trabalho brasileiro, *Sérgio Pinto Martins*[11] afirma que "o verdadeiro princípio do processo do trabalho é o protecionista. Assim como no Direito do Trabalho, as regras são interpretadas mais favoravelmente ao empregado, em caso de dúvida, no processo do trabalho também vale o princípio protecionista, porém analisado sob o aspecto do direito instrumental". Prossegue o citado autor: "Não é a Justiça do Trabalho que tem cunho paternalista ao proteger o trabalhador, ou o juiz que sempre pende para o lado do empregado, mas a lei que assim o determina. Protecionista é o sistema adotado pela lei. Isso não quer dizer, portanto, que o juiz seja sempre parcial em favor do empregado, ao contrário: o sistema visa a proteger o trabalhador".

Embora o Direito Processual do Trabalho, hoje, esteja mais próximo do Direito Processual Civil e sofra os impactos dos Princípios Constitucionais do Processo, não há como se deixar de reconhecer alguns princípios peculiares do Direito Processual do Trabalho os quais lhe dão autonomia e o distinguem do Direito Processual Comum.

---

(8) Ensina *Américo Plá Rodriguez*, "que o fundamento do princípio protetor "está ligado à própria razão de ser do Direito do Trabalho. Historicamente, o Direito do Trabalho surgiu como conseqüência de que a liberdade de contrato entre pessoas com poder e capacidade econômica desiguais conduzia a diferentes formas de exploração. Inclusive as mais abusivas e iníquas. O legislador não pôde mais manter a ficção de igualdade existente entre as partes do contrato de trabalho e inclinou-se para uma compensação dessa desigualdade econômica desfavorável ao trabalhador com uma proteção jurídica a ele favorável. O Direito do Trabalho responde fundamentalmente ao propósito de nivelar desigualdades. Como dizia *Couture*: 'o procedimento lógico de corrigir desigualdades é o de criar outras desigualdades'" (*Princípios de Direito do Trabalho*. 3ª ed., São Paulo: LTr, 2000, p. 85). O princípio protetor se desdobra em três regras básicas: a) regra da norma mais benéfica: no choque entre duas normas que regulamentam a mesma matéria, deve se prestigiar a regra que favoreça o empregado; b) regra da condição mais benéfica ou de direito adquirido do empregado: Segundo *Plá Rodriguez*, trata-se de um "critério pelo qual a aplicação de uma nova norma trabalhista nunca deve servir para diminuir as condições mais favoráveis em que se encontrava um trabalhador". Nosso Direito do Trabalho encampou esta regra no art. 468, da CLT e no Enunciado 51 do C. TST; c) regra do *in dúbio pro operário*: quando a norma propiciar vários sentidos de interpretações possíveis, deve se prestigiar a interpretação mais favorável ao empregado. Segundo a doutrina dominante, esse critério não se aplica no terreno processual, devendo um juiz em caso de dúvida julgar contra o litigante que detinha o ônus probatório. A doutrina alinha outros princípios fundamentais do Direito do Trabalho, como os princípios da primazia da realidade, da continuidade da relação de emprego, da irrenunciabilidade de direitos, da irredutibilidade de salários, da boa-fé, da razoabilidade, da dignidade da pessoa humana, da justiça social e da eqüidade.

(9) *Apud* NASCIMENTO, Amauri Mascaro. *Dos Princípios do Direito Processual do Trabalho. In:* ROMAR, Carla Teresa Martins; SOUSA, Otávio Augusto Reis de. *Estudos Relevantes de Direito Material e Processual do Trabalho: Estudos em Homenagem ao Prof. Pedro Paulo Teixeira Manus*, São Paulo: LTr, 2000, p. 26.

(10) NASCIMENTO, Amauri Mascaro. *Op. cit.*, p. 27.

(11) MARTINS, Sérgio Pinto. *Direito Processual do Trabalho*, 16ª ed. São Paulo: Atlas, 2001, p. 66.

De outro lado, embora alguns princípios do Direito Material do Trabalho, tais como: primazia da realidade, razoabilidade, boa-fé, sejam aplicáveis também ao Direito Processual do Trabalho, os princípios do Direito Material do Trabalho não são os mesmos do Processo, uma vez que o processo tem caráter instrumental e os princípios constitucionais da isonomia e imparcialidade que lhes são aplicáveis, impedem que o Direito Processual do Trabalho tenha a mesma intensidade de proteção ao trabalhador própria do Direito Material do Trabalho. Não obstante, não há como se negar um certo caráter protecionista do Direito Processual do Trabalho, que para alguns é princípio peculiar do processo do trabalho e para outros característica do procedimento trabalhista, para assegurar o acesso efetivo do trabalhador à Justiça do Trabalho e também a uma ordem jurídica justa.

No nosso sentir, são princípios peculiares do Direito Processual do Trabalho:

a) protecionismo do empregado a fim de facilitar seu acesso à Justiça e a uma ordem jurídica justa[12]: Encontramos exemplos no art. 844, da CLT que prevê hipótese de arquivamento da reclamação trabalhista em caso de ausência do reclamante, mas, se o reclamado for ausente, haverá a revelia; inversão do ônus da prova em favor do empregado. Facilidade no acesso à Justiça, inclusive sem a presença de advogado (art. 791, da CLT) e a possibilidade de petição verbal (art. 840, da CLT). Não se trata do mesmo princípio da proteção do Direito Material do Trabalho, e sim uma intensidade protetiva do trabalhador a fim de lhe assegurar algumas prerrogativas processuais para compensar eventuais entraves que enfrenta ao procurar a Justiça do Trabalho, em razão da sua hipossuficiência econômica e, muitas vezes, da dificuldade em provar suas alegações, pois, via de regra, os documentos da relação de emprego ficam na posse do empregador;

b) informalidade. Embora o procedimento seja de certa forma informal, isso não significa que certas formalidades não devam ser observadas, inclusive sobre a documentação do procedimento, pois o procedimento escrito é uma garantia da seriedade do processo;

c) celeridade. Embora não seja uma característica do Direito Processual do Trabalho, neste ramo do Direito, tal característica se mostra mais acentuada, uma vez que o trabalhador postula um crédito de natureza alimentar;

d) simplicidade. Não há como se negar que o Processo do Trabalho é mais simples e menos burocrático que o Processo Civil. Como bem adverte *Júlio César Bebber*[13]: "Os formalismos e a burocracia são os piores vícios com capacidade absoluta de entravar o funcionamento do processo. Os tentáculos que deles emanam

---

(12) Esta regra protetiva do processo também é aplicável no Direito do Consumidor a fim de facilitar o acesso real à Justiça da parte vulnerável na relação jurídica de consumo, com regras de inversão do ônus da prova. Nesse sentido é o art. 6º, VIII, da Lei n. 8078/90, *in verbis*: "a facilitação da defesa de seus direitos, inclusive inversão do ônus da prova, a seu favor, no processo civil, quando, a critério do juiz, for verossímil a alegação ou quando for ele hipossuficiente, segundo as regras ordinárias de experiência".

(13) BEBBER, Júlio César. *Princípios do Processo do Trabalho*. São Paulo: LTr, 1997, p. 132.

são capazes de abranger e de se instalar com efeitos nefastos, pelo que exige-se que a administração da justiça seja estruturada de modo a aproximar os serviços das populações de forma simples, a fim de assegurar a celeridade, a economia e a eficiência das decisões";

e) oralidade. O Processo do Trabalho é essencialmente um procedimento oral. Embora este princípio também faça parte do Direito Processual Comum, no Processo do Trabalho ele se acentua, com a primazia da palavra; concentração dos atos processuais em audiência; maior interatividade entre juiz e partes; irrecorribilidade das decisões interlocutórias e identidade física do juiz[14];

f) um poder mais acentuado do Juiz do Trabalho na direção do Processo. O art. 765, da CLT possibilita ao juiz do trabalho maiores poderes na direção do Processo, podendo *ex officio*, determinar qualquer diligência processual, inclusive são amplos os poderes instrutórios do juiz do trabalho;

g) procedimento mais ágil, não havendo o processo de execução, pois este é uma fase do processo (procedimento sincrético[15]). Conforme o art. 878, da CLT, a execução da sentença trabalhista poderá ser promovida de ofício pelo juiz do trabalho;

h) subsidiariedade. Na fase de conhecimento, o art. 769, da CLT assevera que o Direito Processual Comum é fonte do Direito Processual do Trabalho e, na fase de execução, o art. 889, da CLT determina que, nos casos omissos, deverá ser aplicada a Lei de Execução Fiscal (Lei n. 6.830/80)[16].

2. Do Procedimento para as ações que não envolvam parcelas trabalhistas stricto sensu

Com a nova redação do art. 114 da Constituição Federal dada pela EC n. 45/04, muitas dúvidas há sobre qual o procedimento aplicável para as ações que não envolvem pedidos decorrentes da relação de emprego e sim da relação de trabalho, ou seja, ações cujos objetos não são uma verba trabalhista *stricto sensu*.

---

(14) Acreditamos que, com a extinção da representação classista na Justiça do Trabalho pela EC n. 24/99, a Súmula n. 136 do C. TST que diz não ser aplicável à Justiça do Trabalho o princípio da identidade física do Juiz, restou tacitamente revogada.

(15) A Lei n. 11.232/2005 suprimiu a fase de execução de forma autônoma no Processo Civil, para na execução por título executivo judicial. Agora, a execução é uma fase do processo e não um processo autônomo.

(16) Como bem advertem *Pedro Paulo Teixeira Manus* e *Carla Teresa Martins Romar*: "A aplicação da norma processual civil no processo do trabalho só é admissível se houve omissão da CLT. Ademais, ainda que ocorra, caso a caso é preciso verificar se a aplicação do dispositivo do processo civil não gera incompatibilidade com os princípios e nem as peculiaridade do processo do trabalho. Se assim ocorrer há se de proceder à aplicação do Instituto do processo comum, adaptando-o à realidade. Tal circunstância implica critérios nem sempre uniformes entre os vários juízos, ensejando discussões e divergências até certo ponto inevitáveis" (*CLT e Legislação Complementar em Vigor*. 6ª ed., São Paulo: Malheiros, 2006, p. 219).

O procedimento da CLT deve ser aplicado para as ações da competência da Justiça do Trabalho, exceto para as ações que têm rito especial disciplinado por lei específica, como o mandado de segurança, o *habeas corpus*, o *habeas data*, as ações possessórias, as ações rescisórias, medidas cautelares, ações de consignação em pagamento, dentre outras.

O procedimento celetista se justifica, por ser rápido e eficaz e propiciar o acesso célere e efetivo do trabalhador à Justiça do Trabalho. Por outro lado, o procedimento a ser seguido é o da Justiça competente para apreciar a pretensão, e não o que rege a relação jurídica de Direito Material. Além disso, face ao caráter instrumental do processo, não há qualquer prejuízo em se aplicarem as regras da CLT. De nada adiantaria o legislador constitucional ter dilatado a competência da Justiça do Trabalho, se formos utilizar um procedimento burocrático que inviabilize o próprio funcionamento da Justiça do Trabalho. De se destacar ainda que há previsão na CLT (art. 652, III) para competência da Justiça do Trabalho para apreciar os dissídios que não envolvem a relação de emprego, sendo o procedimento para dirimir tais controvérsias, o regulado nos arts. 763 e seguintes da CLT.

A dilatação da competência da Justiça do Trabalho teve por escopo facilitar o acesso à Justiça do trabalhador pessoa física, bem como dar efetividade ao princípio da dignidade da pessoa humana do trabalhador. Não podemos olvidar que praticamente 60% da mão-de-obra economicamente ativa da classe trabalhadora hoje está na informalidade, ou prestando serviços por meio de contratos muito próximos da relação de emprego. Por isso, tanto ao empregado quanto ao trabalhador devem ser aplicadas as mesmas regras processuais.

Nesse diapasão, adverte com propriedade *Pedro Paulo Teixeira Manus*[17]:

"O eixo da reforma promovida pela Emenda Constitucional n. 45/04, contudo, consiste na sensível ampliação da competência da Justiça do Trabalho, buscando unidade de posicionamento da jurisprudência sobre temas conexos. Ademais, tratando-se o processo do trabalho de um processo menos formal e mais ágil, buscou o legislador trazer para cá as ações envolvendo prestação de serviço que representam a busca pelo sustento do prestador, que à semelhança do empregado vive do resultado do seu trabalho, daí por que convém colocar a sua disposição um procedimento menos demorado"[18].

---

(17) MANUS, Pedro Paulo Texeira; ROMAR, Carla Teresa Martins e GITELMAN, Suely Ester. *Competência da Justiça do Trabalho e a EC n. 45/04*, São Paulo: Atlas, 2006, p. 90.

(18) Em sentido contrário se manifesta *Rogéria Dotti Doria* com os seguintes argumentos: "A mera circunstância de a competência permanecer atualmente à Justiça do Trabalho não pode alterar o direito a ser aplicado à controvérsia. Aliás, lembrando decisão do próprio STF, uma vez fixada a competência, 'pouco importa o ramo do Direito a ser aplicado'. Com efeito, se a competência foi atribuída à Justiça do Trabalho (uma parte aliás da jurisdição estatal), incumbirá aos juízes trabalhistas, sempre que estiverem diante de ações de indenização, aplicar as regras do Direito Civil e do Direito Processual Civil. Daí a necessidade de romper antigos dogmas e tradições"(O Direito Processual Civil e a Ampliação da Competência da Justiça do Trabalho. In: *Processo e Constituição. Estudos em Homenagem ao Professor José Carlos Barbosa Moreira*. Coordenação de Luiz Fux, Nélson Nery Júnior e Teresa Arruda Alvim Wambier, São Paulo: RT, 2006, pp. 282-283).

Embora a utilização do procedimento da CLT seja a providência mais razoável e efetiva, isso não significa que não possamos importar alguns dispositivos do CPC, máxime quando a CLT for omissa e houver compatibilidade com os princípios que regem o Processo do Trabalho (art. 769, da CLT), a fim de dar mais efetividade ao procedimento, e até garantir a efetividade do próprio crédito postulado pelo reclamante[19].

Portanto, o procedimento a ser utilizado para as ações oriundas da relação de trabalho é o da CLT, previsto nos arts. 763[20] e seguintes.

Nesse sentido, o C. Tribunal Superior do Trabalho, por meio da Instrução Normativa 27 (Resolução n. 126/2005 – DJ 22.2.2005), disciplinou a questão, *in verbis*[21]:

> "Ementa
>
> Dispõe sobre normas procedimentais aplicáveis ao processo do trabalho em decorrência da ampliação da competência da Justiça do Trabalho pela Emenda Constitucional n. 45/2004.
>
> Art. 1º As ações ajuizadas na Justiça do Trabalho tramitarão pelo rito ordinário ou sumaríssimo, conforme previsto na Consolidação das Leis do Trabalho, excepcionando-se, apenas, as que, por disciplina legal expressa, estejam sujeitas a rito especial, tais como o Mandado de Segurança, Habeas Corpus, Habeas Data, Ação Rescisória, Ação Cautelar e Ação de Consignação em Pagamento.
>
> Art. 2º A sistemática recursal a ser observada é a prevista na Consolidação das Leis do Trabalho, inclusive no tocante à nomenclatura, à alçada, aos prazos e às competências. Parágrafo único. O depósito recursal a que se refere o art. 899 da CLT é sempre exigível como requisito extrínseco do recurso, quando houver condenação em pecúnia.
>
> Art.3º Aplicam-se quanto às custas as disposições da Consolidação das Leis do Trabalho.
>
> § 1º As custas serão pagas pelo vencido, após o trânsito em julgado da decisão.
>
> § 2º Na hipótese de interposição de recurso, as custas deverão ser pagas e comprovado seu recolhimento no prazo recursal (arts. 789, 789-A, 790 e 790-A da CLT).
>
> § 3º Salvo nas lides decorrentes da relação de emprego, é aplicável o princípio da sucumbência recíproca, relativamente às custas.
>
> Art. 4º Aos emolumentos aplicam-se as regras previstas na Consolidação das Leis do Trabalho, conforme previsão dos arts. 789-B e 790 da CLT.
>
> Parágrafo único. Os entes públicos mencionados no art. 790-A da CLT são isentos do pagamento de emolumentos.(acrescentado pela Resolução n. 133/2005)

---

(19) Nesse sentido é a opinião de *Flávio Luiz Yarshell* e *Pedro Carlos Sampaio Garcia*: "Em suma, aos processos agora transferidos à competência da Justiça do Trabalho, há que se aplicar o processo disciplinado pela Consolidação das Leis do Trabalho, o que, de outro lado, não exclui a aplicação subsidiária do Código de Processo Civil, conforme já ocorria e conforme, inclusive, talvez passe a ocorrer ainda com maior intensidade, sem que, contudo, altere-se o regime básico da legislação 'especial'". (Competência da Justiça do Trabalho nas Ações Decorrentes da Relação de Trabalho. *Suplemento Trabalhista*, São Paulo: LTr, v. 48/05, 2005, p. 199).

(20) Art. 763, da CLT: "O processo da Justiça do Trabalho, no que concerne aos dissídios individuais e coletivos e à aplicação de penalidades, reger-se-á, em todo o território nacional, pelas normas estabelecidas neste título".

(21) Disponível em <http://www.tst.gov.br>, acesso em 1.3.2007.

Art. 5º Exceto nas lides decorrentes da relação de emprego, os honorários advocatícios são devidos pela mera sucumbência.

Art. 6º Os honorários periciais serão suportados pela parte sucumbente na pretensão objeto da perícia, salvo se beneficiária da justiça gratuita.

Parágrafo único. Faculta-se ao juiz, em relação à perícia, exigir depósito prévio dos honorários, ressalvadas as lides decorrentes da relação de emprego.

Art. 7º *Esta Resolução entrará em vigor na data da sua publicação.*"[22]

Embora se possa invocar a inconstitucionalidade da referida Instrução Normativa, pois, nos termos do art. 22 da Constituição Federal, compete à União legislar sobre Processo do Trabalho, no nosso sentir, foi extremamente oportuna a regulamentação do procedimento pelo Tribunal Superior do Trabalho, evitando que cada Vara adotasse um procedimento diferente para cada processo que não envolva controvérsias sobre a relação de emprego. Além disso, o procedimento da CLT tem se mostrado eficaz para resolver os conflitos trabalhistas e não há motivos para não aplicá-lo às controvérsias que envolvem a relação de trabalho.

3. A intervenção de terceiros no Processo do Trabalho após a EC n. 45/04 e o cancelamento da OJ 227, da SDI-I, do C. TST

Alguns autores utilizam a expressão *participação em processo*, que significa o gênero do qual o litisconsórcio e a intervenção de terceiros são espécies.

Ensina *Cândido Rangel Dinamarco*[23]: "intervenção de terceiros é o ingresso de um sujeito em processo pendente entre outros, como parte".

---

(22) Nesse mesmo sentido a Recomendação conjunta dos TRT da 2ª e 15ª Regiões. "Recomendação Conjunta dos Tribunais Regionais do Trabalho da Segunda e Décima Quinta Regiões — n. 01/2005: 1º — CONSIDERANDO que a jurisdição das 2ª e 15ª Regiões abarca todo o território do Estado de São Paulo; 2º – CONSIDERANDO a edição da EMENDA CONSTITUCIONAL Nº 45, publicada em 31 de dezembro de 2004; 3º – CONSIDERANDO que, em função dessa Emenda Constitucional, ocorreu substancial ampliação da competência do Judiciário Trabalhista; 4º – CONSIDERANDO que poderão surgir dúvidas com relação ao rito processual a ser imprimido aos processos que advirão em virtude da referida Emenda Constitucional; 5º – CONSIDERANDO a necessidade de uniformização dos procedimentos; 6º – CONSIDERANDO que o princípio objetivado pela reforma do Judiciário é a celeridade na prestação jurisdicional; 7º – CONSIDERANDO que a CLT possui procedimentos céleres para a conciliação e processamento das lides; 8º – CONSIDERANDO que a aplicação do CPC, exceto nas ações de ritos especiais, implicaria na adoção de uma série de formalidades incompatíveis com a celeridade buscada pela reforma; 9º – CONSIDERANDO que as relações de trabalho, especialmente as que envolvem prestação pessoal de serviços, têm natureza alimentar, necessitando, portanto, de solução rápida; RECOMENDAM: Art. 1º – Aos Senhores Juízes de Primeira Instância a adoção do rito processual previsto na CONSOLIDAÇÃO DAS LEIS DO TRABALHO – CLT, utilizando-se, nos casos específicos, o disposto nos arts. 769 e 889 da lei consolidada. Art. 2º – Esta Recomendação entra em vigor na data da publicação. São Paulo/Campinas, 13 de janeiro de 2005. DORA VAZ TREVIÑO, Juíza Presidenta do TRT da 2ª Região LAURIVAL RIBEIRO DA SILVA FILHO Juiz Presidente do TRT da 15ª Região ANELIA LI CHUM Juíza Vice-Presidente do TRT da 2ª Região ANTÔNIO MIGUEL PEREIRA Juiz Vice-Presidente do TRT da 15ª Região PEDRO PAULO TEIXEIRA MANUS Juiz Vice-Presidente Judicial do TRT da 2ª Região JOÃO CARLOS DE ARAÚJO Juiz Corregedor Regional do TRT da 2ª Região LUÍS CARLOS CÂNDIDO MARTINS SOTERO DA SILVA Juiz Corregedor Regional do TRT da 15ª Região OLGA AIDA JOAQUIM GOMIERI Juíza Vice-Corregedora Regional do TRT da 15ª Região". Disponível em <http://www.trt02.gov.br>, acesso em 1.5.2005.

(23) DINAMARCO, Cândido Rangel. *Instituições de Direito Processual Civil*. Volume II. São Paulo: Malheiros, 2001, p. 365.

O fundamento da intervenção de terceiros é a proximidade entre certos terceiros e o objeto da causa, podendo-se prever que por algum modo o julgamento desta projetará algum efeito indireto sobre sua esfera de direito[24].

Como bem adverte *Wagner D. Giglio*[25], "não seria razoável multiplicar o número de processos e exigir que terceiros que tenham interesse jurídico na solução de uma lide devam mover outra ação. É por isso que terceiros, nessas circunstâncias, podem intervir em processo já existente, a título de economia processual".

Como visto, o procedimento trabalhista é oral, sintético e célere, visando à rápida satisfação do crédito do trabalhador. Atualmente, podemos dizer que há, na Justiça do Trabalho, três tipos de procedimentos: o ordinário (comum)[26], o sumaríssimo[27] e o especial[28].

Em razão das peculiaridades do processo do trabalho, principalmente de seus princípios basilares, muitos questionam a possibilidade da intervenção de terceiros no processo trabalhista.

No procedimento sumaríssimo trabalhista não cabe tal intervenção em razão dos princípios da celeridade e da simplicidade do procedimento. Embora a Lei n. 9.957/00 não vede expressamente a possibilidade de intervenção de terceiros, o art. 10, da Lei n. 9.099/95[29], aplicável subsidiariamente ao procedimento sumaríssimo trabalhista, veda expressamente tal intervenção[30].

No rito ordinário, há grandes controvérsias sobre a possibilidade ou não da intervenção de terceiros.

Na doutrina, alguns autores sustentam a viabilidade da intervenção de terceiros no Processo do Trabalho mesmo antes da edição da EC n. 45/04. Dentre eles destacamos a posição de *Ísis de Almeida*[31]:

---

(24) DINAMARCO, Cândido Rangel. *Op. cit.*, p. 366.
(25) GIGLIO. Wagner D. *Direito Processual do Trabalho*. 15ª ed., São Paulo: Saraiva, 2005, p. 142.
(26) O procedimento comum, também chamado ordinário, está disciplinado nos arts. 837 a 852, da CLT.
(27) Atualmente, a nosso ver, há duas espécies de procedimentos sumaríssimos na Justiça do Trabalho, o sumaríssimo disciplinado pelos arts. 852-A a 852-I, da CLT (Lei n. 9957/00) e o disciplinado pela Lei n. 5584/70, também denominado pela doutrina como procedimento *Sumário*. Conforme entendimento da doutrina majoritária, ao qual nos filiamos, a Lei n. 9957/00 não revogou ou ab-rogou a Lei n. 5584/70, pois com ela não é incompatível, não regulamentou integralmente a matéria, tampouco disse expressamente (art. 2º, da LIIC).
(28) Quanto aos procedimentos especiais, a CLT disciplina três espécies: o inquérito judicial para apuração de falta grave (arts. 853 a 855), o dissídio coletivo (arts. 856 a 875) e a ação de cumprimento (art. 872, da CLT).
(29) Art. 10, da Lei n. 9099/95: "Não se admitirá, no processo, qualquer forma de intervenção de terceiros nem de assistência. Admitir-se-á o litisconsórcio".
(30) Nesse mesmo diapasão pensa *José Antônio Ribeiro de Oliveira Silva*: "(...) pensamos não ser admissível no rito sumaríssimo trabalhista qualquer espécie de intervenção de terceiros, inclusive a assistência, para não-comprometimento do ideal de celeridade da lei, como aliás ocorre no Juizado Especial Cível, consoante disposição contida no art. 10 da Lei n. 9.099/95" (*Questões Relevantes do Procedimento Sumaríssimo, 100 Perguntas e Respostas*, São Paulo, LTr, 2000, p. 61). Nesse mesmo sentido *Júlio César Bebber* (*Procedimento Sumaríssimo no Processo do Trabalho*. São Paulo: LTr, 2000, p. 91).
(31) ALMEIDA, Ísis. *Manual de Direito Processual do Trabalho*. 9ª ed., 1º Vol., São Paulo: LTr, 1998, p. 179.

"Em sucessivas edições do nosso 'Manual de Direito Processual do Trabalho' (1º Volume), vimos afirmando que não haveria como negar a possibilidade de uma intervenção de terceiro no processo trabalhista, do momento em que a coisa ou direito a elas referentes, em litígios, estivessem vinculados a um contrato de trabalho, havendo, portanto, empregado e empregador na lide. A tal respeito devem acrescentar aqui que a entrada do terceiro não poderia implicar o deslocamento ou a aplicação da demanda, no sentido de ter o juízo de pronunciar-se sobre qualquer questão, entre o empregador e o integrante da lide, que não estivesse diretamente afetada pela execução ou dissolução do contrato de emprego. Enfim, o terceiro teria de estar, de alguma forma, inserido também na relação jurídico-processual das partes originais, e seu interesse,conexo com o interesse delas, ao ponto de a decisão definitiva, a ser proferida, vir a afetar seus direitos e seu patrimônio. Como é fácil concluir, tudo estaria dependendo de poder-se manter a competência material da Justiça do Trabalho, e uma íntima conexão entre a pretensão do terceiro e das partes (...) O fato é que diversas situações prevista na lei material o exigem, tais como: a solidariedade do p. 2º do art. 2º, da CLT; a sucessão, deduzida dos arts. 10 e 448 também da CLT; o factum principis do art. 486; a responsabilidade subsidiária do empreiteiro principal nos contratos de trabalho concluídos por seus subempreiteiros, como consta do art. 455, etc.".

Antes da Emenda Constitucional n. 45/04, a jurisprudência havia se firmado no sentido do não cabimento, como regra geral, do Instituto da Intervenção de Terceiros no Direito Processual do Trabalho. Nesse sentido, destacamos as seguintes ementas:

> Denunciação à lide — Justiça do Trabalho — Incompatibilidade. A intervenção de terceiros de denunciação à lide é procedimento incompatível com o processo do trabalho, pois tal ato implicaria a necessidade de dirimir a relação jurídica de natureza civil controvertida entre denunciante e denunciado, refugindo-se, pois, da competência desta Justiça Especializada, nos termos do art. 114 do Texto Fundamental. (TRT 10ª R – 2ª T – RO n. 759/2003.018.10.00-7 – Relª Flávia S. Falcão – DJDF 8.10.04 – p. 19) (RDT n. 11 Novembro de 2004)

> Denunciação da lide — Inviável no processo do trabalho. A denunciação da lide constitui ação incidental proposta por uma das partes (da ação principal), em geral contra terceiro, pretendendo a condenação deste à reparação do prejuízo decorrente de sua eventual derrota na causa por lhe assistir direito regressivo previsto em lei ou em contrato. Contudo, não é cabível na Justiça do Trabalho, por ser esta incompetente para resolver a controvérsia decorrente de contrato de natureza civil, firmado entre duas empresas, ou seja, entre o denunciante e o denunciado. (TRT 12ª R – 3ª T – RO-V n. 1247/2003.006.12.00-7 – Ac. n. 8.717/04 – Relª Lília L. Abreu – DJSC 12.8.04 – p. 215).

Mesmo após a EC n. 45/04, autores há que se mostram totalmente contrários à admissão da intervenção de terceiros. Nesse sentido é a opinião de *Manoel Carlos Toledo Filho*[32]:

---

(32) TOLEDO FILHO, Manoel Carlos. *Fundamentos e Perspectivas do Processo Trabalhista Brasileiro.* São Paulo: LTr, 2006, p. 108.

"A nosso juízo, contudo, sequer da possibilidade de assistência se deve no procedimento trabalhista cogitar. E isto porque ela, afinal, assim como todas as demais modalidades de intervenção, introduz na lide laboral questões novas, adstritas a interessados outros, alheios ao âmago da relação de Direito Material, que poderão ao processo se apresentar inclusive em grande número, tudo isto dificultando a apreciação célere e concentrada da demanda, que é justamente a preocupação central a ser perseguida pelo legislador. Neste passo, é oportuno trazer à baila aquilo que existe no procedimento estatuído para os Juizados Especiais Cíveis".

Após a EC n. 45/04 muitos já estão admitindo a intervenção de terceiros de forma ampla no Processo do Trabalho, uma vez que a competência da Justiça do Trabalho já não está mais restrita às controvérsias entre empregados e empregadores. Outros dizem, por outro lado, que nada foi alterado e que, somente mediante lei futura a intervenção de terceiros pode ser admitida no Processo do Trabalho (art. 114, IX, da CF).

O Tribunal Superior do Trabalho, diante da Emenda Constitucional n. 45/04 cancelou a OJ 227, da SDI-I[33] que proibia a denunciação à lide no Processo do Trabalho. Os argumentos, da doutrina e jurisprudência, antes da EC n. 45/04 eram no sentido de que a Justiça do Trabalho não detinha competência para apreciar a relação jurídica entre terceiros, máxime o direito de regresso, pois a antiga redação do art. 114 da CF dizia dissídios entre trabalhadores e empregadores.

Atualmente, o art. 114, nos incisos VI e IX, da CF, utiliza o termo "ações decorrentes" da relação de trabalho. Portanto, conforme entendimento fixado alhures, a competência da Justiça do Trabalho pode abranger terceiros, que não os prestadores ou tomadores de serviços, com se dá nas ações de reparação por danos morais e patrimoniais decorrentes da relação de trabalho e também nas hipóteses de sucessão de empresas.

Como pondera *José Roberto Freire Pimenta*[34], referindo-se à possibilidade de intervenção de terceiros no processo do trabalho, "trata-se aqui de uma das mais relevantes conseqüências processuais acarretadas pela ampliação de competência da Justiça do Trabalho (alcançando, inclusive, os processos que tenham por objeto principal as lides decorrentes da relação de emprego, mas que, acessoriamente, atraiam a participação de terceiros na defesa de seus próprios direitos e interesses)".

No nosso sentir, diante da EC n. 45/04 o instituto da intervenção de terceiros passa a ser admitido com maior flexibilidade no Processo do Trabalho, máxime quando não se postula um crédito oriundo da relação de emprego. Entretanto, cabe ao juiz do trabalho, como diretor do processo e encarregado de zelar pela celeridade e efetividade

---

(33) OJ 227 da SDI-I, do C. TST: "Denunciação da Lide. Processo do Trabalho. Incompatibilidade" (Cancelada, DJ 22.11.2005).
(34) PIMENTA, José Roberto Freire. *A nova competência da Justiça do Trabalho para as lides não-decorrentes da relação de emprego: Aspectos Processuais e Procedimentais. Revista do Tribunal Superior do Trabalho.* Porto Alegre: Síntese, ano 71, v. 1, 2005, pp. 129-130.

do procedimento (arts. 765, da CLT e 130 do CPC), avaliar o custo benefício da intervenção de terceiros e indeferí-la quando não traga benefícios aos litigantes, não iniba o direito de regresso e gere complicadores desnecessários ao rápido andamento do processo. Por outro lado, deve admiti-la quando trouxer benefícios ao processo, máxime para garantia de solvabilidade do crédito.

4. Prescrição aplicável para as ações que não envolvem uma parcela trabalhista stricto sensu e das ações em curso que vieram para o Judiciário Trabalhista

Segundo *Pontes de Miranda*[35], "a prescrição é a exceção, que alguém tem, contra o que não exerceu, durante certo tempo, que alguma regra jurídica fixa, a sua pretensão ou ação. Serve à segurança e à paz públicas, para limite temporal à eficácia das pretensões e das ações".

Sob o prisma do Novo Código Civil (Lei n. 10.406/02), ensina *Carlos Roberto Gonçalves*[36], "o novo Código Civil, evitando essa polêmica, adotou o vocábulo 'pretensão' para indicar que não se trata do direito subjetivo público abstrato de ação. E, no art. 189, enunciou que a prescrição se inicia no momento em que há violação do direito".

Carlos Roberto Gonçalves[37] menciona que "hoje predomina o entendimento, na moderna doutrina, de que a prescrição extingue a pretensão, que é a exigência de subordinação de um interesse alheio ao interesse próprio. O direito material, violado, dá origem à pretensão (CC, art. 189), que é deduzida em juízo por meio da ação. Extinta a pretensão, não há ação. Portanto, a prescrição extingue a pretensão, atingindo também a ação. O instituto que extingue somente a ação, conservando o direito material e a pretensão, que só podem ser opostos em defesa é perempção".

Partindo da premissa de que a prescrição é regida pela competência do órgão julgador, parte considerável da doutrina vem se posicionando no sentido de que a prescrição para as ações que não envolvem uma parcela trabalhista *stricto sensu*, vale dizer: que não decorrem de uma relação de emprego é a mesma disciplinada no art. 7º, inciso XXIX, da CF e art. 11, da CLT.

Para se aquilatar qual o prazo prescricional de determinado direito, mister se faz investigar, primeiramente, a natureza da relação jurídica controvertida. Se a relação jurídica for trabalhista, aplica-se a prescrição prevista no Direito do Trabalho (art. 7º, XXIX, da CF e art. 11, da CLT). Se a natureza foi civil, aplicam-se as regras disciplinadas no Código Civil.

---

(35) MIRANDA, Pontes de. *Tratado de Direito Privado*, Volume 6, Campinas: Bookseller, 2000, p. 135.
(36) GONÇALVES, Carlos Roberto. *Direito Civil*, Volume 1, 10ª ed., São Paulo: Saraiva, Parte Geral, 2003, p. 181.
(37) *Op. cit.*, p. 183.

Nesse sentido, a lição abalizada de *Pontes de Miranda*[38]: "o ramo do Direito em que nasce a pretensão é o que lhe marca a prescrição, ou estabelece prazo preclusivo ao direito. Se essa regra jurídica não foi prevista, rege o que o ramo do Direito aponta como fundo comum a ele e a outros ramos do Direito. No plano internacional, o sistema jurídico que é estatuto da pretensão também é da prescrição".

Desse modo, julgando uma controvérsia que não é oriunda de uma relação de emprego, o juiz do trabalho deverá aplicar a prescrição referente ao ramo do Direito ao qual pertence a pretensão. Se a relação de trabalho tiver natureza jurídica civil (contrato de empreitada ou prestação de serviços), o juiz do trabalho aplicará a prescrição prevista no Código Civil, e se a natureza jurídica da relação jurídica de trabalho for de consumo, o juiz do trabalho aplicará a prescrição prevista na Lei n. 8.078/90, assim por diante.

Nesse sentido é a opinião de *José Hortêncio Ribeiro Júnior*[39]: "(...) Estando a regra do art. 7º, inciso XIXX, da Constituição Federal voltada às relações de emprego, não seria aplicável às novas relações jurídicas inseridas no espectro da competência da Justiça do Trabalho. Para estas causas, teremos que observar os prazos prescricionais previstos para as relações jurídicas materiais, podendo, portanto, reclamar incidência das regras dos arts. 205 e 206 do Código Civil".

Quanto aos processos em curso nas Justiças Estadual e Federal, a nosso ver, não há como o juiz do trabalho aplicar a prescrição trabalhista a tais ações, pois há manifesta injustiça em se pronunciar a prescrição para a parte que propôs a ação na Justiça que era competente e, no curso do processo, ser aplicado outro lapso prescricional em razão da alteração da competência material. Malgrado a EC n. 45/04 tenha efeito imediato e atinja os processos em curso, o próprio STF, no conflito de competência 7.204-1/MG reconheceu a competência da Justiça do Trabalho para apreciação das lides atinentes à indenização por acidente de trabalho somente a partir da vigência da EC n. 45/04.

Como bem adverte *Amauri Mascaro Nascimento*[40]: "quando da propositura da ação o prazo prescricional foi observado e essa fase processual já está consumada, de modo que aplicar a prescrição da Justiça do Trabalho implicaria retroatividade da lei para alcançar ato jurídico perfeito e acabado na vigência da lei antiga. Essa razão leva-nos a concluir que a Justiça do Trabalho não deve acolher pedido de prescrição se esta foi observada à época do ajuizamento da ação perante a Justiça Comum com a observância dos prazos vigentes"[41].

---

(38) MIRANDA, Pontes de. *Op. cit.*, p. 136.
(39) RIBEIRO JÚNIOR, José Hortêncio. *Competência Laboral – Aspectos Processuais*. In: Coutinho, Grijalbo Fernandes e FAVA, Marcos Neves (coord.). *Nova Competência da Justiça do Trabalho*, São Paulo: LTr, 2005, pp. 247-284.
(40) NASCIMENTO, Amauri Mascaro. *Curso de Direito Processual do Trabalho*. 22ª ed. São Paulo: Saraiva, 2007, p. 208.
(41) Nesse sentido, destacamos a seguinte ementa: "EMENTA: PRESCRIÇÃO. ACIDENTE DO TRABALHO. EC 45/2004. PROCESSOS EM ANDAMENTO " Nas indenizações por acidente do trabalho, o prazo prescricional previsto no art. 7º., inciso XXIX, da Constituição da República deve ser adotado para as ações ajuizadas após a Emenda Constitucional n. 45, aplicando-se o prazo do Direito Civil para as ações propostas antes da vigência da citada Emenda. É certo que a indenização por acidente do trabalho é um crédito resultante da relação de emprego, ainda

5. Jus postulandi *e honorários advocatícios*

Com a EC n. 45/04 e a vinda de outras ações para a Justiça do Trabalho que não são oriundas da relação de emprego, não mais se justifica a existência do *jus postulandi*, até mesmo pelo fato da complexidade das relações jurídicas que decorrem da relação de emprego.

A manutenção do art. 791 da CLT em razão de que em algumas regiões do País não há número suficiente de advogados, o que inviabilizaria o acesso à Justiça do trabalhador[42], não se justifica, pois o próprio Código de Processo Civil já prevê tal situação. Com efeito dispõe o art. 36 do CPC: "*A parte será representada em juízo por advogado legalmente habilitado. Ser-lhe-á lícito, no entanto, postular em causa própria, quanto tiver habilitação legal, ou, não a tendo, no caso de falta de advogado no lugar ou recusa ou impedimento dos que houver*".

Além disso, o empregado assistido por advogado tem maiores possibilidades de êxito no processo, assegurando o cumprimento do princípio constitucional do acesso real à Justiça do Trabalho e também a uma ordem jurídica justa. Não se pode interpretar a lei pelas exceções. Hoje, a parte não estar assistida por advogado na Justiça do

---

que atípico, porquanto proveniente de um ilícito trabalhista a teor do disposto no art. 7º, inciso XXVIII, da Constituição da República, que estabelece que: "São direitos dos trabalhadores urbanos e rurais, além de outros que visem à melhoria de sua condição social: (...) XXVIII " seguro contra acidentes de trabalho, a cargo do empregador, sem excluir a indenização a que este está obrigado, quando incorrer em dolo ou culpa". Todavia, em face da nova redação dada ao art. 114 da Constituição da República, o Supremo Tribunal Federal, no julgamento do Conflito de Competência n. 7.204-1/MG, estabeleceu a vigência da citada emenda constitucional como marco temporal para a competência trabalhista. Assim, deve-se ater para o fato de que, anteriormente, a natureza jurídica do direito à indenização por danos decorrentes de acidente do trabalho era controvertida, pois os tribunais superiores divergiam acerca do seu caráter cível ou trabalhista, predominando o entendimento no primeiro sentido. Por conseguinte, considerando que a prescrição fulmina a pretensão de mérito, a sua aplicação ao caso concreto deve ser realizada com cautela, em respeito ao valor maior da segurança jurídica, especialmente para os processos em andamento no advento da Emenda nº. 45, sob pena de surpreender a parte com a extinção automática do seu direito. Isso porque, antes da mudança de competência, era razoável entender, com amparo nas decisões da Suprema Corte, que a prescrição aplicável era a cível. Em síntese, deve-se adotar o prazo prescricional previsto no Código Civil para as ações propostas antes da entrada em vigor da EC n. 45/2004 e o prazo previsto no art. 7º, inciso XXIX, da Constituição Federal, para as ações ajuizadas após a vigência da citada Emenda Constitucional" (TRT 3ª Região, Processo 00894-2005-102-03-00-5 RO Data de Publicação 29.3.2006 DJMG – p. 9 – Órgão Julgador Segunda Turma Juiz Relator Sebastião Geraldo de Oliveira Juiz Revisor Ademar Pereira Amaral) .

(42) Parte significativa da doutrina tem defendido a manutenção do *jus postulandi* da parte na Justiça do Trabalho a fim de facilitar o acesso do trabalhador à Justiça. Por todos, destacamos a posição de *José Roberto Freire Pimenta*: "É preciso observar, no entanto, que a possibilidade de atuar em Juízo pessoalmente tem sido tradicionalmente considerada como uma das mais importantes medidas de ampliação do acesso à justiça para os jurisdicionados em geral e uma das notas características positivas da própria Justiça Laboral, sendo no mínimo paradoxal que as pequenas causas de valor até 20 (vinte) salários mínimos, que nos Juizados Especiais Cíveis também não contam com o patrocínio obrigatório de advogados (art. 9º da Lei n. 9.099/95), passem a exigi-lo apenas porque passaram para a competência material da Justiça do Trabalho. Ademais, não se pode ignorar que até antes da promulgação da Emenda Constitucional n. 45/2004, em todas as causas não decorrentes da relação de emprego que já tramitavam na Justiça do Trabalho por força de norma legal expressa, sempre foram pacificamente tidos por aplicáveis tanto o disposto no *caput* do art. 791 quanto o referido entendimento jurisprudencial sobre os honorários advocatícios, sendo de se questionar se haveria motivos suficientes para tão significativa alteração." (*A Nova Competência da Justiça do Trabalho para Lides Não Decorrentes da Relação de Emprego: Aspectos Processuais e Procedimentais. In*Coutinho, Grijalbo Fernandes e FAVA, Marcos Neves. Coord. *Justiça do Trabalho Competência Ampliada*. São Paulo: LTr, 2005, pp. 270-271).

Trabalho é exceção. De outro lado, diante da complexidade das matérias que envolvem os cotidianos do Direito do Trabalho e da Justiça do Trabalho, a não assistência por advogado, ao invés de facilitar, acaba dificultando o acesso, tanto do trabalhador como do tomador de serviços, à Justiça.

Como bem destaca *Francisco Antonio de Oliveira*[43]:

"Não se pode relegar ao oblívio que o processo do trabalho no seu estágio atual recebe sopro benfazejo de ventos atualizantes para que possa cumprir a sua finalidade em consonância com uma nova realidade. E desconhecer essa realidade em constante efervescência é calcar-se no vazio e quedar-se em isolamento franciscano. A capacidade postulatória das partes na Justiça do Trabalho é ranço pernicioso originário da fase administrativa e que ainda hoje persiste em total discrepância com a realidade atual. O Direito do Trabalho constitui hoje, seguramente, um dos mais, senão o mais dinâmico ramo do Direito e a presença do advogado especializado já se faz necessária. Exigir-se de leigos que penetrem nos meandros do processo, que peticionem, que narrem fatos sem transformar a lide em desabafo pessoal, que cumpram prazos, que recorram corretamente, são exigências que não mais se afinam com a complexidade processual, onde o próprio especialista, por vezes, tem dúvidas quanto à medida cabível em determinados momentos. E é a esse mesmo leigo formular perguntas em audiência, fazer sustentação oral de seus recursos perante os tribunais".

De outro lado, conforme o art. 791, da CLT[44], o *jus postulandi* na Justiça do Trabalho somente é observado para as ações relativas à relação de emprego e também para a pequena empreitada (art. 652, III, da CLT). Para as demais ações relativas à relação de trabalho, a nosso ver, o trabalhador necessita de advogado. Como bem advertem *Pedro Paulo Teixeira Manus* e *Carla Teresa Martins Romar*[45]: "Note-se, contudo, que a faculdade legal é restrita a empregados e empregadores, o que equivale a dizer que terceiros que ingressem no processo (terceiro embargante, o perito, o litisconsorte e outros que tenham legítimo interesse), que não sejam empregados e empregadores, não têm capacidade postulatória".

Quanto aos honorários advocatícios, em razão do *jus postulandi* da parte, previsto no art. 791, da CLT, o Tribunal Superior do Trabalho firmou jurisprudência[46], mesmo

---

(43) OLIVEIRA, Francisco Antonio de. *Comentários à Consolidação das Leis do Trabalho*, 3ª ed. São Paulo: RT, 2005, p. 667.

(44) Art. 791, da CLT: "Os empregados e os empregadores poderão reclamar pessoalmente perante a Justiça do Trabalho e acompanhar as suas reclamações até o final".

(45) *Op. cit.*, p. 226.

(46) Súmula n. 219 do C.TST: "HONORÁRIOS ADVOCATÍCIOS. HIPÓTESES DE CABIMENTO. Na Justiça do Trabalho, a condenação no pagamento de honorários advocatícios, nunca superiores a 15% (quinze por cento) não decorre pura e simplesmente da sucumbência, devendo a parte estar assistida por sindicato da categoria profissional e comprovar a percepção de salário inferior ao dobro do salário mínimo ou encontrar-se em situação econômica que não lhe permita demandar sem prejuízo do próprio sustento ou da respectiva família". No mesmo sentido a Súmula 329 do C. TST: "Honorários Advocatícios. Art. 133 da CF. Mesmo após a promulgação da CF/1988, permanece válido o entendimento consubstanciado no Enunciado n. 219 do Tribunal Superior do Trabalho.

após a Constituição de 1988 (o art. 133, da CF⁽⁴⁷⁾ diz ser o advogado essencial à administração da Justiça), não haver necessidade da parte estar assistida por advogado. Desse modo, não são devidos honorários advocatícios na Justiça do Trabalho, salvo se a parte estiver assistida por advogado do sindicato e comprovar que recebe até dois salários mínimos ou apresentar declaração de insuficiência econômica (art. 14, da Lei n. 5.584/70).

Sendo assim, os honorários advocatícios que decorrem da sucumbência restam aplicáveis para todas as ações propostas na Justiça do Trabalho, que não sejam as referentes às controvérsias diretas entre empregados e empregadores. Nas reclamações trabalhistas regidas pela CLT (relação de emprego), somente são cabíveis os honorários advocatícios nas hipóteses do art. 14, da Lei n. 5.584/70.

Embora sejamos contrários ao *jus postulandi*, a EC n. 45/04 e a Resolução 27/05 do C. TST⁽⁴⁸⁾ não revogaram o art. 791, da CLT.

6. Processos em curso oriundos das Justiças Estadual e Federal quando da vigência da EC n. 45/04 e as regras de Direito intertemporal

Quanto aos processos nas Justiças Federal e Estadual que estavam em curso quando da entrada em vigor da Emenda Constitucional n. 45/04, em que pese a opinião de alguns doutrinadores e parte da jurisprudência⁽⁴⁹⁾, eles devem ser remetidos imediatamente à Justiça do Trabalho, pois uma vez cessada a competência material, o juiz não pode mais atuar no processo, pois falta um pressuposto processual de validade da relação jurídica processual, que é a competência material.

Nesse sentido, ensina com propriedade *Enrico Tullio Liebman*⁽⁵⁰⁾:

"A competência é um pressuposto processual, ou seja, requisito de validade do processo e de seus atos, no sentido de que o juiz sem competência não pode realizar atividade alguma e deve apenas declarar sua própria incompetência (...). Seus atos são nulos".

Não se aplica à hipótese o princípio da *perpetuatio jurisdiccionis*, previsto no art. 87, do CPC, pois neste próprio artigo há exceção quanto à competência em razão da matéria.

---

(47) Art. 133, da CF: "O advogado é indispensável à administração da Justiça, sendo inviolável por seus atos e manifestações no exercício da profissão, nos limites da lei".
(48) Art. 5º, da Instrução Normativa n. 27/05 do TST: "exceto nas lides decorrentes da relação de emprego, os honorários advocatícios são devidos pela mera sucumbência".
(49) AÇÃO DE INDENIZAÇÃO POR DANOS MATERIAIS E MORAIS DECORRENTE DE ACIDENTE DE TRABALHO PROCESSADA E JULGADA NA JUSTIÇA ESTADUAL COMUM. SENTENÇA DE MÉRITO PROFERIDA ANTES DA EMENDA CONSTITUCIONAL N. 45/2004. RECURSO DE APELAÇÃO. COMPETÊNCIA DA JUSTIÇA ESTADUAL. Não é de competência desta Justiça Especializada o julgamento de recurso contra sentença de mérito prolatada antes da promulgação da EC 45/04, por Juiz da Justiça Estadual. TRT/SP – 02365200537202009 – RO – Ac. 12ªT 20060939596 – Relª SONIA MARIA PRINCE FRANZINI - DOE 1.12.2006.
(50) LIEBMAN, Enrico Tullio. *Manual de Direito Processual Civil*. Volume I, 3ª ed., Tradução e notas de *Cândido Rangel Dinamarco*. São Paulo: Malheiros: 2005, p. 82.

Além disso, as regras de competência previstas na Constituição Federal têm aplicação imediata, pois não houve qualquer ressalva, por parte da Emenda n. 45, quanto aos processos em curso[51].

Mesmo os processos com recurso pendente de julgamento e em fase de execução, com o trânsito em julgado da decisão[52] devem ser encaminhados à Justiça do Trabalho, não se aplicando à hipótese o art. 575, II, do CPC, pois o referido dispositivo somente disciplina a competência funcional para o processo de execução[53].

7. Conseqüências da Supressão da Expressão "conciliar" do caput do art. 114, da Constituição Federal

O *caput* do art. 114, da CF, com a redação dada pela EC n. 45/04 aduz: "Compete à Justiça do Trabalho processar e julgar". A antiga redação do art. 114, da CF dizia: "Compete à Justiça do Trabalho conciliar e julgar os dissídios individuais e coletivos (...)".

A conciliação sempre foi a forma mais prestigiada de resolver os conflitos de interesse a ponto de *Carnelutti* afirmar que a conciliação é uma sentença dada pelas partes e a sentença é uma conciliação imposta pelo juiz.

A Justiça do Trabalho, tradicionalmente, sempre prestigiou a conciliação como forma primordial de solução do conflito capital x trabalho (art. 764, da CLT[54]), a ponto de obrigar o juiz a propor a conciliação em diversos estágios do processo, quais sejam: quando aberta a audiência, antes da apresentação da contestação (art. 846, da

---

(51) Nesse sentido foi o entendimento firmado pelo C. STJ,conforme a redação da Súmula n. 10: "Instalada a Junta de Conciliação e Julgamento, cessa a competência do Juiz de Direito em matéria trabalhista, inclusive para a execução das sentenças por ele proferidas".

(52) Como destaca *Estevão Mallet*: "(...) os autos dos processos em tramitação perante a Justiça Comum Estadual ou Federal, ao tempo da publicação da Emenda Constitucional n. 45, doravante de competência da Justiça do Trabalho, devem ser a esta última remetidos de imediato,independentemente da fase processual em que se encontrem. Se a sentença condenatória foi proferida pela Justiça Comum, na altura competente para julgamento da causa, deslocada a competência, à Justiça do Trabalho cabe a execução do respectivo pronunciamento, como já firmado, aliás, pela Súmula n. 10 do Superior Tribunal de Justiça. O disposto no art. 575, II do CPC não prevalece em caso de modificação de competência absoluta" (*Direito, Trabalho e Processo em Transformação*. São Paulo: LTr, 2005, p. 188).

(53) Nesse sentido, destacamos a seguinte ementa: COMPETENCIA DA JUSTIÇA DO TRABALHO. ALTERAÇÃO. VIGÊNCIA DA EC 45/04. NULIDADE DE DECISÃO PROFERIDA PELA JUSTIÇA COMUM. A Emenda Constitucional n. 45, de 8.12.04, publicada em 31.12.04, alterou a redação do art. 114 da Constituição Federal de 1988, e definiu em seu inciso III, que compete à Justiça do Trabalho processar e julgar as ações de indenização por dano moral ou patrimonial, decorrentes da relação de trabalho. Nos termos do art. 87 do CPC, a competência é determinada no momento da propositura da ação, salvo quando houver alteração de competência em razão da matéria ou da hierarquia, bem como no caso de supressão do correspondente órgão judiciário. A ampliação de competência é inequívoca, e a norma constitucional tem aplicação e eficácia imediatas. O novo texto constitucional, portanto, alcança de imediato os processos em andamento. A partir da alteração constitucional, a ação deveria ter prosseguido perante o juízo instituído pela lei nova, no caso, a Justiça do Trabalho. A r. sentença proferida na Justiça Comum em maio/2005 está eivada de nulidade, porquanto proferida por juiz incompetente, por expressa previsão constitucional. TRT/SP – 00066200637302007 – RO – Ac. 4ªT 20060979520 – Rel. SERGIO WINNIK – DOE 12.12.2006.

CLT) e após as razões finais das partes (art. 850, da CLT). A jurisprudência, inclusive, tem declarado a nulidade do processo, caso não constem das atas de audiência, as tentativas de conciliação.

No nosso sentir, o fato da atual redação do art. 114 da CF não repetir a expressão "conciliar" não significa que a conciliação fora abolida na Justiça do Trabalho, tampouco que o juiz não deva empregar os seus bons ofícios em sua tentativa, já que essa providência não necessita constar da Constituição Federal, pois já está prevista no art. 764, da CLT. Além disso, as formas de solução de conflitos pela via da autocomposição têm sido cada vez mais prestigiadas pelo legislador (vide a propósito a Lei n. 9.958/00). De outro lado, acreditamos que o legislador constitucional apenas pretendeu deixar claro que a Justiça do Trabalho passa, com sua nova competência, a enfrentar litígios em que não há possibilidade de conciliação, como as ações oriundas das fiscalizações do trabalho, mandados de segurança, etc[55].

---

(54) Art. 764, da CLT: "Os dissídios individuais ou coletivos submetidos à apreciação da Justiça do Trabalho serão sempre sujeitos à conciliação".

(55) Nesse sentido, cumpre destacar as lúcidas palavras de *Manoel Antonio Teixeira Filho*: "Mesmo se considerarmos que, a partir da EC n. 45/2004, a Justiça do Trabalho terá competência para solucionar conflitos oriundos das relações de trabalho, em sentido amplo, e, não apenas, os ocorrentes entre trabalhadores e empregadores, a possibilidade de o juiz formular proposta de conciliação é fundamental, sob todos os aspectos que se possa examinar. É produto de manifesto equívoco a idéia de que o maior interessado na conciliação é o juiz, pois, com isso, ele teria um processo a menos para julgar... Sendo assim, a conclusão de que, doravante, a Justiça do Trabalho não teria mais competência para conciliar os conflitos de interesses decorrentes das relações intersubjetivas do trabalho, além de outros previstos em lei, implicaria, a um só tempo: a) colocar-se na contramão da história, porquanto a Justiça do Trabalho, desde as suas origens, trouxe, como traço característico, essa vocação para sugerir, às partes, uma solução negociada, consensual, da lide; b) colocar-se contra a tendência universal, incorporada pelo próprio processo civil, de erigir-se a conciliação como uma das mais adequadas formas de solução de conflitos de interesses protegidos pela ordem jurídica (autocomposição, em vez de heterocomposição)" (*Breves Comentários à Reforma do Poder Judiciário*. São Paulo: LTr, 2005, pp. 124-125). No mesmo sentido é a visão de *Amauri Mascaro Nascimento*: "(...) Todavia, a função conciliatória não foi excluída. Foi preservada. Continua com respaldo infraconstitucional (CLT, art. 652, a)", (*Curso de Direito Processual do Trabalho*. 22ª ed., São Paulo: Saraiva, 2007, p. 205).

CONCLUSÕES

Diante de todo o exposto, passamos a mencionar as conclusões do livro.

A expressão relação de trabalho encontra-se sedimentada na doutrina. Diante da melhor doutrina podemos definir a expressão *relação de trabalho* como sendo: *o trabalho prestado por conta alheia, em que o trabalhador (pessoa física) coloca, em caráter preponderantemente pessoal, de forma eventual ou não eventual, gratuita ou onerosa, de forma autônoma ou subordinada, sua força de trabalho em prol de outra pessoa (física ou jurídica, de direito público ou de direito privado), podendo o trabalhador correr ou não os riscos da atividade que desempenhará.*

A doutrina não chegou a um consenso sobre qual o alcance da expressão relação de trabalho para fins de competência material da Justiça do Trabalho. Acreditamos que a competência material da Justiça do Trabalho abrange: *as lides decorrentes de qualquer espécie de prestação de trabalho humano, preponderantemente pessoal, seja qualquer a modalidade do vínculo jurídico, prestado por pessoa natural em favor de pessoa natural ou jurídica. Abrange tanto as ações propostas pelos trabalhadores, como as ações propostas pelos tomadores dos seus serviços.*

No nosso sentir, a razão está com os que pensam que as ações *oriundas* da relação de trabalho envolvem diretamente os prestadores e tomadores de serviços e as ações *decorrentes* envolvem controvérsias paralelas, em que não estão diretamente envolvidos tomador e prestador, mas terceiros. Até mesmo a lei ordinária poderá dilatar a competência da Justiça do Trabalho para outras controvérsias que guardam nexo causal com o contrato de trabalho. Não há contradição ou desnecessidade da existência do inciso IX, pois o legislador, prevendo um maior crescimento da Justiça do Trabalho e maior desenvolvimento das relações laborais, deixou a cargo da lei ordinária futura dilatar a competência da Justiça do Trabalho, desde que dentro dos parâmetros disciplinados pelos incisos I a VIII, do art. 114, da CF.

Diante da EC n. 45/04, a Justiça do Trabalho detém competência material para todas as ações que estejam relacionadas, quer direta, quer indiretamente, ao exercício do direito de greve. Portanto, tanto as ações prévias (inibitórias) para assegurar o exercício do direito de greve para a classe trabalhadora, como as ações possessórias para defesa do patrimônio do empregador, como as ações para reparação de danos, tanto aos trabalhadores, como aos empregadores e até danos causados aos terceiros em razão da greve, agora são da competência da Justiça do Trabalho.

Acreditamos que o inciso III do art. 114, da CF abrange todas as ações que envolvem matéria sindical no âmbito trabalhista, uma vez que se tratam de ações envolvendo matéria trabalhista. De outro lado, o inciso III do art. 114 da CF não pode se interpretado isoladamente e sim em cotejo com os incisos I e IX do próprio art. 114. Sendo assim, como a matéria sindical está umbilicalmente ligada à relação de emprego e também à relação de trabalho, a melhor leitura do inciso III do art. 114, da CF, visando à maior eficiência deste dispositivo constitucional sinaliza no sentido de que a competência da Justiça do Trabalho abrange todas as questões envolvendo matéria sindical, sejam entre sindicatos entre si, sindicatos e empregados, sindicatos e empregadores e também controvérsias envolvendo terceiros, como o Ministério do Trabalho, nas questões de registro sindical.

Quanto à competência para apreciar *habeas corpus*, mandado de segurança e *habeas data* quando o ato questionado envolver jurisdição trabalhista, a EC n. 45/04 no aspecto apenas deixou claro, o que já estava sedimento na doutrina e jurisprudência, por interpretação teleológica do art. 114, da CF (com a redação dada pela CF/88), pois se a violação de direitos fundamentais do cidadão trabalhador envolver ato sujeito à jurisdição trabalhista, a competência é da Justiça do Trabalho. Entretanto, diante da alteração do eixo central da competência da Justiça do Trabalho, para as controvérsias oriundas e decorrentes da relação de trabalho, há um leque de situações possíveis para impetração dos remédios constitucionais em defesa de direitos fundamentais na esfera trabalhista.

A Justiça do Trabalho, diante da EC n. 45 não adquiriu competência em matéria penal. Em que pese as boas intenções daqueles que defendem tal competência, as funções basilares da Justiça do Trabalho sempre foram o facilitar acesso do trabalhador à Justiça e dar efetividade ao Direito do Trabalho e não o exercício do *jus puniendi* do Estado para coibir os crimes relacionados à organização do trabalho.

Ao contrário do que já estão pensando alguns doutrinadores, o inciso V do art. 114, da CF não atribuiu competência à Justiça do Trabalho para apreciar conflitos de competência entre juízes vinculados a Tribunais diversos, como entre juiz de trabalho e juiz de Direito, ainda que a matéria seja trabalhista, uma vez que o referido inciso V fala *em órgãos com jurisdição trabalhista* e não conflito sobre *matéria trabalhista*.

No inciso VI, o art. 114 da Constituição Federal somente deixou de forma explícita o que já estava sedimentado na doutrina e jurisprudência de ser a Justiça do Trabalho competente para apreciar os danos morais e patrimoniais decorrentes da relação de trabalho. Quanto aos danos morais e patrimoniais decorrentes do acidente de trabalho, o Supremo Tribunal Federal, acertadamente, acolhendo os argumentos da melhor doutrina e jurisprudência, alterou sua posição para fixar a competência da Justiça do Trabalho para apreciar esses danos.

Quanto à competência da Justiça do Trabalho para apreciar as ações relativas às penalidades administrativas impostas ao empregador em razão dos órgãos de fiscalização do trabalho, ao lado das ações que envolvem representação sindical (art. 114, III, da CF), estas ações são trabalhistas por excelência, pois decorrem diretamente da relação de trabalho. Além disso, a divisão de competência entre a Justiça do Trabalho e a Justiça Federal, provocava, muitas vezes, decisões conflitantes sobre a mesma questão.

Quanto ao inciso VIII do art. 114 não houve alteração da competência material da Justiça do Trabalho, pois tal disposição já constava do parágrafo 3º do art. 114, com a redação dada pela EC n. 20/98.

No nosso sentir, o Poder Normativo não fora extinto diante da EC n. 45/04, pois se assim quisesse o legislador ele o teria feito expressamente. Inegavelmente, houve uma restrição do Poder Normativo, ou melhor dizendo, ao acesso a ele, pois há o condicionamento do dissídio de natureza econômica à existência do *comum acordo* das partes envolvidas.

O *comum acordo* é uma condição da ação e não um pressuposto processual. Assim, não há necessidade do *comum acordo* ser prévio ao ajuizamento do dissídio, podendo tal condição da ação ser preenchida no curso do processo, inclusive de forma tácita, pela não oposição do suscitado.

No aspecto processual, houve vários impactos da EC n. 45/04. No nosso sentir, o procedimento aplicável para as ações que não envolvem uma parcela trabalhista *stricto sensu* é o da CLT (art. 763), salvo se a ação tem rito especial, pois o procedimento trabalhista tem demonstrado bons resultados.

O instituto da intervenção de terceiros passa a ser admitido com maior flexibilidade no processo trabalhista, principalmente nas ações que não decorrem da relação de emprego, devendo sempre o magistrado trabalhista avaliar o custo benefício de tal intervenção.

A prescrição rege-se pela natureza jurídica do direito posto em juízo e não pela competência do órgão jurisdicional.

Para as pretensões que não decorrem da relação de emprego, aplica-se a sucumbência e não se aplica o *jus postulandi* do art. 791, da CLT.

Quanto aos processos que estavam em curso nas Justiças Federal e Estadual, quando da entrada em vigor da Emenda Constitucional n. 45/04, estes devem ser remetidos imediatamente à Justiça do Trabalho, pois uma vez cessada a competência material, o juiz não pode mais atuar no processo, pois falta um pressuposto processual de validade da relação jurídica processual, que é a competência material.

O fato da atual redação do art. 114 da CF não repetir a expressão "conciliar" não significa que a conciliação fora abolida na Justiça do Trabalho, tampouco que o juiz não deva empregar os seus bons ofícios em sua tentativa, já que essa providência não necessita constar da Constituição Federal, pois já está prevista no art. 764, da CLT.

Concluímos a obra dizendo que, a partir da EC n. 45/04, a Justiça do Trabalho passou a ser, efetivamente, a *Justiça do Trabalhador*.

REFERÊNCIAS BIBLIOGRÁFICAS

ALMEIDA, Amador Paes. *Curso Prático de Direito Processual do Trabalho*, 14ª ed. São Paulo: Saraiva, 2002.

ALMEIDA, Cléber Lúcio. *Direito Processual do Trabalho*. Minas Gerais: Del Rey, 2006.

ALMEIDA, Ísis. *Manual de Direito Processual do Trabalho*, 1º Volume, 9ª ed. São Paulo: LTr, 1998.

ALMEIDA, Renato Rua de. "Visão Histórica da Liberdade Sindical". *Revista Legislação do Trabalho*. São Paulo: LTr, ano 70, vol. 03, 2006.

ALVIM, Agostinho. *Da inexecução das Obrigações*, 3ª ed. São Paulo: Editora Jurídica e Universitária, 1965.

AMARAL, Augusto Pais de. *Direito processual civil*. 3ª ed. Lisboa: Almedina, 2002.

BANDEIRA DE MELO, Celso. *Curso de Direito Administrativo*. 8ª ed. São Paulo: Malheiros, 1997.

BARROS, Alice Monteiro de. *Curso de Direito do Trabalho*. São Paulo: LTr, 2005.

_____. *Proteção à Intimidade do Empregado*. São Paulo: LTr, 1997.

BARROS, Cássio Mesquita. "A reforma judiciária da Emenda Constitucional n. 45". *Revista Legislação do Trabalho*. São Paulo: LTr, ano 69, vol. 03, 2005.

BASTOS, Guilherme Augusto Caputo. *O Dano Moral no Direito do Trabalho*. São Paulo: LTr, 2003.

BEBBER, Júlio César. *Procedimento Sumaríssimo no Processo do Trabalho*. São Paulo: LTr, 2000.

_____. *Princípios do Processo do Trabalho*: São Paulo: LTr, 2007.

_____. *Mandado de Segurança*. Habeas Corpus. Habeas Data *na Justiça do Trabalho*. São Paulo: LTr, 2006.

_____. *A Competência da Justiça do Trabalho e a Nova Ordem Constitucional. In:* COUTINHO, Grijalbo Fernandes e FAVA, Marcos Neves (coords). *Nova Competência da Justiça do Trabalho*. São Paulo: LTr, 2005.

BEGALLES, Carlos Alberto. *Lições de Direito Processual do Trabalho*. São Paulo: LTr, 2005.

BERMUDES, Sérgio. *A reforma do Judiciário pela Emenda Constitucional n. 45*. Rio de Janeiro: Forense, 2005.

BEZERRA LEITE, Carlos Henrique. *Curso de Direito Processual do Trabalho*, 3ª ed. São Paulo: LTr, 2005.

_____. *Curso de Direito Processual do Trabalho*, 5ª ed. São Paulo: LTr, 2007.

CAHALI, Yussef. *Dano Moral*, 3ª ed. São Paulo: RT, 2005.

CALAMANDREI, Piero. *Instituições de Direito Processual Civil*, Volume II. 2 ed. Campinas: Bookseller, 2002.

CALVET, Otávio Amaral. "Nova Competência da Justiça do Trabalho: Relação de Trabalho x Relação de Consumo". *Revista Legislação do Trabalho*. São Paulo: LTr, ano 69, vol. 01, 2005.

CAMPOS BATALHA, Wilson de Souza. *Tratado de Direito Judiciário do Trabalho*, 2ª ed. Paulo: LTr, 1985.

_____. "Instrumentos Coletivos de Atuação Sindical". *Revista Legislação do Trabalho*. São Paulo: LTr, ano 60, vol. 02, 1996.

_____. *A Greve sem a Justiça do Trabalho*. *Revista Legislação do Trabalho*. São Paulo: LTr, ano 61, vol. 02, 1997.

CANOTILHO, J. J. Gomes. *Direito Constitucional e Teoria da Constituição*, 7ª ed. Coimbra: Almedina, 2003.

CAPEZ, Fernando. *Curso de Processo Penal*, 6ª ed. São Paulo: Saraiva, 2001.

CARNEIRO, Athos Gusmão. *Jurisdição e Competência*. 14ª ed. São Paulo: Saraiva, 2005.

_____. *Intervenção de Terceiros*. 12ª ed. São Paulo: Saraiva , 2001.

CARNELUTTI, Francesco. *Instituições do Processo Civil*. Volume I. Campinas: Servanda, 1999.

CHAVES JÚNIOR, José Eduardo de Resende. *A Emenda Constitucional n. 45/2004 e a Competência Penal da Justiça do Trabalho*. In: COUTINHO, Grijalbo Fernandes; FAVA, Marcos Neves. *Nova Competência da Justiça do Trabalho*. São Paulo: LTr, 2005.

CHIOVENDA, Giuseppe. *Instituições de Direito Processual Civil*. Volume II, 3ª ed. Campinas: Bookseller, 2002.

CÓDIGO DO TRABALHO. Instituto de Direito do Trabalho da Faculdade de Direito de Lisoba. 2ª ed. Lisboa: Principia, 2004.

CÓDIGO DE PROCESSO DO TRABALHO. 3ª ed. Coimbra: Almedina, 2006.

CORREA VAZ DA SILVA, Floriano. *O Poder Normativo da Justiça do Trabalho In:* Georgenor de Sousa Franco Silva (coord.). *Curso de Direito Coletivo do Trabalho: Estudos em Homenagem ao Ministro Orlando Teixeira da Costa*. São Paulo: LTr, 1998.

COSIN, Aline; PENTEADO, Camila Fogagnoli; SILVA, Maria Antônia; MARIANI, Regiane dos Santos. "Perfil do Processo Trabalhista Argentino". *Revista Legislação do Trabalho*. São Paulo: LTr, ano 70, volume 12, 2006.

COSTA, Carlos Coqueijo. *Direito Judiciário do Trabalho*. Rio de Janeiro: Forense, 1978.

COSTA, Armando Casimiro; FERRARI, Irany; MARTINS, Melchíades Rodrigues. CLT-LTr. 4ª ed. São Paulo: LTr, 2007.

DALAZEN, João Oreste. *Competência Material Trabalhista*. São Paulo: LTr, 1994.

_____. *A reforma do Judiciário nos novos marcos da Competência material da Justiça do Trabalho no Brasil*. Revista do Tribunal Superior do Trabalho. Porto Alegre: Síntese, vol. 71, 2005.

_____. *Reflexões sobre o Poder Normativo da Justiça do Trabalho e a Emenda Constitucional n. 45*. Revista da Academia Nacional de Direito do Trabalho. São Paulo: LTr, ano XIII, n. 13, 2005.

_____. "Aspectos do Dano Moral Trabalhista". *Revista Legislação do Trabalho*. São Paulo: LTr, ano 64, vol. 01, 2000.

DALLEGRAVE NETO, José Afonso. *Responsabilidade Civil no Direito do Trabalho*. São Paulo: LTr, 2005.

D'AMBROSO. Marcelo José Ferlin. "Competência Criminal na Justiça do Trabalho e Legitimidade do Ministério Público do Trabalho em Matéria Penal: Elementos para Reflexões". *Revista Legislação do Trabalho*. São Paulo: LTr, ano 70, vol. 02, 2006.

DELGADO, Gabriela Neves. *O Direito Fundamental ao Trabalho Digno*, São Paulo: LTr, 2006.

DELGADO, Maurício Godinho. *Curso de Direito do Trabalho*, 4ª ed. São Paulo: LTr, 2005.

_____. *Direito Coletivo do Trabalho*, 2ª ed. São Paulo: LTr, 2003.

DINAMARCO, Cândido Rangel. *A Instrumentalidade do Processo*, 12ª ed. São Paulo: Malheiros, 2005.

_____. *Instituições de Direito Processual Civil*. Volume I. São Paulo: Malheiros, 2001.

_____. *Instituições de Direito Processual Civil*, Volume II. São Paulo: Malheiros, 2001.

DINIZ, Maria Helena. *Código Civil Comentado*, 11ª ed. São Paulo: Saraiva, 2005.

DORIA, *Rogéria Dotti. O Direito Processual Civil e a Ampliação de Competência da Justiça do Trabalho*. In: Processo e Constituição. Estudos em Homenagem ao Professor José Carlos Barbosa Moreira. Coordenação de Luiz Fux, Nélson Nery Júnior e Teresa Arruda Alvim Wambier, São Paulo: RT, 2006.

EÇA, Vitor Salino de Moura. *Jurisdição e Competência Trabalhistas no Direito Estrangeiro*. SUPLEMENTO TRABALHISTA. São Paulo: LTr. n. 07/06, 2006.

FAVA, Marcos Neves. *As Ações Relativas às Penalidades Administrativas Impostas aos Empregadores pelos Órgãos de Fiscalização das Relações de Trabalho – Primeira Leitura do art. 114, VII, da Constituição da República*. In: COUTINHO, Grijalbo Fernandes e FAVA, Marcos Neves. *Justiça do Trabalho: Competência Ampliada*. São Paulo: LTr, 2005.

FELICIANO, Guilherme Guimarães. "Aspectos Penais da Atividade Jurisdicional do Juiz do Trabalho". *Revista Legislação do Trabalho*. São Paulo: LTr, ano 66, vol. 12, 2002.

FERNANDES, Antonio Monteiro. *Direito do Trabalho*. 13º ed. Coimbra: Almedina, 2006.

FILOMENO, Geraldo Brito *et al*. *Código de Defesa do Consumidor comentado pelos autores do Anteprojeto*, 7ª ed. Rio de Janeiro: Forense Universitária, 2001.

FLORINDO, Valdir. *Dano Moral e o Direito do Trabalho*. 4ª ed. São Paulo: LTr, 2002.

GARCIA, Pedro Carlos Sampaio, publicado no livro *Justiça do Trabalho*. "O fim do poder normativo" in *Competência Ampliada*. Coordenado por Grijalbo Fernades Coutinho e Marcos Neves Fava, São Paulo: LTr, 2005.

GIGLIO, Wagner D. "Nova Competência da Justiça do Trabalho: Aplicação do Processo Civil ou Trabalhista?" *Revista Legislação do Trabalho*. São Paulo: LTr, ano 69, vol. 03, 1995.

_____. *Processo do Trabalho na América Latina. Estudos em Homenagem a Alcione Niederauer Corrêa*. São Paulo: LTr, 1992.

_____. *Direito Processual do Trabalho*, 15ª ed. São Paulo: Saraiva, 2005.

GOMES, Orlando; GOTTSCHALK, Élson. *Curso de Direito do Trabalho*. 16ª ed. Rio de Janeiro: Forense, 2000.

GONÇALVES, Carlos Roberto. *Direito Civil*. 10ª ed. Volume a, Parte Geral, São Paulo: Saraiva, 2003.

GUERRA, Marcelo Lima. *Execução Indireta*. São Paulo: RT, 1998.

GUIMARÃES, Mário. *O juiz e a função jurisdicional*. Rio de Janeiro: Forense, 1958.

GOMES, Orlando. *Contratos*. 17ª ed. Rio de Janeiro: Forense, 1997.

HINZ, Henrique Macedo. *O Poder Normativo da Justiça do Trabalho*. São Paulo: LTr, 2000.

HOUAISS, Antonio. *Dicionário Houaiss da língua portuguesa*. Rio de Janeiro: Objetiva, 2000.

LAMARCA, Antonio. *Processo do Trabalho Comentado*. São Paulo: RT, 1982.

_____. *O livro da competência*. São Paulo: RT, 1979.

LAURINO, Salvador Franco de Lima. "A competência da Justiça do Trabalho: O significado da Expressão 'Relação de Trabalho' no art. 114 da Constituição e as Relações de Consumo". *Revista Legislação do Trabalho*. São Paulo: LTr, ano 69, vol. 05, 2005.

LIMA, Francisco Meton e LIMA, Francisco Gérson Marques de. *A Reforma do Poder Judiciário*. São Paulo: Malheiros, 2005.

LOPES, Otavio Brito. *A Emenda Constitucional n. 45 e o Ministério Público do Trabalho*. In: COUTINHO, Grijalbo Fernandes; FAVA, Marcos Neves. *Justiça do Trabalho Competência Ampliada*. São Paulo: LTr, 2005.

MAGANO, Octavio Bueno. *Manual de Direito do Trabalho*, Volume II, *Direito Individual do Trabalho*, 2ª Edição, 3ª Tiragem. São Paulo: LTr, 1988.

_____. *Manual de Direito do Trabalho. Direito Coletivo*, Volume IV. 4ª ed. São Paulo: LTr: 1994.

MAIOR, Jorge Luiz Souto. *Relação de Emprego & Direito do Trabalho*. São Paulo: LTr, 2007.

_____. *Em defesa da Ampliação da Competência da Justiça do Trabalho*. *Revista do Direito Trabalhista*. Brasília: RDT, ano 11, vol. 08, 2005.

_____. *O Direito do Trabalho como Instrumento de Justiça Social*. São Paulo: LTr, 2000.

_____. *Justiça do Trabalho: A Justiça do Trabalhor?* In: COUTINHO, Grijalbo Fernandes; FAVA, Marcos Neves (coord). *Nova Competência da Justiça do Trabalho*. São Paulo: LTr, 2005.

_____. *Direito Processual do Trabalho. Efetividade, Acesso à Justiça e Procedimento Oral*. São Paulo: LTr, 1998.

MALLET, Estevão. *Apontamentos sobre a competência da Justiça do Trabalho após a Emenda Constitucional n. 45, In: Direito, Trabalho e Processo em Transformação*. São Paulo: LTr, 2005.

MANUS, Pedro Paulo Teixeira. *Direito do Trabalho*, 10ª ed. São Paulo: Atlas, 2006.

_____. *Negociação Coletiva e Contrato Individual de Trabalho*. São Paulo: Atlas, 2001.

MANUS, Pedro Paulo Teixeira e ROMAR, Carla Teresa Martins. *CLT e Legislação Complementar em Vigor.*, 6ª ed. São Paulo: Malheiros, 2006.

_____. ROMAR, Carla Teresa Martins; GITELMAN, Suely Ester. *Competência da Justiça do Trabalho e EC n. 45/2004*. São Paulo: Atlas, 2006.

MANNRICH, Nelson. *Consolidação das Leis do Trabalho*, 8ª ed. São Paulo: RT, 2007.

MARANHÃO, Délio et al. *Instituições de Direito do Trabalho*. 22ª ed. São Paulo: LTr, 2005.

MARCATO, Antonio Carlos. *Procedimentos Especiais*. 10ª ed. São Paulo: Atlas, 2004.

MARQUES, Gérson. *Processo do Trabalho Anotado*. São Paulo: RT, 2001.

MARQUES, José Frederico. *Da Competência em Matéria Penal*. Campinas: Millennium, 2000.

_____. *Instituições de Direito Processual Civil*. Volume I. Campinas: Bookseller, 2000.

MARTINS, Melchíades Rodrigues. *Fiscalização Trabalhista*. São Paulo: LTr, 2006.

MARTINS, Sérgio Pinto. *Comentários à CLT*. 6ª ed. São Paulo: Atlas: 2003.

_____. *Direito Processual do Trabalho*. 26ª ed. São Paulo: Atlas, 2006.

MARTINS FILHO, Ives Gandra. *Processo Coletivo do Trabalho*. 3ª ed. São Paulo: LTr, 2003.

MAXIMILIANO, Carlos. *Hermenêutica e Aplicação do Direito*. Rio de Janeiro: Forense, 2003.

MEIRELES, Edilton. *Competência e Procedimento na Justiça do Trabalho*. São Paulo: LTr, 2005.

MEIRELLES, Hely Lopes. *Mandado de Segurança*. 22ª ed. São Paulo: Malheiros, 2000.

MELHADO, Reginaldo. *Metamorfoses do Capital e do Trabalho*. São Paulo: LTr, 2006.

MELO, Raimundo Simão de. *A Greve no Direito Brasileiro. Ações Judiciais Cabíveis – EC n. 45/04. Atuação do Ministério Público do Trabalho*. São Paulo: LTr, 2006

MELO FILHO, Hugo Cavalcanti. *Nova Competência da Justiça do Trabalho: Contra a Interpretação Reacionária da Emenda n. 45/04. In:* COUTINHO, Grijalbo Fernandes; FAVA, Marcos Neves. *Justiça do Trabalho: Competência Ampliada*. São Paulo: LTr, 2005.

MIRABETE, Júlio Fabbrini. *Código de Processo Penal Interpretado*. 6ª ed. São Paulo: Atlas, 1999.

MIRANDA, Pontes de. *Tratado de Direito Privado*. Volume 6. Campinas: Bookseller, 2000.

MONTOYA MELGAR. Alfredo. *Derecho del Trabajo*, 22ª ed. Madri: Editora Tecnos, 2001.

MORAES, Alexandre de. *Direito Constitucional*. 15ª ed. São Paulo: Atlas, 2004.

NASCIMENTO, Amauri Mascaro. *Curso de Direito do Trabalho*, 19ª ed. São Paulo: Saraiva, 2004.

_____. *Curso de Direito Processual do Trabalho*, 20ª ed. São Paulo: Saraiva, 2001.

_____. *Curso de Direito Processual do Trabalho*, 22ª ed.. São Paulo: Saraiva, 2007.

_____. *Alterações do Código Civil e seus reflexos nas Relações de Trabalho*. Revista do Tribunal Regional do Trabalho da 15ª Região. São Paulo: LTr, n. 21, 2003.

_____. *Compêndio de Direito Sindical*, São Paulo: LTr, 2000.

_____. *Dos Princípios do Direito Processual do Trabalho*. In: ROMAR, Carla Teresa Martins; SOUSA, Otávio Augusto Reis de (coords). *Estudos Relevantes de Direito Material e Processual do Trabalho: Estudos em Homenagem ao Prof. Pedro Paulo Teixeira Manus*. São Paulo: LTr, 2000.

_____. *A questão do Dissídio Coletivo de Comum Acordo*. Revista Legislação do Trabalho. São Paulo: LTr, ano 70, vol. 06, 2006.

NERY JÚNIOR, Nélson; NERY, Rosa Maria de Andrade. *Código de Processo Civil Comentado e Legislação Extravagante*. 7ª ed. São Paulo: RT, 2003.

NEVES, Daniel Amorim Assumpção. *Competência no Processo Civil*. São Paulo: Método, 2005.

NORRIS, Roberto. *Emenda Constitucional n. 45 e as Relações de Trabalho no Novo Código Civil*. Rio de Janeiro: Forense, 2006.

OLIVEIRA, Francisco Antonio de. *Comentários à Consolidação das Leis do Trabalho*. 3ª ed. São Paulo: RT, 2005.

PAIM, Nilton Rangel Barreto. *A COMPETÊNCIA CRIMINAL DA JUTIÇA DO TRABALHO – uma discussão antiga que se reafirma em face da Emenda Constitucional n. 45/2004, In: Competência da Justiça do Trabalho Aspectos Materiais e Processuais*. De acordo com a Ec. n. 45/2004. São Paulo: LTr, 2005.

PAMPLONA FILHO, Rodolfo. "A Nova Competência da Justiça do Trabalho (Uma contribuição para a compreensão dos limites do novo art. 114 da Constituição Federal". *Revista Legislação do Trabalho*. São Paulo: LTr, ano 70, vol. 01, 2006.

_____. *O Dano Moral na Relação de Emprego*. 2ª ed. São Paulo: LTr, 1999.

PASCO, Mário. *Fundamentos do Direito Processual do Trabalho*. São Paulo: LTr, 1997.

PASTORE, José. *Onde estão os trabalhadores informais?* In O Estado de São Paulo: Economia, 3.6.2003.

PINHO PEDREIRA, Luiz de. *A Greve sem a Justiça do Trabalho*. Revista Legislação do Trabalho. São Paulo: LTr, ano 61, vol. 023, 1997.

_____. *A Reparação do Dano Moral no Direito do Trabalho*. São Paulo: LTr, 2004.

PEREIRA, Caio Mário da Silva. *Instituições de Direito Civil*, Volume III, 10ª ed. Rio de Janeiro: Forense, 1999.

PIMENTA, José Roberto Freire. *A nova competência da Justiça do Trabalho para as lide não-decorrentes da relação de emprego: Aspectos Processuais e Procedimentais*. In Revista do Tribunal Superior do Trabalho, ano 71, n. 1, jan. a abr. de 2005. Porto Alegre: Síntese, 2005.

PINHEIRO, Augusto Campana. Coord. *Competência da Justiça do Trabalho Aspectos Materiais e Processuais. De acordo com a Ec. 45/04*. Amatra XXIII, São Paulo: LTr, 2005.

PINTO, José Augusto Rodrigues. *Processo Trabalhista de Conhecimento*. 7ª ed. São Paulo: LTr, 2005.

PIZZOL, Patrícia Miranda. *Competência no Processo Civil*. São Paulo: RT, 2003.

PLÁ RODRIGUEZ, Américo. *Princípios de Direito do Trabalho*. 3ª ed. São Paulo: LTr, 2000.

PUGLIESE, Márcio. *Por uma Teoria Geral do Direito. Aspectos Micro-sistêmicos*. São Paulo: RCS Editora, 2005.

RIBEIRO DE VILHENA, Paulo Emílio. *Relação de Emprego, Estrutura Legal e Supostos*. 2ª ed. São Paulo: LTr, 1999.

_____. Co*ntrato de Trabalho com o Estado*, São Paulo: LTr, 2002.

_____. *Manual da Monografia Jurídica*. 5ª ed. São Paulo: Saraiva, 2007.

RIPPER, Walter Wiliam. "Poder Normativo da Justiça do Trabalho: Análise do Antes, do Agora e do Possível Depois". *Revista Legislação do Trabalho*. São Paulo: LTr, ano 69, vol. 07, 2005.

RIZZATTO NUNES, Luiz Antonio. *Comentários ao Código de Defesa do Consumidor*. São Paulo: Saraiva, 2000.

_____. *Curso de Direito do Consumidor*. São Paulo: Saraiva, 2004.

ROBORTELLA, Luiz Carlos Amorim. *Sucessão Trabalhista e Denunciação da Lide. In:* ROMAR, Carla Teresa Martin; SOUZA, Otávio Augusto Reis de (coords). *Temas Relevantes de Direito Material e Processual do Trabalho: Estudos em Homenagem ao Professor Pedro Paulo Teixeira Manus*. São Paulo: LTr, 2000.

ROMITA, Arion Sayão. "O Poder Normativo da Justiça do Trabalho: Antinomias Constitucionais". *Revista Legislação do Trabalho*. São Paulo: LTr, ano 65, vol. 03, 2001.

_____. *Direitos Fundamentais nas Relações de Trabalho*, São Paulo: LTr, 2005.

RUPRECHT, Alfredo J. *Os princípios do Direito do Trabalho*. São Paulo: LTr, 1995.

RUSSOMANO, Mozart Victor. *Comentários à Consolidação das Leis do Trabalho*. Volumes IV e VI, 6ª ed. Rio de Janeiro: José Konfino, 1963.

_____. *Princípios Gerais de Direito Sindical*, 2ª ed. Rio de Janeiro: Forense: 2002.

SAAD, Eduardo Gabriel. *Direito Processual do Trabalho*. 3ª ed. São Paulo: LTr, 2002.

_____. *CLT Comentada*, 38ª ed. São Paulo: LTr, 2005.

SANTOS, Moacyr Amaral. *Primeiras Linhas de Direito Processual Civil*. São Paulo: Saraiva, 1985.

SARAIVA, Renato. *Curso de Direito Processual do Trabalho*. 3ª ed. São Paulo: Método, 2006.

SARLET, Ingo Wolfgang. *Dignidade da Pessoa Humana e Direitos Fundamentais*, 4ª ed.. Porto Alegre: Livraria do Advogado, 2006.

SCHIAVI, Mauro. *A Revelia no Direito Processual do Trabalho: legalidade, justiça e poderes do juiz na busca da verdade*. São Paulo: LTr, 2006.

_____. *Ações de reparação por danos morais decorrentes da relação de trabalho*. São Paulo: LTr, 2007.

_____. "O alcance da expressão relação de trabalho e a competência da Justiça do Trabalho um ano após a promulgação da EC n. 45/04". *Revista Legislação do Trabalho*. São Paulo: LTr, ano 70, vol. 02, 2006.

_____. "Aspectos Polêmicos do Acidente de Trabalho: Responsabilidade Objetiva do Empregador pela reparação dos danos causados ao empregado. Prescrição". *Revista Legislação do Trabalho*. São Paulo: LTr, ano 70, vol. 05, 2006.

_____. "Velhas e novas questões sobre a valorização do princípio protetor como limitador da Flexibilização do Direito do Trabalho". *Revista O Trabalho*. Curitiba: DT, vol. 12, 2006.

_____. "Os princípios do Direito Processual do Trabalho e a possibilidade de aplicação subsidiária do CPC quando há regra expressa na CLT em sentido contrário". *Suplemento Trabalhista*. São Paulo: LTr, n. 21/07, 2007.

_____. *Aspectos Polêmicos da Competência Material da Justiça do Trabalho: Competência Penal*. Suplemento Trabalhista. São Paulo: LTr, n. 25/07, 2007.

SILVA, Antônio Álvares da. *Pequeno Tratado da Nova Competência Trabalhista*. São Paulo: LTr, 2005.

_____. *Competência Penal da Justiça do Trabalho*. São Paulo: LTr, 2006.

SILVA, Otávio Pinto e. *Subordinação, Autonomia e Parassubordinação nas Relações de Trabalho*. São Paulo: LTr, 2004.

SOBRINHO, Aderson Ferreira. O *Habeas Corpus* na Justiça do Trabalho. São Paulo: LTr, 2003.

SÜSSEKIND, Arnaldo. *Curso de Direito do Trabalho*. Rio de Janeiro: Renovar, 2002.

_____. *Direito Constitucional do Trabalho*. Rio de Janeiro: Renovar, 1999.

TAVARES, André Ramos. *Curso de Direito Constitucional*. 3ª ed. São Paulo: Saraiva, 2006.

TEIXEIRA FILHO, Manoel Antonio. *Breves Comentários à Reforma do Poder Judiciário*. São Paulo: LTr, 2005.

_____. "A Justiça do Trabalho e a Emenda Constitucional n. 45/2004". *Revista Legislação do Trabalho*. São Paulo: LTr, ano 69, vol. 01, 2005.

_____. *Assistência e Intervenção de Terceiros. Curso de Processo do Trabalho. Perguntas e Respostas sobre Assuntos Polêmicos em Opúsculos Específicos*. Volume 4. São Paulo: LTr, 1997.

_____. *Litisconsórcio, Assistência e Intervenção de Terceiros no Processo do Trabalho*. 3ª ed. São Paulo: LTr, 1995.

TOLEDO FILHO, Manoel Carlos. *Fundamentos e Perspectivas do Processo Trabalhista Brasileiro*. São Paulo: LTr, 2006.

TOSTES MALTA, Christovão Piragibe. *Prática do Processo Trabalhista*. 31ª ed. São Paulo: LTr, 2002.

TOURINHO FILHO, Fernando da Costa. *Processo Penal,* Volume 4, 17ª ed. São Paulo: Saraiva, 1995.

TUPINAMBÁ, Carolina. *Competência da Justiça do Trabalho à Luz da Reforma Constitucional.* Rio de Janeiro: Forense, 2006.

VIANA, Márcio Túlio. "Relações de Trabalho e Competência: Esboço de alguns critérios". *Revista Legislação do Trabalho.* São Paulo: LTr, ano 69, vol. 06, 2005.

WAMBIER, Teresa Arruda Alvim; WAMBIER, Luiz Rodrigues; GOMES Jr., LUIZ MANOEL; FISCHER, Octavio Campos; FERREIRA, Wiliam Santos (coord). *Reforma do Judiciário. Primeiras Reflexões sobre a Emenda Constitucional n. 45/2004.* São Paulo: RT, 2005.

YARSHELL, Flávio Luiz e GARCIA, Pedro Carlos Sampaio. "Competência da Justiça do Trabalho nas Ações Decorrentes da Relação de Trabalho". *Suplemento Trabalhista.* São Paulo: LTr, n. 48/05, 2005.